现代职业教育探索与改革
——闻·思·行

范菊雨　王佑华　徐会波　著

北京理工大学出版社
BEIJING INSTITUTE OF TECHNOLOGY PRESS

图书在版编目(CIP)数据

现代职业教育探索与改革：闻·思·行／范菊雨，王佑华，徐会波著. -- 北京：北京理工大学出版社，2023.11

ISBN 978-7-5763-3115-8

Ⅰ.①现… Ⅱ.①范… ②王… ③徐… Ⅲ.①职业教育-研究-中国 Ⅳ.①G719.2

中国国家版本馆CIP数据核字(2023)第220653号

责任编辑：王梦春　　文案编辑：杜　枝
责任校对：刘亚男　　责任印制：施胜娟

出版发行／北京理工大学出版社有限责任公司
社　　址／北京市丰台区四合庄路6号
邮　　编／100070
电　　话／(010) 68914026（教材售后服务热线）
　　　　　(010) 68944437（课件资源服务热线）
网　　址／http://www.bitpress.com.cn

版 印 次／2023年11月第1版第1次印刷
印　　刷／保定市中画美凯印刷有限公司
开　　本／787 mm×1092 mm　1/16
印　　张／19.75
字　　数／394千字
定　　价／78.00元

序

时间缓缓前行，职业教育的发展一直在不断创新改革的路上。作为职业教育人，我们不仅担负着培养德智体美劳全面发展的高素质劳动者和技术技能人才的重任，也一直在职业教育改革与发展的道路上砥砺前行。

2014 年，第七次全国职业教育大会在京召开，职业教育迎来了新的春天，新时代职业教育改革箭在弦上。习近平总书记用三个“重要”描述了职业教育的战略地位和时代责任。第一个“重要”：职业教育是国民教育体系和人力资源开发的重要组成部分；第二个“重要”：职业教育是广大青年打开通往成功成才大门的重要途径；第三个“重要”：职业教育肩负着培养多样化人才，传承技术技能、促进就业创业的重要职责。至此，我国拉开了“中国职业教育升级版”大幕。

2021 年，第一次以党中央、国务院名义召开了第八次全国职业教育大会，习近平总书记在职业教育工作的重要指示中强调：在全面建设社会主义现代化国家新征程中，职业教育前途广阔、大有可为。当今，在新征程上，深化产教融合校企合作，整合跨界的不同性质的资源形成异质结构共同体，形成结构优势，培养更多高素质技术技能人才、能工巧匠、大国工匠，职业教育战线责任重大、使命光荣。

2022 年，职业教育法的颁布为我国职业教育进入大改革大发展的新时代赋予了立法依据。产教融合、科教融汇的新发展格局需要前瞻性对接和主动适应经济社会和科技发展趋势；挖深发展深度、拓宽发展宽度、刷新发展高度，推进职业教育高质量发展，建强职业教育，是新时代职业教育发展的新使命。同年，党的二十大报告中把教育强国以及职业教育未来的发展摆在了国家战略高度。随着全球经济格局的深度变化，我国现代经济发展高水平演进的步伐加快，产业结构在调整中走向高端，行业在转型中加速升级，企业在适应中调适优化，职业在匹配中同步更替，各行各业对素质结构优、适应能力强的技术技能人才的需求越来越迫切，职业教育的重要地位和作用越来越凸显。

2035 年，我国将实现职业教育现代化，职业教育总体发展水平进入发达国家中上水平，成为在职业教育方面有重要影响力的国家。引用屈原《离骚》中的一句话：“路漫漫其修远兮，吾将上下而求索”，作为职业院校的教师，要做有情怀的职业教育人，在求索的道路上，向往远方，拾级而上。“所闻”——《它山之石以攻玉》：从走出校门到走进企业、深入行业，纵观产业，感闻社会；“所思”——《感悟思考以谋道》：以所闻来确立职业教育人身上的使命感，明确目标而后静心思索，结合从事职业教育管理和教学实践等工作的体悟，深度分析和研判，再重新审视认知路径，确立前行和创新之道；“所行”——《实践探索以求术》：聚焦职业教育的提质培优、以质图强，加快职业教育高质量发展，从微观层面以一线职业教育教学改革经历和实践探索为载体，把思考和审视中的路径变成一系列实践典型案例，探索职业院校改革发展的有效机制以及方法。

本文从职业教育发展的政策领悟、社会观察、实践行动等角度，继续以“闻·思·行”对话，把教育政策的学习领悟、关乎教育的所见所闻、教学工作的实践行动等作为素材，把教育教学实际问题作为反思的课题，用发散性思维写感悟、写随笔，以期形成观点或观念、看法或想法、见解或主张，析出经验、模式、规律、思想，以管孔之见从“领悟新法思所行——研读政策明路径——思教促研定方向——拓宽视野促成长——根植专业促发展——典型案例助推广”六个板块的逻辑递进来探讨和思考职业教育。跳出教育看教育、身在教育思教育、走入企业悟教育、联动校企办教育、引入他方诊教育，将每一次的所得、所感、了悟、尝试、探索、思考都赋予其意义并变成微文章，以诠释新时代职业教育的所闻、所思、所行，“讲好”职业教育改革与发展过程中的“故事”，并揭示“故事”中的“故事”，以期抛砖引玉，引发思考，产生价值。

目　　录

领悟新法思所行

研读政策明路径

思教促研定方向

拓宽视野促成长

根植专业促发展

典型案例助推广

领悟新法思所行

学习《职业教育法（修订案）》（散思一）

——职业教育的“取”与“舍”

从世界各国的实践证明来看，职业教育是支撑各国经济社会发展的一股不可替代的力量，是一种不可替代的教育类型。我国职业教育伴随我国社会政治经济文化发展而发展，成为我国经济社会发展的“助推器”，成为我国促进教育公平的“润滑剂”，成为我国稳定和扩大就业的“造血器”，职业教育不可以消失。

《职业教育法（修订案）》第十四条明确了“在义务教育后的不同阶段因地制宜、统筹推进职业教育与普通教育协调发展”。从中深层次挖掘，对标现在职业教育的行走路程，我们发现一些潜在的行动规律。

从全国各地的教育和经济来看，各地区发展定位和发展战略不一，经济发展程度和产业结构转型升级进程对人才的结构性需求不一，教育结构性发展状态不一，应切合实际调适普职比例，不可以“一刀切”。

从国家发展职业教育来看，加快职业教育结构性优化，强化中等职业教育的基础地位，高质量发展专科层次高等职业教育，稳步发展职业本科教育，探索发展专业硕士、工程博士教育。义务教育后学生分类进入两个轨道学习，发展中等职业教育是发展职业教育的基石，不可以被取消。

从个人接受职业教育的意愿来看，可以从高中阶段起步，也可以从专科阶段起步，还可以从本科阶段起步。推进职普协调发展，可以结合当地实情分高中教育阶段、高等教育阶段两个阶段逐步调适，并在每个阶段的实施过程中建立灵活的转换机制，不可以有一步到位的思维。

从当前职业教育社会认同度来看，很长一段时间的招生考试制度，是用一把尺子丈量学生，按笔试分数高低录取，形成了职业教育是“低人一等、升学无望、前途渺茫”学生集中地的“思维定式”；当今之时，专业课课堂上“普教化”现象的大量存在，导致课堂教学过程中有偏差，职业竞争力不强，职业教育的社会价值凸显不充分，诸如此类现象的长期存在，很大程度上导致了职业教育的社会认可度不高。增强社会对职业教育愿景的认同度，需要用较长的时间和有效的手段来“稀释”负面影响，任务无比艰巨，不可以急功近利。

“教育分流”变为“协调发展”不等同于“取消普职分流”。统筹推进职业教育与普通教育协调发展，既需要国家进一步推动职业教育发展环境建设，更需要职业教育自身不断提高发展质量，主动服务和融入国家战略，以迭代思维加快推进产教融合、职教高考、职普融通、学分银行、资历框架、职业培训、功能延展、教育评价等方面的改革与建设新实践，形成新认知，推进职业教育新旧动能转换，提升社会服务力、贡献力、引领力，“H”态呈现职业教育与普通教育并驾齐驱、教育与培训齐头并进、学校与企业比翼双飞和交互发展，达成职业教育是“就业有优势、创业有本领、升学有通道、发展有基础”学生集中地的“思维定式”，增强社会对职业教育愿景的认同度。期待我国职业教育与普通教育的协调发展云锦满天，灿烂辉煌！

学习《职业教育法（修订案）》（散思二）
——浅谈职业教育的框架层级

修订《职业教育法》需要系统考量上下位法链接关系，《职业教育法（修订案）》的第一章第一条由原“根据教育法和劳动法，制定本法”修订为“根据宪法，制定本法”。从这一条款我们可以知道，《职业教育法》的上位法已经上升到国家最高法律层级，我国的最高法是《中华人民共和国宪法》，其次是基本法律《教育法》《劳动法》等，因此在现代职业教育的发展中，常以上位法律作为推动职业教育从中观到微观层级的实施依据、实践路径。我国法律的层级如图 1-1 所示。

图 1-1

职业教育是跨界的教育，跨越教育与产业、政府与市场、学校与企业等多重关系，修订《职业教育法》需要系统考量左右同位法链接关系，既要理顺《职业教育法》与《高等教育法》《教师法》《民办教育促进法》《就业促进法》等内部法律的关系，还要协调与《企业法》《公司法》等外部法律的关系，让各利益相关方形成共识；《职业教育法》的下位法是行政法规，修订《职业教育法》需要系统考量《职业教育法》与行政法规的链接关系，如与《教师资格条例》《普通高等学校设置暂行条例》《中外合作办学条例》《教学成果奖励条例》《国务院关于加快发展现代职业教育的决定》《深化新时代教育评价改革总体方案》《关于深化新时代教育督导体制机制改革的意见》《国家职业教育改革实施方案》《关于推动现代职业教育高质量发展的意见》等的关系。综上所述，我国职业教育法律制度体系框架基本形成，最高位法是宪法，《职业教育法》理应根据宪法来制定。

党中央、国务院高度重视职业教育，设计和部署了现代职业教育的改革与发展，“一揽子”修订和出台了系列法律法规文件，基本形成了我国职业教育制度体系。因此我们可以根据《职业教育法》的第一章第三条“建立健全适应社会主义市场经济和社会发展需要、符合技术技能人才成长规律的职业教育制度体系”去认真梳理近年来陆续推出的各层级文件的行动指南。新时代的重点本科院校“双一流”、普通本科院校“双万计划”、高等职业院校“双高计划”、中等职业学校“双优计划”建设在不断纵深推进，对建设高质量的现代职业教育体系产生了深远的影响。近年来，职业教育备受党和国家重视，发展环境日益改善，发展理念层出不穷，发展行动项目频出，发展规模不断增长，设施设备不断完善，应该说基本解决了职业教育的认识问题、理论问题、规模问题和大楼问题，但总体来说，职业教育的质量问题还不尽如人意。从 2019 年《国务院职业教育综合改革实施方案》《国务院国家职业技能提升行动方案》到 2021 年《关于推动职业教育高质量发展的意见》、2022 年《新职业教育法》《关于深化现代职业教育体系建设的意见》，这些文件形成了发展现代职业教育“战略意义—方向定位—行动引导—战术细则”政策链，强力推进职业教育的高质量发展，加快职业教育现代化建设。

在中观体系渐渐成熟的渐进过程中，我们还需要进一步优化相关法律和行政法规的具体内容，我国现行的职业教育制度内容可以概括为以下几点，如表 1-1 所示。

表 1-1

主要制度	基本内涵
1. 办学管理体制	党的领导、政府统筹、分级管理、地方为主、社会参与
2. 现代学校制度	依法治校、自主办学、社会参与、共同治理
3. 基本办学制度	政府推动、行业指导、学校主体、企业主体、社会参与、产教融合
4. 扶持办学制度	政府补贴、购买服务、助学贷款、基金奖励、捐资激励
5. 分类管理制度	分类设置、分类发展、分类指导、分类评估、分类拨款
6. 考试招生制度	分类招考、多次选择、自主招生、渠道畅通、多元录取
7. 人才培养制度	校企合作、工学结合、学徒培养、岗课赛证、融通育人
8. 灵活学习制度	多样选择、多种方式、学分积累、成果衔接
9. 师资建设制度	双师为主、校企共建、专兼结合、专业发展
10. “1+X”证书制度	四类证书、书证融通、获取便利、保障质量
11. 教育评价制度	质量核心、贡献导向、诊断改进、社会参与、他方评价
12. 学生资助制度	公平公正、资助精准、多元投入、规范高效
13. 奖励表彰制度	鼓励先进、引导创新、崇尚技能、激励创造
14. 就业保障制度	就业导向、市场主导、政策协同、消除歧视
15. 财政保障制度	完善机制、加大投入、建立标准、改善条件

学习《职业教育法（修订案）》（散思三）

——正确理解职业教育的“旧”与“新”

《中华人民共和国职业教育法》（以下简称《职业教育法》）于1996年颁布实施以来，为职业教育的健康发展提供了法律保障。伴随我国职业教育的改革与不断发展，特别是进入新时代以来，坚持党的全面领导，开展了卓有成效的探索，职业教育领域出现了一些新生事物，形成了新的、丰富的理论和实践成果，这些成果经过多年实践和验证行之有效。修订《职业教育法》，是对职业教育领域已出现的和将出现的新生事物进行规定，同时体现职业教育发展的新思想、新观念，对保障职业教育持续健康发展，意义重大。

修订《职业教育法》，是对我国推进职业教育高质量发展的新思想、新政策与新实践的系统梳理和研判。党中央、国务院关于职业教育的决策部署和习近平总书记关于职业教育的重要论述形成的理论政策话语体系成为发展职业教育的基本遵循，被要求和执行；有些理论研究层面的学术语言或观点进入政策语言体系成为理念主张，被采纳和使用；有些国内实践层面典型案例的做法或经验进入政策话语体系成为规章制度，被鼓励和提倡；有些境外发展职业教育的先进理念和有益做法进入政策话语体系成为改革导向，被借鉴和采用。

近年来，许多职业教育机构，如中华职业教育社团组织，职业教育专家委员会等，都在坚持以“研究、咨询、指导、服务”为指导思想，开展了各类推动和改革职业教育层级的学术研究、协同创新、标准研制、国际合作、服务行业企业、建言献策等系列活动，覆盖了院校内涵建设的各个领域，在纾困学校难点问题、痛点问题、热点问题的过程中，有效促进了建设类高等职业院校的大改革、大发展。

同时，在国家策略上，近年来，习近平总书记在报告、讲话、谈话、演讲、考察、批示、贺信中发表了一系列关于职业教育的重要论述，党和国家密集出台了一系列关于职业教育的命令、决定、意见、办法、方案、规定、通知、发展规划和行动计划等重要文件，形成了系列的关于职业教育的新观点、新理念、新思路、新论述、新理论，推动了职业教育地位的新提高和新发展。《职业教育法》修订案中吸收了这些成果，将“党的领导、同等重要、企业主体、多元办学、产教融合、就业导向、德技并修、教育类型、职教高考、技能竞赛、学分银行、专业目录、本科职业教育、中国特色学徒制、技能型社会、职业教育适应性、职业教育制度体系、自主管理”等上升到法律层面，予以规范，赋予强制性，以实现未来一个时期内职业教育高质量发展。

当然，也有一些政策导向如混合所有制职业院校等，尽管在理论和实践层面进行了丰富多彩的探索，但《职业教育法》修订案中未提及。关于混合所有制职业院校，2014 年，国务院《关于加快发展现代职业教育的决定》首次提出探索发展股份制、混合所有制职业院校，允许以资本、知识、技术、管理等要素参与办学并享有相应权利；2016 年，国务院《关于鼓励社会力量兴办教育促进民办教育健康发展的若干意见》予以再次强调；2019 年国务院《国家职业教育改革实施方案》提出鼓励发展股份制、混合所有制等职业院校和各类职业培训机构，形成了从“允许”到“鼓励”的逻辑链。曾经在教育领域改革过程中出现的公办民助、民办公助、名校办民校，以及职业院校与企业开展的一系列深度的校企合作项目，似乎具有混合所有制的一些特征，但到底什么是混合所有制学校？特别是公办学校与社会资金合作办学，没有更具体的操作层面的相关政策文件，可以说混合所有制学校的内涵外延边界不清晰。混合所有制学校目前不是一个法理概念，未能进入《职业教育法（修订案）》。因此，未来如何“辞旧出新”，在新时代职业教育的发展体系中明晰概念、制定细则是需要我们职业教育人探索的问题。

参考文献

魏延胜，刘玲．职业院校混合所有制办学刍议［J］．河南教育（职成教），2019（7）：39-44.

学习《职业教育法（修订案）》（散思四）

——职业教育发展进程下“学徒制”的“彼与此”

《职业教育法（修订案）》第三十条：“国家推行中国特色学徒制，引导企业按照岗位总量的一定比例设立学徒岗位，鼓励和支持有技术技能人才培养能力的企业特别是产教融合型企业与职业学校、职业培训机构开展合作，对新招用职工、在岗职工和转岗职工进行学徒培训，或者与职业学校联合招收学生，以工学结合的方式进行学徒培养。有关企业可以按照规定享受补贴。”对此，笔者谈点学习体会。

国家推行中国特色学徒制。我国自2011年开始引入现代学徒制并试点以来，在学习国外职业教育经验的基础上，根据我国发展环境及自身条件变化重点在行动领域进行创新，由教育部和人社部分别推出了同一制度框架下的现代学徒制和新型学徒制试点两种形式，并形成了丰富的学徒制理论和实践成果，中国特色日益彰显。2020年10月，《中共中央关于制定国民经济和社会发展第十四个五年规划和二〇三五年远景目标的建议》首次提出“探索中国特色学徒制”，中共中央和国务院印发的《深化新时代教育评价改革总体方案》首次提出“探索具有中国特色的高层次学徒制”，这是对中国特色学徒制的教育战略地位再提高和效能发挥再强化，意蕴深刻，一定程度上说是结合中国经验把现代学徒制升级为中国版。中国特色学徒制写入《职业教育法（修订案）》，至此，中国特色学徒制从政策话语体系上升为法律层面予以确立。

引导企业按照岗位总量的一定比例设立学徒岗位。这源自教育部等五部门于2016年联合印发的《职业学校学生实习管理规定》，后于2021年教育部等八部门修订印发《职业学校学生实习管理规定（修订）》（以下简称《规定》）。《规定》要求，实习单位应当合理确定岗位实习学生占在岗人数的比例，岗位实习学生的人数一般不超过实习单位在岗职工总数的10%，在具体岗位实习的学生人数一般不高于同类岗位在岗职工总人数的20%。岗位实习报酬原则上应不低于本单位相同岗位工资标准的80%或当地最低档工资标准。以法律的形式来引导学徒制的实行，有利于推动解决学徒岗位不足的问题，也有利于完善行业企业学徒岗位标准。

鼓励和支持有技术技能人才培养能力的企业特别是产教融合型企业与职业学校、职业培训机构开展合作。不是每个企业都有教育能力和较强的培训能力，推行中国特色现代学徒制，需要系统考量参与企业的影响力、培训力、教育力、文化力、吸纳力、互动力等要素，与国家主流、大型、骨干、专精特新企业等深度开展中国特色学徒制培养应该成为职业院校、培训机构开展合作的追求方向。遴选优质企业，推进校企合作系统化育人同频共振，有利于保障学徒培养的质量。

对新招用职工、在岗职工和转岗职工进行学徒培训，或者与职业学校联合招收学生，以工学结合的方式进行学徒培养。职业教育学徒范围扩大，既面向适龄人员，也面向非适龄人员，在校学生、新招用职工、在岗职工和转岗职工都可以纳入学徒范围（机关、事业单位对其工作人员实施的专门培训或也可纳入，值得探讨）。教育与培训是职业教育的两大法定职责，当今社会日新月异，当代人特别是新生代所从事的职业可能不再“从一而终”，新时代职业教育理应顺势而为，更加突显把职业教育机构办成对接社会、开放程度更高、功能更加多元的学徒“充电”中心，这样既能为适龄学徒人群初次就业创业提供优质职前教育服务，也能为非适龄人员职业转换的学徒人群提供优质职后教育、培训服务。

有关企业可以按照规定享受补贴。在推进学徒制过程中，曾出现费用政策上的双轨制。教育部组织的现代学徒制试点，在费用上，学徒在岗学习期间，企业给予补贴，但国家未给企业补贴。人社部和财政部组织开展的企业新型学徒制试点，从费用上来说，学徒在学习期间，企业根据贡献支付学徒工资，国家按人头每年给企业补贴。“有关企业可以按照规定享受补贴”有望实现双轨合一，更大面积地调动企业的积极性，极大地改善职业教育推进中国特色学徒制的演进环境，实现中国特色学徒制的扩面提质。

学习《职业教育法（修订案）》（散思五）

——释义现代职业教育体系实施要点

《职业教育法（修订案）》第十四条："国家建立健全适应经济社会发展需要，产教深度融合，职业学校教育和职业培训并重，职业教育与普通教育相互融通，不同层次职业教育有效贯通，服务全民终身学习的现代职业教育体系。"对此，笔者谈点学习体会。从原文中可以看出，建立现代职业教育体系的要点包括以下5个方面。

要点1：适应经济社会发展需要，产教深度融合。产教融合是我国职业教育的办学模式，办高质量的职业教育，必须打造教与产融合发展的生态环境，实现政府、行业、学校、企业、社会联动，激发职业教育活力，达成校与企发展同频谐振，课与岗全面融合，知与行同步合一，供与需匹配对接，这就需要建全以法制为基础的职业教育发展的"政策链"。

要点2：职业学校教育和职业培训并重。教育和培训是职业院校的法定职责，职业学校教育的特点是学历性、人才培养目标的系统性、以专业教育为载体的专业性和实践性；职业培训的特点是侧重职业资格、职业或技能证书的非学历性，为就业或工作提供即时性的知识和技能，突出岗位技能的针对性和操作性等。将两个特点合二为一，实施教育和培训并举，就能既管一个人的未来发展，也管一个人的现实就业。职业学校教育既要为促进适龄人群初次就业创业提供优质学历教育和培训服务，也要为促进非适龄人员职业转换的人群提供优质学历教育或非学历教育服务。

要点3：职业教育与普通教育相互融通。职业教育与普通教育是不同类型的教育，在发展道路上既按各自的路径和体系特征"双轨"并行发展，也遵循共性的教育规律在两条不同类型的道路上并驾齐驱和交互发展，呈"H"态融通，这就需要搭建职业教育与普通教育不同类不同层之间灵活转换的横向"立交桥"。

要点4：不同层次职业教育有效贯通。发展职业教育需要进行结构性优化，强化中等职业教育的基础地位，高质量发展高等职业专科教育，稳步发展职业本科教育，探索性发展硕博教育。做强基础性中等职业教育，做优主体性高职专科，做实增长性职业本科，做准探索性高职硕博，需要畅通职业教育领域内"中专本硕博"同类不同层之间有效贯通的纵向"直通车"。

要点5：服务全民终身学习。在我国的教育政策和教育文献资料中，20世纪70年代提出继续教育，80年代提出终身教育，90年代提出终身学习。办社会满意的职业教育，还应做大开放性教育，使职业教育延伸到普通教育、高等学历继续教育、社区教育、老年教育、特殊教育、职工继续教育培训、全民终身学习、学习型城市和各类学习型组织建设、农村职业教育和成人教育示范县建设等，服务学习型社会和技能型社会建设，面向人人，服务发展。扩大纵横进出职业教育机构的流量，需要建立开放性的“旋转门”。

鉴于以上所述五个要点内涵有交叉内容，现代职业教育体系建设可以概括为：以法制为基础的“政策链”+职普横向融通的“立交桥”+职教场域内纵向衔接的“直通车”+面向社会非学历教育开放性的“旋转门”，如图 1-2 所示。

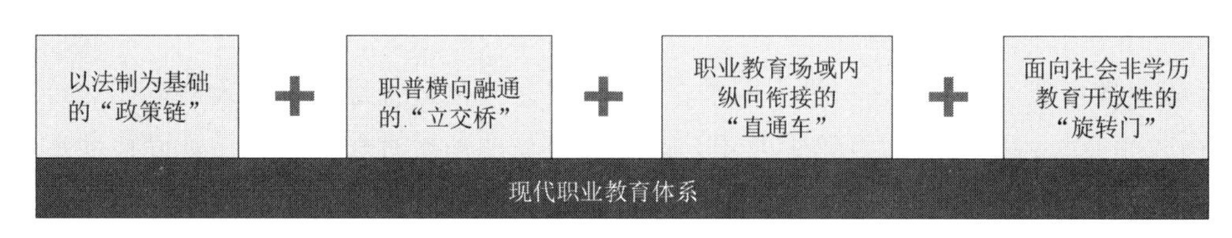

图 1-2

学习《职业教育法（修订案)》(散思六)

——释义“匠心人才”的梯队培养

《职业教育法（修订案)》第三十二条：“国家通过组织开展职业技能竞赛等活动，为技术技能人才提供展示技能、切磋技艺的平台，持续培养更多高素质技术技能人才、能工巧匠和大国工匠。”笔者在职业教育的技能大赛中，从行业职业教育教学指导委员会、省级到国家级各类比赛都担任过指导教师和裁判，并曾在湖北省装饰应用技能大赛赛项主持编写赛项规程，在此谈点亲身实践经历和学习体会。党和国家大力弘扬劳动光荣、技能宝贵、创造伟大的时代风尚。常态化开展职业技能大赛，可以有效促进学生修养德行，沉淀智慧，积累能力，强壮体魄，健康审美，崇尚劳动，娴熟技能，持续培养更多高素质技术技能人才、能工巧匠和大国工匠，加快技能型社会建设进程。

尽管在开展职业技能竞赛过程中出现过一些乱象，但经过治理后，技能大赛回到正常轨道，正实现它的应有之意。开展职业技能大赛不仅能集中地展现职业院校的师生风采，更能彰显职业院校教育教学改革状况及其成效。现今技能大赛的竞赛赛制和规则越来越逼近企业生产实践，常态化开展职业技能大赛，并通过技能大赛的正向反拨作用，能促使职业院校教育教学理念更加新颖，校企融合发展更加深入，教学内容更加契合，教学组织更加优化，实验实训设施建设和利用更加有效，推进职业院校作为关键主体的师生共生共长。

当下的职业教育在一定程度上仍处于政府重视、社会轻视、家长歧视、学生鄙视的尴尬状态，职业教育既需要社会、学生和家长的认同，也需要职业教育自身发展有质量。通过组织开展职业技能竞赛是提高社会对职业教育认同度的有效途径。近年来，国家通过组织开展职业技能竞赛等活动，为技术技能人才提供展示技能、切磋技艺的平台，赛事连连，能人辈出。实践证明，只要修炼职业素养、刻苦钻研、追求进步、精益求精，就一定能脱颖而出，成就出彩的人生。目前，国家、省对技能大赛获奖者给予了厚爱，或直接晋升为高级技师、或破格评为高级职称、或授予技术能手、或授予技术状元称号、或授予技术专家称号等，提高技术技能人才的社会地位和待遇的力度之大，前所未有。大赛点亮人生，技能改变命运，常态化开展技能大赛，能有效“稀释”社会对职业教育的偏见，极大地提高社会对职业教育愿景的认同度。

技能竞赛是有效促进技术技能人才成长的一种手段。以技能大赛项目为载体，在普适性训练的基础上，强化拔尖性训练，分级分标准选拔组织参加校级比赛、省级比赛、国家级比赛和国际比赛。广泛组织开展职业技能竞赛，也是加强技能人才培养选拔、促进优秀技能人才脱颖而出的有效方式，还是弘扬工匠精神、培养大国工匠的重要手段，必将加快技能型社会建设的进程。

职业院校的基本培养目标是培养德智体美劳全面发展的技术技能人才。通过全过程培育教师和学生爱岗敬业精神、创新创业意识、刻苦钻研作风、精益求精品质、追求卓越的争先文化，有效做实文化润精神、劳育铸匠心、技能助发展，推进更大“面积”的学生技能水平和职业素养的提高，促进学生在匠人“颜值”上从“高素质技术技能人才”到“能工巧匠”到“大国工匠”的梯次进阶，在匠人“气质”上从“职业精神”到“工匠精神”到“劳模精神”的梯次传导，如图 1–3 所示。

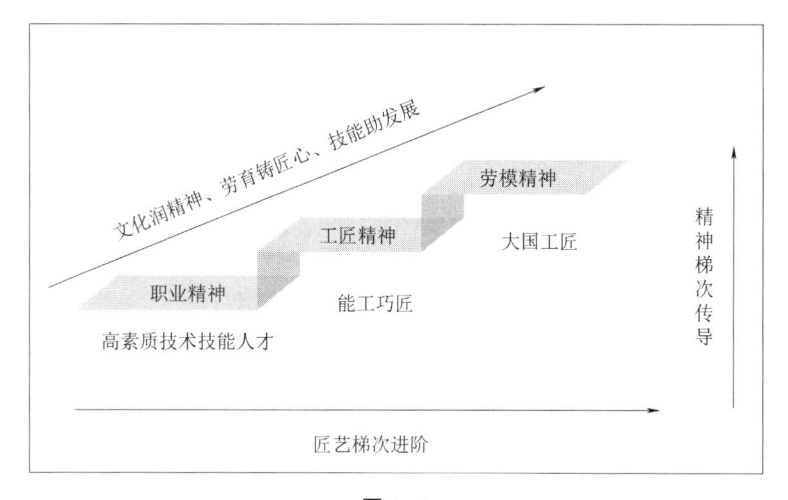

图 1–3

学习《职业教育法（修订案）》（散思七）
——浅析职业教育的“四类力量”

《职业教育法（修订案）》第二条：“本法所称职业教育，……，包括职业学校教育和职业培训。机关、事业单位对其工作人员实施的专门培训由法律、行政法规另行规定”明确界定了职业学校教育和职业培训的职业教育概念，我国职业教育发展现阶段在横向上形成了“三支基本力量”：职业院校、技工院校、职业培训机构，支撑职业培训和职业教育（现阶段职业学校教育主要支撑本科及以下层次职业教育，部分院校，如职业技术师范大学也可以培养研究生）。

机关、事业单位对其工作人员实施的专门培训，源于服务“事业”高质量发展，根据需要，实施岗前培训、在岗培训、转岗培训或专项培训，培养造就高素质专业化工作人员队伍，或可以说是“事业教育”，或也可以纳入职业教育范畴，值得探讨。

《职业教育法（修订案）》第十五条：“职业学校教育分为中等职业学校教育、高等职业学校教育。中等职业学校教育由高级中等教育层次的中等职业学校（含技工学校）实施。高等职业学校教育由专科、本科及以上教育层次的高等职业学校和普通高等学校实施。根据高等职业学校设置制度规定，将符合条件的技师学院纳入高等职业学校序列。其他学校、教育机构或者符合条件的企业、行业组织按照教育行政部门的统筹规划，可以实施相应层次的职业学校教育或者提供纳入人才培养方案的学分课程。”按规定，高等职业学校教育由专科、本科及以上教育层次的高等职业学校和普通高等学校实施，但鉴于职业教育是一种类型教育，结合我国现代职业教育体系的建设，普通高等学校在实施职业教育过程中，在发展定位上，应把普通高等学校作为本科职业教育及以上教育层次的一支重要力量。按规定，其他学校、教育机构或者符合条件的企业、行业组织按照教育行政部门的统筹规划，可以实施相应层次的职业学校教育，这类职业教育机构可以作为职业教育的一支补充力量。还有一支潜在的增长性力量：普通学校特别是中小学，可以开展职业启蒙、职业认知、职业体验和职业规划指导、劳动教育等。由此形成我国实施职业教育的“三支基本力量+一支重要力量+一支补充力量+一支潜在的增长性力量”格局，如图 1-4 和图 1-5 所示。

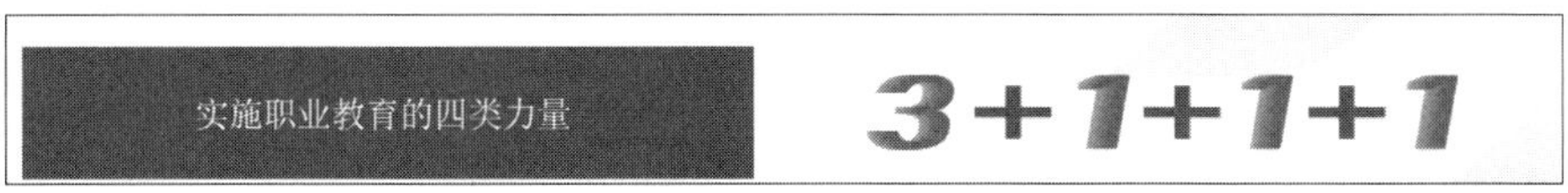

实施职业教育的四类力量	3+1+1+1

图 1-4

第二条 “本法所称职业教育，……，包括职业学校教育和职业培训。”
第八条 “国务院教育行政部门、人力资源社会保障行政部门和其他有关部门在国务院规定的职责范围内，分别负责有关的职业教育工作。”
第十条 “国家采取措施，大力发展技工教育。”
第十五条 “中等职业学校教育由高级中等教育层次的中等职业学校（含技工学校）实施。高等职业学校教育由专科、本科及以上教育层次的高等职业学校和普通高等学校实施。根据高等职业学校设置制度规定，将符合条件的技师学院纳入高等职业学校序列。”
第十六条 “职业培训可以由相应的职业培训机构、职业学校实施。”
第十九条 “县级以上人民政府教育行政部门应当鼓励和支持普通中小学、普通高等学校，根据实际需要增加职业教育相关教学内容，进行职业启蒙、职业认知、职业体验，开展职业规划指导、劳动教育。”

根据以上六个条款，同时鉴于职业教育是一种类型教育，结合我国现代职业教育体系建设现态及其招生规模和未来结构性发展，我国实施职业教育的若干力量格局可以概述为：“三基本一重要一补充一潜在。”

图 1–5

《职业教育法（修订案）》第二十三条：“行业主管部门、工会和中华职业教育社等群团组织、行业组织可以根据需要，参与制定职业教育专业目录和相关职业教育标准，开展人才需求预测、职业生涯发展研究及信息咨询，培育供需匹配的产教融合服务组织，举办或者联合举办职业学校、职业培训机构，组织、协调、指导相关企业、事业单位、社会组织举办职业学校、职业培训机构。”按规定，行业主管部门、工会和中华职业教育社等群团组织、行业组织可以举办职业学校或职业培训机构。由于职业教育的火热升温，由各群团组织、行业组织举办的职业教育机构可能呈燎原之势。由于行业协会等行业组织已经与原关联行业管理部门脱钩，多归口于民政部门管理，这类由行业组织举办的职业教育机构，归口于民政部门主管还是如民办职业院校归口于教育部门主管或人社部门主管，需要明晰。

职业教育业务和行政监管方面是在政府教育和人社部门，群团组织和行业组织多在指导、第三方评估等方面发挥重要作用。从职业教育的行政监管来看，有的属于地方政府主管、有的属于教育部门主管、有的属于人社部门主管、有的属于行业部门主管、有的属于群团组织主管、有的属于企业主管等，有的职业院校还加挂有技师学院校牌，出现一所学校被多头管理的情况。技工院校、职业培训机构多属于人社部门主管，特别是《国务院关于推行终身职业技能培训制度的意见》（国发〔2018〕11 号）提出推行终身职业技能培训制度的 17 条政策措施，均明确由人力资源社会保障部为牵头（或联合牵头），人力资源社会保障部门作为职业技能培训政府主管部门的重要职责更加突出。统筹职业教育工作管理还需探索和实践。

学习《职业教育法（修订案）》（散思八）

——浅析产教融合服务组织的更新历程

《职业教育法（修订案）》第二十三条：“行业主管部门、工会和中华职业教育社等群团组织、行业组织可以根据需要，……，培育供需匹配的产教融合服务组织，……”

“培育供需匹配的产教融合服务组织”的提出，源于我国推进产教融合校企合作这项伟大的人才培养质量工程建设与改革的探索与实践，特别是新时代以来，党和国家进行了多项顶层设计，教育部等部委进行了部署推进，先后出台了《国务院关于加快发展现代职业教育的决定》（2014 年）、《关于开展现代学徒制试点工作的意见》（2014 年）、《关于深入推进职业教育集团化办学的意见》（2015 年）、《职业学校学生实习管理规定》（2015 年）、《职业学校教师企业实践规定》（2016 年），党的十九大报告（2017 年）、《国务院关于深化产教融合的若干意见》（2017 年）、《职业学校校企合作促进办法》（2018 年）、《国家职业教育改革实施方案》（2019 年）、《关于推动现代职业教育高质量发展的意见》（2021 年），建立了决定、意见、办法、规定、方案、通知等推进产教融合、校企合作的“政策链”，形成了战略意义、方向定位、行动指南、操作框架、工作重点、规范管理等推进产教融合、校企合作的“组合拳”；各职业院校积极响应和实践，形成了深化校企合作办学模式、创新工学结合人才培养模式、优化工学交替教学组织模式、推行知行合一教学模式、探索多元多维多形态考核评价模式的“实践链”，可谓丰富多彩，不乏经典案例，但总体上来讲，产教融合校企合作的成效还有较大的提高空间，如图 1-6 所示。

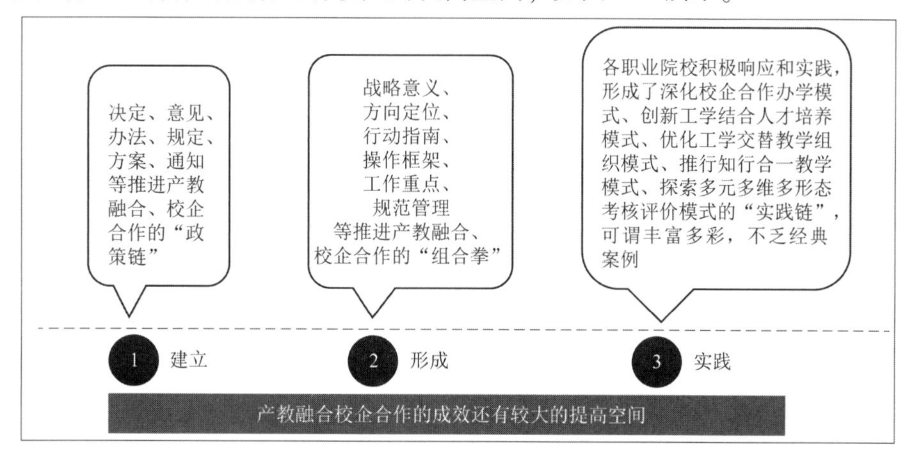

图 1-6

如何在行动领域推深做实产教融合、校企合作，2017 年《国务院关于深化产教融合的若干意见》提出鼓励地方政府、行业企业、学校通过购买服务、合作设立等方式，积极培育市场导向、对接供需、精准服务、规范运作的产教融合服务组织（企业），首次提出“产教融合服务组织”概念；2021 年，中共中央、国务院办公厅印发《关于推动现代职业教育高质量发展的意见》，强调积极培育市场导向、供需匹配、服务精准、运作规范的产教融合服务组织。应该说“培育产教融合服务组织”是基于我国产教融合校企合作组织体系的发展演进而提出的，依托专业化产教融合服务组织，为职业院校产教融合校企合作提供规范化、持续化、项目化专业服务，是高质量“写”好产教融合校企合作实践层面“文章”的有效途径。

按《职业教育法（修订案）》第二十三条规定：“行业主管部门、工会和中华职业教育社等群团组织、行业组织可以根据需要，培育供需匹配的产教融合服务组织。”（见图 1–7），产教融合服务组织可以是政府职能部门、工会、中华职业教育社、行业协会、研究院所、第三方机构等主体，或这些部分主体的联合体。

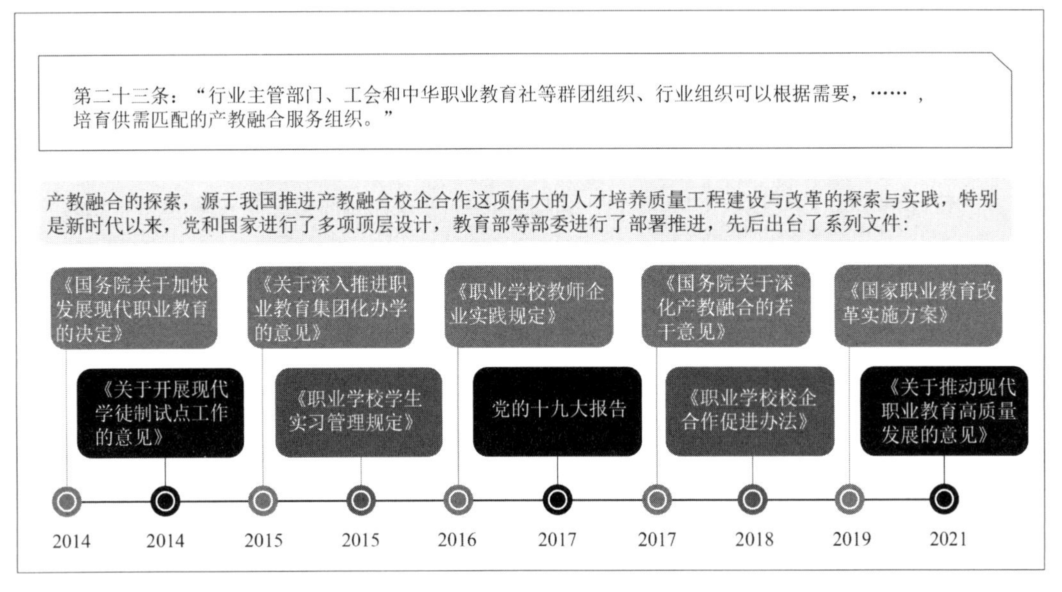

图 1–7

对标《职业教育法（修订案）》第四十条规定：“职业学校、职业培训机构实施职业教育应当注重产教融合，实行校企合作。国家鼓励职业学校在招生就业、人才培养方案制定、师资队伍建设、专业规划、课程设置、教材开发、教学设计、教学实施、质量评价、科学研究、技术服务、科技成果转化以及技术技能创新平台、专业化技术转移机构、实习实训基地建设等方面，与相关行业组织、企业、事业单位等建立合作机制。”

该组织旨在通过提供专业化服务，推进校企系统化合作育人，实现校企合作从结合到合作、从合作到融合，从初级走向高级、从浅层次走向深层次、从内容单一到多元化、从碎片化到系统化的“点、线、面、体”的梯次递进，如图 1-8 所示。其职责大概可以概括为两个方面：一方面，提供智力服务，紧贴新政策、新科技、新业态、新目标，做好产教融合校企合作微观层面设计，引导校企完善机制，建立规范化的运行制度，精准制定项目清单，打造优质平台，优化人才赋能体系，夯实校企合作基础，以正确思维推进持续运转和质量提升；另一方面，提供技术服务，一是提供产教融合校企合作方法、路径等微观层面的具体服务，二是提供信息化技术服务，开发建设产教融合信息服务平台，发布人才供需、项目研发、技术服务等各类供求信息和相关增值服务。

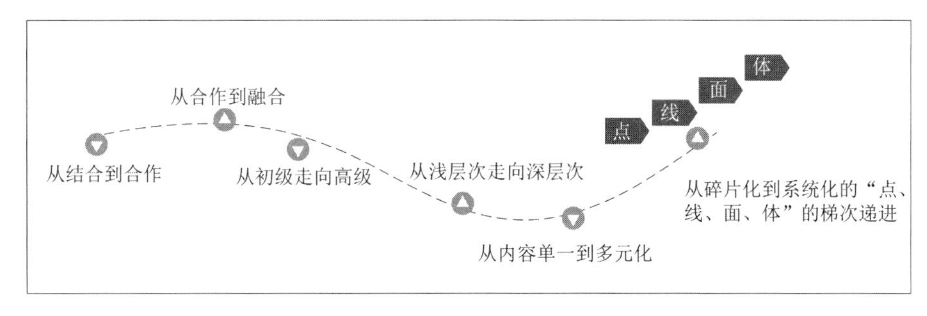

图 1-8

学习《职业教育法（修订案）》（散思九）

——浅谈职业教育的“类型教育”

《职业教育法（修订案）》第三条：“职业教育是与普通教育具有同等重要地位的教育类型，是国民教育体系和人力资源开发的重要组成部分，是培养多样化人才、传承技术技能、促进就业创业的重要途径。”对此，笔者就“类型教育”谈点学习体会。

职业教育作为一种教育类型，有自身的发展规律和鲜明的教育特征。职业教育以服务发展为宗旨，以促进就业为导向，以培育工匠精神为重要指针，以专业、课程（含广义课程）为教育教学载体，通过育训结合、德技兼修、知行合一，着力职业精神培育、职业知识传授、职业能力训练、职业素质涵养，培养德智体美劳全面发展的匠心型技术技能人才。

职业教育是国民教育体系的重要组成部分，其教育体系的类型特征可以概括为：以法制为基础的“政策链”+职普横向融通的“立交桥”+职业教育场域内纵向衔接的“直通车”+面向社会非学历教育开放性的“旋转门”，即现代职业教育体系。

职业教育是人力资源开发的重要组成部分，其人才类型特征是面向一线技术和管理岗位，培养将“图纸”转化生产为“产品”的创新型、复合型技术技能人才，职业发展层次是产业工人、能工工匠、大国工匠、技术专家。

职业教育的根本任务是立德树人，其培养任务类型特征之一是培养一个人无论从事何种职业都具有工匠精神。校园文化的建设、专业群的建设与课程的教学、职业技能的训练、创新创业的教育、社会实践的锻炼等都需充分弘扬、渗透、传递、传导“爱岗敬业、道德高尚、刻苦钻研、精益求精、追求卓越”的工匠精神，又红又专铸良匠。

职业教育是面向能力的教育，其能力教育的类型特征是有完善的实践教育系统，专业人才培养方案中要求实践教学学时总量不低于总学时的50%，建设有功能齐全的实验实训基地和校外研学、实训基地，建立有专兼结合“双师型”教师队伍，形成“校级、省级、国家级”大赛链，教材呈现活页式、工作手册式等多形态，推行中国特色学徒制、岗课赛证融通综合育人、项目导向、任务驱动、工学交替、增值性评价等模式或方式。

职业教育是面向职场的教育，其职场教育的类型特征是教育教学组织对外链接社会一线岗位，服务经济社会发展，对内链接师生、助力师生，服务人的全面发展。强化逆向思维，以专业知识（学科知识）、职业能力和职业素质为主要目标，以项目或任务为载体、以多元教室为场所，以多元手段组织教育教学活动，实施理论教学、实践教学和素质教育并驾齐驱，促进职业素养养成，以职业竞争力论英雄。

职业教育是面向人人的教育，其人人教育的类型的特征是生源主体多元化，为适龄学生和大部分的非适龄社会人员提供教育和培训服务，促进就业和创业。职业教育已延伸到了普通教育、继续教育、社区教育、特殊教育、老年教育乃至整个社会，满足社会各个方面、各个群体、每个人的个性化、多样化、终身化的学习需求，成为服务全民终身学习、建设技能型社会、促进个人全面发展和社会全面进步的重要途径。

职业教育改革进入增强职业教育适应性、彰显职业教育类型特征、实现职业教育高质量发展的深水区，通过不断深化产教融合校企合作、完善现代职业教育体系、推深突出技能的基础性在升学中的重要作用的“职教高考”制度改革、切实加强双师型师资队伍建设、打造高水平人才培养体系，推进职业教育新旧动能转换，增值赋能，提升现代职业教育的社会服务力、贡献力、引领力，以彰显职业教育作为教育的类型特色。

因此，强化职业教育的类型特色是实现新时代职业教育指针方向，是服务“两个发展”，对接市场，合作育人，促进学生修养德行、沉淀智慧、积累能力、强壮体魄、健康审美、崇尚劳动、技能娴熟、人人成才的基石。

学习《职业教育法（修订案）》（散思十）

——浅析“七坚持一贯彻”

《职业教育法（修订案）》第四条：“职业教育必须坚持中国共产党的领导，坚持社会主义办学方向，贯彻国家的教育方针，坚持立德树人、德技并修，坚持产教融合、校企合作，坚持面向市场、促进就业，坚持面向实践、强化能力，坚持面向人人、因材施教。”这条内容规定了职业教育在发展过程中的“七坚持一贯彻”，对此，笔者谈点学习体会。

第一到第二个“坚持”和一个“贯彻”，是办好教育的根本保证。从法理上、机理上、学理上来说，这两个“坚持”和一个“贯彻”是基于《中华人民共和国教育法》，源于国家教育方针的。我国教育的总思想是坚持党对教育工作的领导，根本性质是社会主义的教育，总依据是国家教育方针，根本价值取向是为社会主义现代化建设服务、为人民服务，基本原则是必须与生产劳动和社会实践相结合，人才培养总体规划是社会主义建设者和接班人。新时代新时期，坚持党对教育工作的领导，必须深入贯彻落实习近平新时代中国特色社会主义思想和党的十九大精神、贯彻落实习近平总书记关于教育的重要论述、全面贯彻党的教育方针，应成为表述范式。

第三到第七个“坚持”，是强化职业教育的类型特色。新时期的职业教育政策旨在促进学生修养德行，沉淀智慧，积累能力，强壮体魄，健康审美，崇尚劳动，娴熟技能，契合新时代弘扬劳动光荣、技能宝贵、创造伟大的时代风尚。坚持立德树人、德技并修，发挥职业教育特色优势，突出工匠精神培育和职业技能培养，为社会主义事业培养合格的技术技能人才和可靠接班人；坚持产教融合、校企合作，发挥跨界资源异质结构性优势，突出校企命运共同体建设和运行机制创新，提升校企合作系统化育人水平；坚持面向市场、促进就业，发挥职业教育根植于产业、行业和企业优势，突出中国特色学徒制培养和岗课赛证融通综合育人，提升人才的职业竞争力；坚持面向实践、强化能力，发挥职业教育实践教学优势，突出面向职场组织教学和能力训导，提升人才的行动能力；坚持面向人人、因材施教，发挥职业教育覆盖面广的优势，突出教育和培训并举，服务人的全面发展和增值性发展，优化劳动者素质结构，培养高素质技术技能人才、能工巧匠、大国工匠，营造人人努力成才、人人皆可成才、人人尽展其才的良好环境。

结合《职业教育法（修订案）》第四条“七坚持一贯彻”以及其他条款内容，新时代职业院校发展指南可以概述为：党的领导是保证、社会主义是方向，立德树人是根本、为党育人是大道，政府作为是推力、地方统筹是活力，校企主体是主力、社会参与是助力，产教融合是路径、特色发展是目的，三个面向是定位、服务发展是宗旨，民族复兴是使命、优先发展是战略，职普融通是手段、协调发展是刚需，文化育人是指引、促进就业是导向，扎根中国是前提、双师教师是基础，两轮驱动是职责、育训结合是特征，三全育人是应然、三教改革是重点，四方联动是方式、四链协同是场景，五育并举是要求、均衡发展是愿景，发展质量是关键、诊断改进是手段，全面治理是措施、高质发展是目标。如图 1-9 所示。

党的领导是保证	三个面向是定位	校企主体是主力	两轮驱动是职责	发展质量是关键
社会主义是方向	服务发展是宗旨	社会参与是助力	育训结合是特征	双师教师是基础
扎根中国是前提	文化育人是指引	产教融合是路径	三全育人是应然	职普融通是手段
优先发展是战略	促进就业是导向	特色发展是目的	三教改革是重点	全面治理是措施
立德树人是根本	政府作为是推力	四方联动是方式	五育并举是要求	高质发展是目标
为党育人是大道	地方统筹是活力	四链协同是场景	协调发展是刚需	民族复兴是使命
均衡发展是愿景	诊断改进是手段			

图 1-9

学习《职业教育法（修订案）》（散思十一）

——浅析“职业学校教职工配备基本标准”

《职业教育法（修订案）》第四十八条：“国家制定职业学校教职工配备基本标准。省、自治区、直辖市应当根据基本标准，制定本地区职业学校教职工配备标准。”如图 1-10 所示。国家制定职业学校教职工配备基本标准，是职业教育标准建设的重要内容，也是规范职业学校人力资源开发的重要指南，能有效促进职业学校教职工队伍建设，服务学生全面发展，满足学生在校生活、学习、训练和就业创业的需要，确保学生接受基本的、有质量的职业教育。

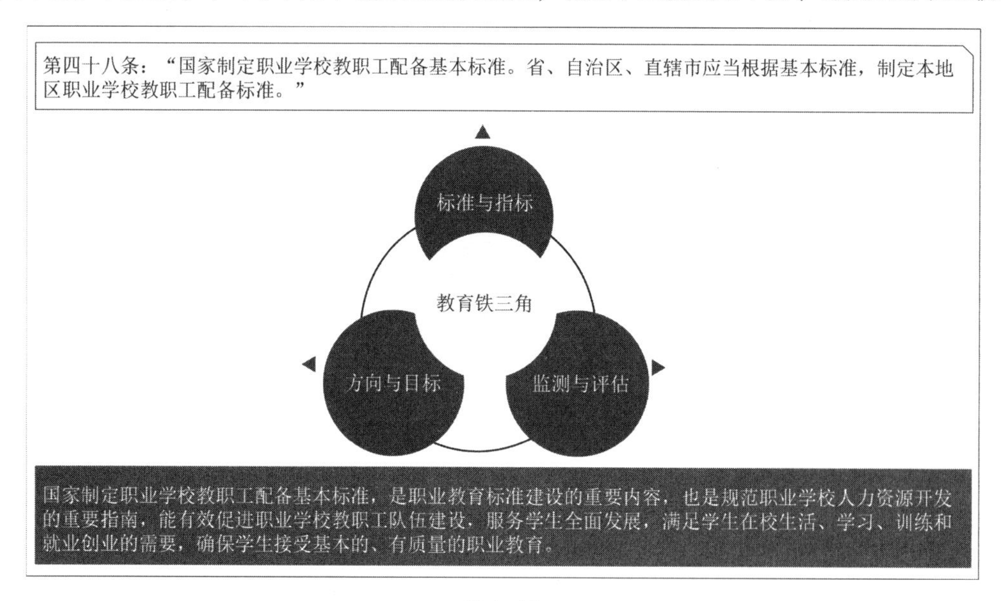

图 1-10

我国在推进职业教育发展的过程中，相关的政策文件从不同角度对职业学校教职工配备提出过要求，这些要求来自中共中央、国务院、国家部委或省市自治区的文件，有关的具体标准如表 1-2 所示。

表 1-2

序号	项目	专科	本科专业	职业本科
1	生师比	16：1—18：1	整体比例 18：1，专业师生比 20：1	18：1（专任 450 人）

续表

序号	项目	专科	本科专业	职业本科
2	50%的专任教师周学时	不高于12	—	—
3	具有研究生学位教师占专任教师的比例	35%（青年教师）	硕士50%，其中博士15%	50%
4	高级职称	30%	30%	30%（正高职称30人）
5	专业课教师双师素质	85%	50%	—
6	“双岗”教师	适应双岗需要的专业课教师占比不低于60%		
7	兼职教师高级职称比例	30%	—	—
8	兼职教师数占专业教师之比	20%	25%	25%
9	兼职教师承担专业课总课时比例	40%	20%	20%
10	心理健康教师	师生比1：4 000		
11	思政课教师	师生比1：350		
12	辅导员	师生比1：200		
13	体育教师	师生比1：300~1：400		
14	劳动教育	师生比1：2 000（推算）		
15	校级专职就业工作人数	与应届毕业生人数比例不低于1：500，指定1名学校就业信息员		
16	院系专职组织员	每个院（系）配备1~2名专职组织员		
17	专职党务和思政人员	不低于全校师生总人数的1%		
18	岗位实习学生数	一般不超过实习单位在岗职工总人数的10%，不高于同类岗位在岗职工总人数的20%		

以上数据来自以下具体文件：《关于加强和改进新形势下高校思想政治工作的意见》《关于加快构建高校思想政治工作体系的意见》《新时代高等学校思想政治理论课教师队伍建设规定》《普通高等学校学生党建工作标准》《高职高专院校人才培养工作水平评估方案（试行）》《本科层次职业教育专业设置管理办法（试行）》《本科层次职业学校设置标准（试行）》《普通高等学校辅导员队伍建设规定》《关于全面加强和改进新时代学校体育工作的意见》《职业学校学生实习管理规定（2021年修订）》《职业院校全面开展职业培训促进就业创业行动计划（2019—2022年）》《教育部做好2013年全国普通高等学校毕业生就业工作的通知》《教育部办公厅发布关于加强高校毕业生就业创业信息报送工作的通知》等。

国家层面成体系规定职业学校教职工配备的标准目前还没有。职业学校教职工配备基本标准应基于职业教育的类型特征及其职能，最大化激发人的潜能，结合并考量已有的标准，从班级规模、岗位设置、聘用机制及结构化比例等方面予以科学统筹，开放性地做到系统性的守正与创新、分立与集成，例如，规范何为“高层次双师型教师”“国家工匠之师”等，以保障职业教育可持续、高质量的发展。

学习《职业教育法（修订案）》（散思十二）

——浅析“产教融合校企合作路径”

《职业教育法（修订案）》第四十条：“职业学校、职业培训机构实施职业教育应当注重产教融合，实行校企合作。职业学校、职业培训机构可以通过与行业组织、企业、事业单位等共同举办职业教育机构、组建职业教育集团、开展订单培养等多种形式进行合作。”对此，笔者以职业学校为例，谈谈学习体会。

职业学校实施职业教育应当注重产教融合，实行校企合作。我国职业教育的发展历史和世界各国的职业教育实践证明了以学校思维来办职业教育，只会渐行渐远于社会。建立机制，整合跨界的、不同性质的资源形成异质结构共同体，发挥结构性优势，是扎根中国大地办高质量职业教育的必由之路。产教融合、校企合作是职业教育的本质要求，是“职业性”与“教育性”结合的应有之义，产教融合、校企合作理应成为职业院校战术层面上推进职业教育高质量发展的“总阀门”，全方位、全过程贯穿于人才培养、技术研发与传承、文化传承与创新、社会服务、国际交流与合作等各个领域的各个环节，有效解决适应性及出口问题。

职业学校可以与行业组织、企业、事业单位等共同举办职业教育机构。此处所说“职业教育机构”未做具体外化界定。根据《民办教育促进法实施条例（修订案）》提出的“实施职业教育的公办学校可以吸引企业的资本、技术、管理等要素，举办或者参与举办实施职业教育的营利性民办学校”，公办职业学校在不利用国家财政性经费、不影响公办学校教学活动、不仅以品牌输出方式参与办学的前提下，可以经报批举办或者参与举办实施职业教育的营利性民办学校；基于产教融合校企合作组织体系的发展演进，《关于深化产教融合的若干意见》（2017）、《关于推动现代职业教育高质量发展的意见》（2021）和《职业教育法（修订案）》（2022）强调培育产教融合服务组织。职业院校可建立面向社会的产教融合服务机构，通过专业化社会服务为职业院校产教融合、校企合作提供智力、技术服务，推进校企合作、工学结合的供需匹配、运作规范，助力职业院校高质量“写好”产教融合、校企合作的“文章”；职业学校与企事业单位还可以成立专门的职业教育研究中心、技术协同创新中心、课程开发中心、开放性实习基地等专门化的职业教育机构，服务社会，反哺人才培养培训。

职业学校可以与行业组织、企业、事业单位等共同组建职业教育集团。我国组建职业教育集团的实践发端于20世纪90年代初，以1992年10月北京西城区旅游职业教育集团成立和浙江、江西分别于2002年、2003年在全国率先出台专门化文件为标志，历经30多年发展变革，目前全国的职业教育集团数量近2 000个，职业教育集团成为我国职业教育发展的亮点，也是走向世界职业教育的名片，向世界提供了职业教育又好又快发展的中国方案。目前我国各省域都创建了职业教育集团，获批的国家级职业教育集团在职业教育的发展中起到了关键性作用。纵观我国职业教育发展，集团化办学在推进产与教融合度、校与企集成度、课与岗对接度、工与学交替度、育与训结合度、知与行合成度、人与人互动度、体系贯通衔接度不断提高等方面发挥了重要作用，显著增强了职业教育的服务力、贡献力、引领力。

学习《职业教育法（修订案）》（散思十三）

——释义“职业教育教师培养培训体系”

《职业教育法（修订案）》第四十五条：“国家建立健全职业教育教师培养培训体系。各级人民政府应当采取措施，加强职业教育教师专业化培养培训，鼓励设立专门的职业教育师范院校，支持高等学校设立相关专业，培养职业教育教师；鼓励行业组织、企业共同参与职业教育教师培养培训。产教融合型企业、规模以上企业应当安排一定比例的岗位，接纳职业学校、职业培训机构教师实践。”（见图 1–11）对此，笔者结合 2019 年《深化新时代职业教育“双师型”教师队伍建设改革实施方案》（“师资 12 条”）文件的精神，对接湖北省职业教育师资培养及培训等举措谈点学习体会。

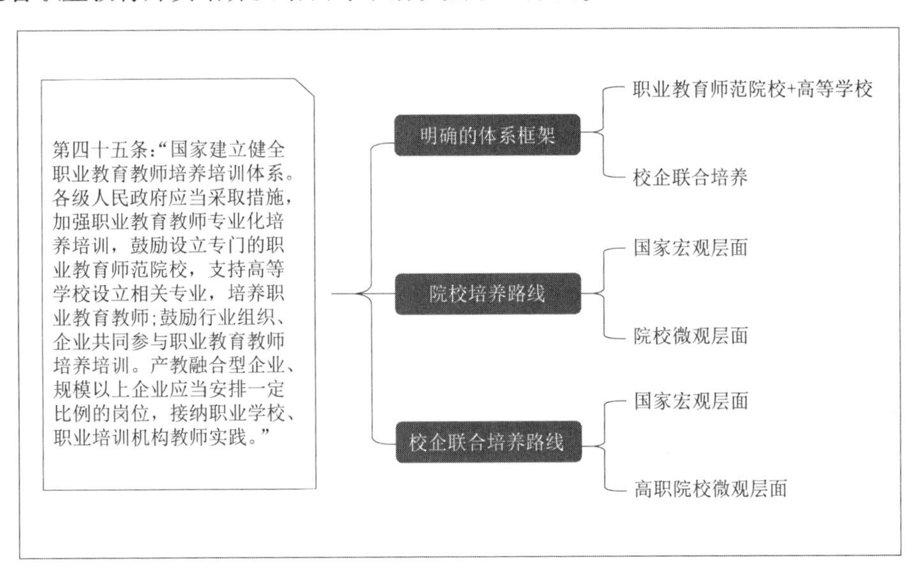

图 1–11

国家建立健全职业教育教师培养培训体系。师资力量是职业教育发展的第一资源，也是提高职业教育质量的关键主体。我国职业教育发展存在“快”与“慢”的现象，一方面，职业教育的发展环境日益改善，发展理念层出不穷，发展规模蓬勃增长，发展行动项目建设频出，各类设施设备的更新和增加幅度较大，另一方面，高等职业院校教师整体从事职业教育的专业素养提高缓慢。这一“快”与“慢”制约了职业教育发展质量的有效提高，因此，多措并举加快提高职业教育教师整体专业素养和改善教师结构性问题，培养一批“双师三能型”教师特别是“高层次双师型教师”“国家工匠之师”迫在眉睫。按第四十五条规定，国家职业教育教师培养培训体系框架由“院校培养（职业教育师范院校+高等学校）+校企联合培养”组成。

院校培养。从国家宏观层面看，一方面，目前全国仅有天津职业技术师范大学、吉林工程技术师范学院等10余所职业教育师范院校，远不能满足职业学校用人需求，需要大力发展，推动具有普通师范教育和工程技术教育背景的应用型本科院校、优质高等职业院校对标《职业技术师范教育专业认证标准》发展职业技术师范教育；另一方面，将重点师范院校转型发展为集职业技术师范教育和普通师范教育于一体、兼具职业本科、专业硕士和专业博士教育的综合师范大学，或在重点研究型高等学校面向高端产业、产业高端开设师范专业，培养一批高水平博士层次的“双师型”职业教育师资。从高等职业院校微观层面看，一方面，借鉴2013年国家人社部《技工院校一体化教师标准（试行)》，将“双师型”教师分为三级、二级、一级，三个级别的标准依次递进，按等级给予不同待遇，多元化拔尖培养一批高级别“双师型”教师；另一方面，优化资源配置，开办职业技术师范教育专业。

院校培养路线上，从院校微观层面看，首先是治理体系，以党建为统领，建设有目标、项目要多元，制度有供给、措施要科学，培训有指向、使用要考量，考核有标准、监管要得力。发表言论有规矩，课堂教学有纪律。其次是内容体系，一是师德素养，政治站位做“高”人、思想三观做“正”人、道德行为做“规范”人、守纪守法做“规矩”人；二是专业素养，专业知识扎实、能力过硬、作风硬朗；三是职业知识，专业知识面广、教学知识充足、经验知识丰富；四是岗位履职，信息能力、教学能力、教科研能力、实践能力、德育能力、服务社会能力协调发展。最后是教学能力，多措并举提高教师教学功底。目标精确、理念精微、设计精心、内容精当、组织精细、方法精准、技艺精湛、语言精练、“营养”精致。如图1-12所示。

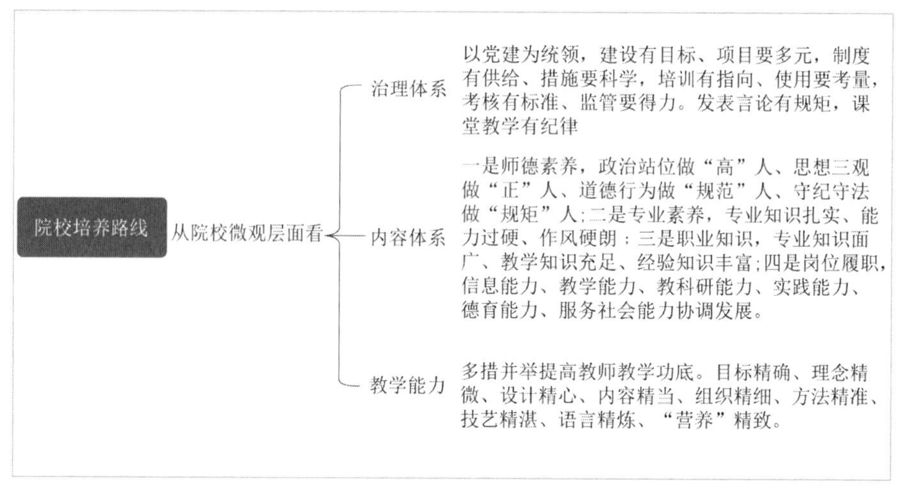

图1-12

校企联合培养路线。从国家宏观层面看，聚焦先进制造、集成电路、人工智能、数字信息、智慧农业等战略性新兴产业，统筹设立专项资金，支持领军行业企业、产教融合型企业、规模以上企业联合院校共同建设一批职业教育师资培养培训基地；从高等职业院校微观层面看，建立深度校企合作运行机制，推进教师常态化专业实践或挂职锻炼或进入流动站，达成教师职业场景上“熟”起来，教学情境上“活”起来，能力上“强”起来，行动上“实”起来，如图 1-13 所示。

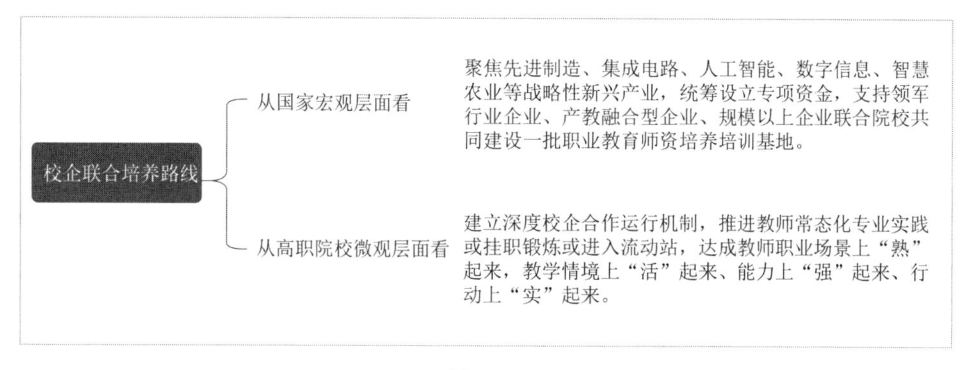

图 1-13

同时建立教师分类评价制度并以此来支撑职业教育教师培养培训体系的实现。

学习《职业教育法（修订案）》（散思十四）

——释义高频词“1+X”

《职业教育法（修订案）》第十一条：“实施职业教育应当根据经济社会发展需要，结合职业分类、职业标准、职业发展需求，制定教育标准或者培训方案，实行学历证书及其他学业证书、培训证书、职业资格证书和职业技能等级证书制度。”第五十一条：“接受职业学校教育，达到相应学业要求，经学校考核合格的，取得相应的学业证书；接受职业培训，经职业培训机构或者职业学校考核合格的，取得相应的培训证书；经符合国家规定的专门机构考核合格的，取得相应的职业资格证书或者职业技能等级证书。学业证书、培训证书、职业资格证书和职业技能等级证书，按照国家有关规定，作为受教育者从业的凭证。”在这个语境中未明确提及打上中国烙印而且成为各类文献中高频词的“1+X”，针对近几年如火如荼的发展“1+X”人才培养进程，笔者谈点学习体会。

施行“1+X”证书制度试点是我国新时代推进职业教育大改革大发展的治理行动，剑锋所指职业院校施行德技并修、育训结合，培养德智体美劳全面发展的高素质技术技能人才和社会主义可靠接班人。尽管《职业教育法》修订案未提及“1+X”，但“1+X”作为一种“基因”已深深植入职业教育“血液”里，体现在产教融合、校企合作、工学结合、工学交替、一体化教学以及德技并修、德才兼备、育训结合、知行合一等字里行间中。如图 1-14 所示。

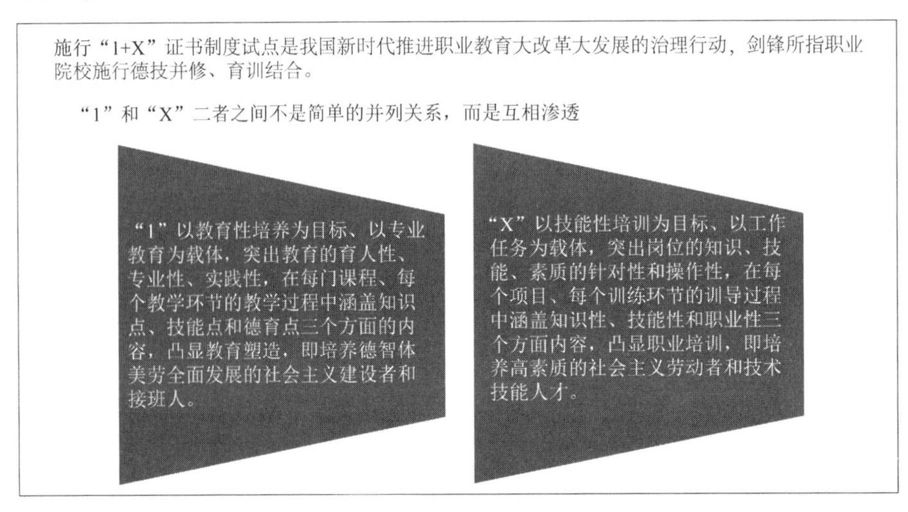

图 1-14

推行“1+X”证书制度，必须把住实质，“1”以教育性培养为目标、以专业教育为载体，突出教育的育人性、专业性、实践性，在每门课程、每个教学环节的教学过程中涵盖知识点、技能点和德育点三个方面的内容，凸显教育塑造，即培养德智体美劳全面发展的社会主义建设者和接班人，德“管”未来，教育“管”未来；“X”以技能性培训为目标、以工作任务为载体，突出岗位知识、技能、素质的针对性和操作性，在每个项目、每个训练环节的训导过程中涵盖知识性、技能性和职业性三个方面内容，凸显职业培训，即培养高素质的社会主义劳动者和技术技能人才，技“管”当下，培训“管”当下。职业院校推行“1+X”证书制度，旨在深化德技并修、工学结合，既“管”受教育者的未来，也“管”受教育者的当下。

《职业教育法（修订案）》第十一条、第五十一条两个条款内容，可以概述为：作为评价类的职业技能等级证书、准入类的职业资格证书、表征劳动者技术技能水平的培训证书以及能反映或证明学生的职业能力的学业证书等“四类证书”，均可作为受教育者从业的凭证。另外，各类专项职业能力证书、特种作业操作证书等能反映劳动者技术技能水平的证书也应纳入“四类证书”的范畴，成为从业的凭证。如图 1-15 所示。

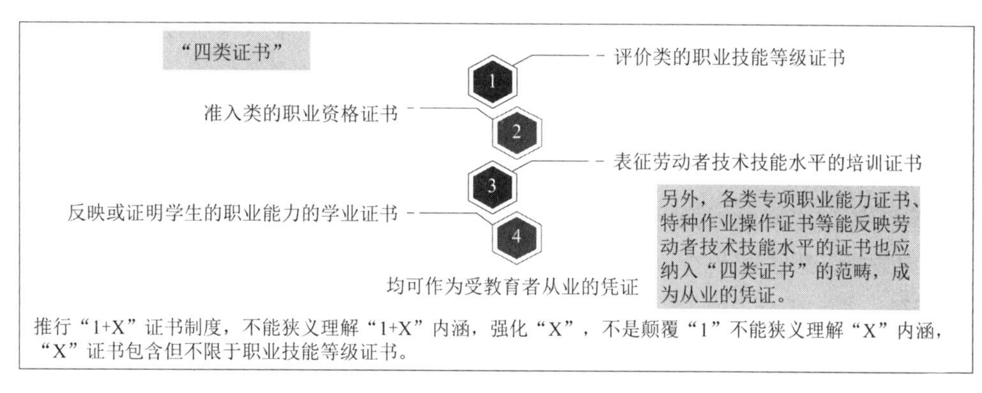

图 1-15

推行“1+X”证书制度，不能狭义理解“1+X”内涵，强化“X”，不是颠覆“1”；不能狭义理解“X”内涵，“X”证书包含但不限于职业技能等级证书。如果一纸毕业证书“单证”就能反映或证明学生的职业竞争力，将“双证”或“多证”变为“单证”，或许是职业教育的一种回归，表征职业教育真正办出了特色，真正办成了“类型教育”，实施“1+X”的要义即在于此。推行“1+X”证书制度，已成为覆盖各职业院校的普遍性行动，由于受众对象量大面广，可以有效推进职业教育整体质量的提高；由于教育是“慢活”，切不可搞运动、走极端。

大道至简的“中国造”职业教育名词“1+X”，有望成为继德国的“双元制”、英国的“三明治”、新加坡的“教学工厂”等典型职业教育模式之后又一有影响力的模式，成为我国职业教育演进过程中走向世界的一张“中国名片”。

学习《职业教育法（修订案）》（散思十五）

——释义“职业教育的内涵”

《职业教育法（修订案）》意蕴深刻，在学习、领悟和记忆《职业教育法（修订案）》的过程中，将有关内容进行适当概括和序化，是一种较好的学习方式。以下是围绕职业教育的内涵定义及其行动定位、力量组成、环境改善等主题方面的学习尝试，以期抛砖引玉。

一、职业教育内涵定义“一目标一导向两规格三指标”

第二条“本法所称职业教育，是指为了培养高素质技术技能人才，使受教育者具备从事某种职业或者实现职业发展所需要的职业道德、科学文化与专业知识、技术技能等职业综合素质和行动能力而实施的教育，包括职业学校教育和职业培训”。对职业教育的内涵定义表述意蕴深刻，可以概述为“一目标一导向两规格三指标”：以培养高素质技术技能人才为目标，以促进就业、稳定就业或实现职业发展为导向，以具备职业综合素质和行动能力为两个规格，以人才具有职业道德、科学文化与专业知识、技术技能为三维指标。如图1-16所示。

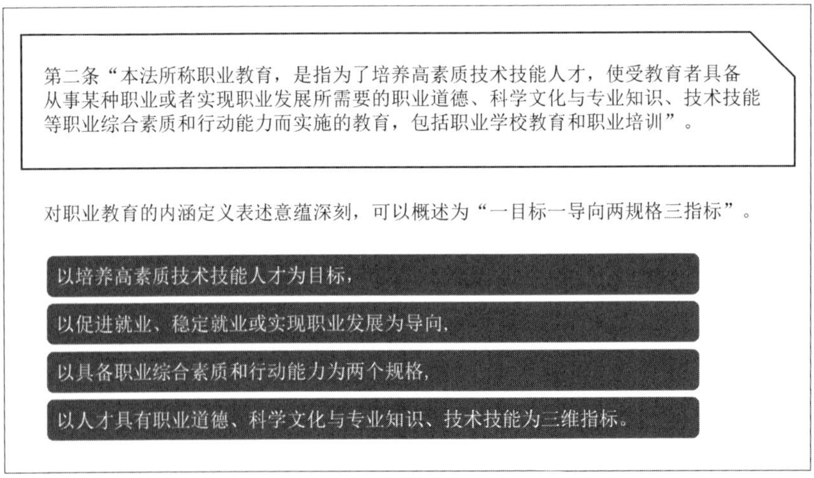

第二条“本法所称职业教育，是指为了培养高素质技术技能人才，使受教育者具备从事某种职业或者实现职业发展所需要的职业道德、科学文化与专业知识、技术技能等职业综合素质和行动能力而实施的教育，包括职业学校教育和职业培训”。

对职业教育的内涵定义表述意蕴深刻，可以概述为“一目标一导向两规格三指标”。

以培养高素质技术技能人才为目标，

以促进就业、稳定就业或实现职业发展为导向，

以具备职业综合素质和行动能力为两个规格，

以人才具有职业道德、科学文化与专业知识、技术技能为三维指标。

图 1-16

二、职业教育行动定位“一主两辅四协同”

第四条“实施职业教育应当弘扬社会主义核心价值观，对受教育者进行思想政治教育和职业道德教育，培育劳模精神、劳动精神、工匠精神，传授科学文化与专业知识，培养技术技能，进行职业指导，全面提高受教育者的素质”。实施职业教育行动，可以概述为“一主两辅四协同”：以弘扬社会主义核心价值观为主线，以思想政治教育和职业道德教育为两辅线，推进培育三种精神、传授知识、培养技术技能培养、进行职业指导四方面协同发展，全面提高受教育者的职业竞争力。

另外，《职业教育法（修订案）》第十条、第二十一条、第三十二条还基于职业教育服务发展的功能定位，从服务国家战略、维护国家安全、适应民生等方面专门强调了“三个大发展一个加快两个扶持一个持续”：“大力发展职业教育”“大力发展技工教育”“大力发展先进制造等产业需要的新兴专业”“加快培养托育、护理、康养、家政等方面技术技能人才”“扶持革命老区、民族地区、边远地区、欠发达地区职业教育的发展”“扶持残疾人职业教育的发展”“持续培养更多高素质技术技能人才、能工巧匠和大国工匠”“培养高素质乡村振兴人才”。

三、职业教育实施力量“三基本一重要一补充一潜在”

第二条“本法所称职业教育，……，包括职业学校教育和职业培训。机关、事业单位对其工作人员实施的专门培训由法律、行政法规另行规定”。第八条“国务院教育行政部门负责职业教育工作的统筹规划、综合协调、宏观管理。国务院教育行政部门、人力资源社会保障行政部门和其他有关部门在国务院规定的职责范围内，分别负责有关的职业教育工作”。第十条“国家采取措施，大力发展技工教育，全面提高产业工人素质”。第十五条“中等职业学校教育由高级中等教育层次的中等职业学校（含技工学校）实施。高等职业学校教育由专科、本科及以上教育层次的高等职业学校和普通高等学校实施。根据高等职业学校设置制度规定，将符合条件的技师学院纳入高等职业学校序列”。第十六条“职业培训可以由相应的职业培训机构、职业学校实施”。第十九条“县级以上人民政府教育行政部门应当鼓励和支持普通中小学、普通高等学校，根据实际需要增加职业教育相关教学内容，进行职业启蒙、职业认知、职业体验，开展职业规划指导、劳动教育，并组织、引导职业学校、职业培训机构、企业和行业组织等提供条件和支持”。根据以上六个条款，我国实施职业教育的若干力量格局可以概述为“三基本一重要一补充一潜在”。鉴于职业教育是一种类型教育，结合我国现代职业教育体系建设现态及招生规模和未来结构性发展，职业教育从整体上来说，现阶段在横向上形成“三支基本力量”（职业院校+技工院校+职业培训机构）和“一支重要力量”（普通高等学校，其在培养本科职业教育及以上教育层次高端技术技能人才方面发挥着重要作用）；职业教育从局部来说，高等职业教育的三支力量是高等职业学校、普通高等学校、技师学院。按规定，其他学校、教育机构或者符合条件的企业、行业组织按照教育行政部门的统筹规划，可以实施相应层次的职业学校教育，这类职业教育机构可以作为职业教育的一支补充力量。普通学校，特别是中小学开展职业启蒙、职业认知、职业体验和职业规划指导、劳动教育，可以作为职业教育的一支潜在力量。

四、职业教育环境改善“一健全三弘扬两营造一创造”

第三条“国家大力发展职业教育，推进职业教育改革，提高职业教育质量，增强职业教育适应性，建立健全适应社会主义市场经济和社会发展需要、符合技术技能人才成长规律的职业教育制度体系，为全面建设社会主义现代化国家提供有力人才和技能支撑”。第四条“实施职业教育应当弘扬社会主义核心价值观”。第十二条“国家采取措施，提高技术技能人才的社会地位和待遇，弘扬劳动光荣、技能宝贵、创造伟大的时代风尚”。第三十八条“职业学校应当加强校风学风、师德师风建设，营造良好学习环境，保证教育教学质量”。第五十三条“职业学校学生在升学、就业、职业发展等方面与同层次普通学校学生享有平等机会。各级人民政府应当创造公平就业环境。用人单位不得设置妨碍职业学校毕业生平等就业、公平竞争的报考、录用、聘用条件。机关、事业单位、国有企业在招录、招聘技术技能岗位人员时，应当明确技术技能要求，将技术技能水平作为录用、聘用的重要条件。事业单位公开招聘中有职业技能等级要求的岗位，可以适当降低学历要求”。第六十二条“媒体和职业教育有关方面应当积极开展职业教育公益宣传，弘扬技术技能人才成长成才典型事迹，营造人人努力成才、人人皆可成才、人人尽展其才的良好社会氛围”。根据以上六个条款，改善职业教育发展环境，需要从国家、社会、学校等层面联动，可以概述为“一健全三弘扬两营造一创造”。国家层面健全职业教育制度体系，大力发展职业教育，国家层面推动技术技能人才的社会地位和待遇的提高，弘扬劳动光荣、技能宝贵、创造伟大的时代风尚；社会层面积极开展公益宣传，弘扬技术技能人才成长成才的典型事迹；职业学校层面弘扬社会主义核心价值观，落实立德树人根本任务。社会层面和职业教育关联方营造人人努力成才、人人皆可成才、人人尽展其才的良好社会氛围；职业学校层面加强校风学风、师德师风建设，营造良好学习环境。各级人民政府应当创造公平环境，职业学校学生在升学、就业、职业发展等方面与同层次普通学校学生享有平等机会，禁止设置歧视政策。

学习《职业教育法（修订案）》（散思十六）

——释义“高职本科的发展历程”

《职业教育法（修订案）》第十五条：“高等职业学校教育由专科、本科及以上教育层次的高等职业学校和普通高等学校实施。根据高等职业学校设置制度规定，将符合条件的技师学院纳入高等职业学校序列。”第三十三条：“设立实施本科及以上层次教育的高等职业学校，由国务院教育行政部门审批。”“专科层次高等职业学校设置的培养高端技术技能人才的部分专业，符合产教深度融合、办学特色鲜明、培养质量较高等条件的，经国务院教育行政部门审批，可以实施本科层次的职业教育。”

我国高等职业教育的蓬勃发展，为社会主义现代化建设培养了大量高素质技术技能人才，对高等教育渐次实现大众化、普及化作出了重要贡献，丰富了我国国民教育体系结构，形成了高等职业教育体系框架，顺应了人民群众接受不同类型高等教育的需求，对建成学习型社会、创新型国家、人力资源强国以及脱贫攻坚取得全面胜利、全面建成小康社会等发挥了不可替代的支撑作用，在推进“一带一路”建设、产业转型升级、乡村振兴以及满足人民实现高质量的就业创业、提高生活品质等方面发挥着不可替代的作用。

新的时代新的征程，我国进入建设社会主义现代化强国新阶段，职业教育需要动态跟随，服务国家战略、维护国家安全、适应民生，聚焦先进制造、集成电路、人工智能、数字信息、智慧农业等战略性新兴产业，加大供给侧结构性改革力度，稳步发展本科及以上层次的职业教育，培养高端产业、产业高端所需要的高端技术技能人才。

一、本科职业教育相关政策文件梳理

2004—2006年。国家先后出台《关于进一步加强职业教育工作的若干意见》（教职成〔2004〕13号）、《关于大力发展职业教育的决定》（国发〔2005〕35号）、《关于“十一五”期间普通高等学校设置工作的意见》（教发〔2006〕17号）、《关于实施国家示范性高等职业院校建设计划加快高等职业教育改革与发展的意见》（教高〔2006〕14号）等文件，从国家层面强调：原则上中等职业学校不升格为高等职业院校或并入高等学校，专科层次的职业院校不升格为本科院校。这些文件有效促进了高等职业院校科学定位，以服务发展为宗旨、以促进就业为导向，走产学研结合之路。

2006—2013年。在《关于全面提高高等职业教育教学质量的若干意见》（教高〔2006〕16号）中，将高等职业教育定位为高等教育发展中的一个类型，首次提到建立专科、本科、研究生层次的职业教育体系。该文件的出台为现代职业教育体系的建立和完善提供了坚实的理论基础；《关于实施国家示范性高等职业院校建设计划加快高等职业教育改革与发展的意见》（教高〔2006〕14号），主要布置了全国100所示范性高等职业院校建设工程。在这个时期，有部分国家示范建设院校与普通大学合作举办高等职业本科教育，如邢台职业技术学院与河北科技大学、无锡职业技术学院与江苏大学先后于2010年、2012年联合试办了本科专业，为高等职业院校升格为本科院校进行了探索，积累了经验。

2014—2018年。《关于加快发展现代职业教育的决定》（国发〔2014〕19号文）提出“采取试点推动、示范引领等方式，引导一批普通本科高等学校向应用技术类型高等学校转型，重点举办本科职业教育”。《关于做好2018年度高等学校设置工作的通知》（教发厅〔2018〕215号）提出调整高职高专升本政策。已列入“十三五”高校设置规划的高等职业学校，不再升格为普通本科学校，择优纳入本科层次职业学校试点。未启动本科层次职业学校试点的省份可择优遴选1所高等职业学校进行申报。文件的政策语境从封闭专科层次的高等职业院校特别是公办高等职业院校升格为本科层次职业教育的通道，变为主动打开。

2019年至今。《国家职业教育改革实施方案》（国发〔2019〕4号）提出“开展本科层次职业教育的试点”，《关于“十四五”时期高等学校设置工作的意见》（教发〔2021〕10号）的正式文件去掉了“高等职业学校原则上不升格为本科学校”的表述，将封闭专科层次的高等职业院校独立升格为本科层次职业教育的通道彻底打开，同年职业教育本科专业、学校、学位文件出台。我国职业本科教育试点正在加快推进，截至2021年10月，教育部已公布32所职业本科学校。

二、本科职业学校发展演进

第一，从国家文件的表述来看。截至2019年，大多使用“不升格或不再升格”，少数文件使用“原则上不升格”，意味着高职层次上移的通道并没有封死。但就“升格”的管控力度而言，专科层次的高等专科学校上移途径更多、空间更大，而专科层次高等职业院校升本的空间更小。同时，民办高职和公办高职相比，民办高职升本科政策约束相对较少。但随着国发〔2019〕4号、教发〔2021〕10号文件和《职业教育法（修订案）》实施，强调以优质高等职业学校为基础，稳步发展本科层次职业学校，意味着高等职业院校独立升格为本科层次职业教育的主流和主体将是公办高等职业院校。在稳步发展本科层次职业教育过程中，把控专科层次职业院校进阶上移的节奏、优中选优的政策语境将会延续较长时间，其占比一定是从严控制，呈吃紧状态。

第二，从公办高等职业院校升格路径来看。根据上述文件精神，结合现实实践，稳步发展本科层次职业教育是国家战略，本科职业学校可以通过地方或新建普通本科院校转型、独立学院与职业院校资源整合、优质专科高等职业院校独立或联合升格、专科层次职业学院与技师学院整合等路径实施；也可以由专科职业院校与本科院校联合开办本科层次职业教育专业，或由具备条件的高等职业院校独立申请试办本科层次职业教育专业。公办高等职业院校升格主要有以下五种路径：一是与高等专科学校联合升格，例如，湖北荆门职业技术学院与沙洋高等师范专科学校联合升为荆楚理工学院。二是借助与其他院校的合并升格，例如，福建金融职业技术学院与福建经济管理干部学院等四校合并组建福建江夏学院。三是高等职业院校独立升本，以南京工业职业技术学院升格为南京工业职业技术大学为代表的高水平高等职业院校独立升本模式，将成为本科职业教育的重要生力军。四是特殊行业高等职业院校的升格，例如，南京特殊教育职业技术学院升格为南京特殊教育师范学院。五是区域性高等教育的结构性调整升格，一般是本地区没有本科高校，将有基础的公办高等职业院校升格。

第三，从高等职业院校探索进阶方式来看。一是开办本科层次职业教育专业，一方面，提质扩容高等职业院校与本科院校联合培养的方式开办一体化本科层次职业教育专业，发挥各自优势，提高培养质量；另一方面，允许具备条件的高等职业院校独立申请试办本科层次职业教育专业。二是扩大高职毕业生升本规模，在本科年度招生计划中确定适当比例并单列指标，尽可能做到本科院校单独组班并按职业教育模式培养学生。三是探索开展长学制专业试点，培养复合型高端专业技术技能人才，前瞻性地适应未来高新技术发展和产业革命对人才需求的高端性，为探索本科职业教育奠定良好基础。四是探索职业教育研究生招生和培养制度，建立和完善中职、高职专科、高职本科、高职研究生教育的纵向贯通体系，推进职业教育领域层次上移。

第四，从未来发展的引领来看。在职业教育直通车体系中，本科职业教育还比较薄弱，600 余所本科院校转型还处于初期，需要探索，而我国专科层次的高等职业院校 20 余年来，坚持普适性和拔尖性建设并举模式大改革大发展的成就，令世界瞩目。高等职业院校特别是公办高等职业院校，尤其是一些国家示范、骨干、优质高等职业院校，有能力引领职业教育科学发展，成为领跑者。南京工业职业技术学院作为公办高等职业院校的实力派代表，2019 年试办本科，2020 年更名为南京工业职业技术大学，预示着公办高等职业院校与其各类专科层次的院校在“升格”的政策问题上已经处于同一起跑线，开启了高等职业院校重在内涵式“升格”的新时代。

三、本科职业学校的规模和结构

第一，本科职业学校学生数和学校数。《国家中长期教育改革和发展规划纲要（2010—2020 年）》提出：到 2020 年，高等职业教育在校生达到 1 480 万人；《国务院关于加快发展现代职业教育的决定》（国发〔2014〕19 号）提出：到 2020 年，专科层次职业教育在校生达到 1 480 万人，接受本科层次职业教育的学生达到一定规模。鉴于但不仅限于“1 480 万人”目标的完成，2019 年起实施高职“100 万”扩招计划，2019 年扩招 116.4 万人、2020 年扩招 157.4 万人、2021 年扩招 139.41 万人。2021 年，中办、国办印发《关于推动现代职业教育高质量发展的意见》提出：到 2025 年，职业本科教育招生规模不低于高等职业教育招生规模的10%。以“1 480万人”高等职业教育在校生为基数，按职业本科学生占比高等职业教育学生规模10%测算，意味着到2027年职业本科教育在校生规模将不少于148万人，按每所职业院校在校生1万人计算，需要匹配本科职业院校148所。

第二，本科职业院校来源结构。截至2021年9月30日，全国高等学校共计3 012所，其中普通高等学校2 756所（本科1 270所、专科1 486所），成人高等学校256所，这是传统意义上的说法；如果按类型说法，全国普通高等教育类院校2 724所，职业高等教育类院校1 518所（专科层次职业学校1 486所，本科层次职业学校32所）。基于中专层次职业教育的基础性、专科层次职业教育的主体性、本科层次职业教育的发展性和我国高等教育布局的现实性，在稳步发展本科层次职业教育过程中，应从严把控专科层次职业院校进阶上移的节奏、优中选优，同时也应从严控制职业院校与独立学院合并转设，优化职业教育本科来源结构。建构本科职业教育涉及经济发展战略、高等教育结构布局、教育发展历史遗留问题、院校发展状态等因素。总体建构过程中，优质高等职业院校独立或联合升格为本科层次职业教育应成为主流和主体，其占比要大，以巩固职业教育近年来的发展成果和“基因”。参考黄金结构模型，如果按本科职业学校60%来源于专科层次高等职业院校的占比计算，该类院校数量约为90所，推算升格的优质专科院校在各类优质专科学校中占比约15%、在所有的各类专科学校中占比约为6%，做到了专科层次高等职业教育的主体地位不动摇，又体现其发展性，符合国家发展职业教育的初衷。

学习《职业教育法（修订案）》（散思十七）

——实施新《职业教育法》的思考与区域展望

一、建强职业教育任重道远

（一）优化职业教育类型定位

当前职业教育类型定位明确，仍需在行动方面进一步诠释。加快形成高水平人才培养体系，把专业群建在产业链上，立体化推进内外衔接的教学和管理体系、教材体系、思政教育体系建设，彰显职业教育不可替代的社会价值。

（二）增强职业教育的吸引力

当前职业教育的战略地位非常高，仍需国家、社会和学校进一步协同综合治理。大力营造“劳动光荣、技能宝贵、创造伟大”的氛围，加快技能型社会建设，有效稀释偏见，提高全社会对职业教育愿景的认同度。

（三）提升职业教育治理效能

当前职业教育治理体系和机制基本形成，仍需进一步向深度完善。推深做实“党的领导（动力）—政府推动（推力）—地方统筹（活力）—行业指导（引力）—校企主体（主力）—社会参与（助力）”运行机制。

（四）增强职业教育适应性

当前职业教育结构性质量得到改善，仍需进一步多维动态调适。传承中盘活存量、挖掘储量，在变革中应对变量、补充增量，加快职业教育结构性转型和升级以更加匹配未来科技发展趋势和市场需求。

（五）提高职业教育产教融合度

当前职业教育的办学模式特征逐步彰显，仍需进一步立体化推进。加快实体性职业教育集团、产业学院、产教融合型城市、行业、企业、实训基地等平台的建设和利用，推进产学研转创用一体化，促进人才流、技术流、文化流和资本流的高频互动，形成校企同频谐振。

（六）实现职业教育中国梦

当前职业教育体系基本形成，仍需进一步结构性优化，加快建设以法制为基础的、体制更加成熟定型的现代职业教育体系。

（七）做强职业教育中国品牌

当前职业教育已进入大改革大发展的轨道，加快现代学徒制中国化形成中国特色、加快双师型教师队伍建设成为中国智慧、加快岗课赛证融通育人形成中国方案、加快“1+X”制度试点成为中国名片，仍需进一步全新诠释。加快推动职业教育新旧动能转换，增值赋能，提升服务全球发展的服务力、贡献力、引领力，使中国成为世界职业教育领域有重要影响力的国家。

二、湖北省发展职业教育“敢为人先”

湖北省高度重视职业教育改革与发展，在教师队伍建设、职业院校协同发展、招生改革等方面创造性地进行探索和实践，湖北省的敢为人先、先行先试促进了职业教育事业的长足发展。

（一）实施名师建设工程，培育“双师型”教师领军团队

2007年，湖北省开启建立“楚天技能名师”教学岗位制度，成为弥补职业教育师资短板的新举措；2017年，国家实施技能名师工作室制度。应该说，湖北省在探索职业院校教师“固定岗位+流动岗位”模式上起步较早。

（二）实施高等职业院校对口支持与交流合作计划，推进职业高等教育整体质量提高

2011年，湖北省建立示范性职业院校对口帮扶“一对一”制度，组织全省示范性高等职业院校与独立设置的民办或新建高等职业院校开展对口支持与交流合作。2018年，全国职业教育与继续教育工作视频会议提出“职业教育东西协助行动计划”。应该说，湖北省在职业院校之间开展教育帮扶、探索均衡发展方面“醒得早起得早”。

（三）改革考试招生制度，推进完善现代职业教育体系

2012年，湖北省在全国首创并推行了“技能高考”制度，实施以技能考核为重点的中等职业学校毕业生升入高等院校的办法，突出技能的基础性在升学中的重要作用，以选拔优秀技术技能人才。这一开启用不同尺子丈量不同来源的学生的新举措，为搭建职业教育“直通车”“立交桥”提供了一种新方案，拓展并丰富了中高职衔接和贯通不同类型教育的途径。

（四）推进职业教育集团化办学，打造湖北省职业教育品牌

2012年，湖北省探索专业集群平台建设，实施做强职业教育品牌战略，由政府财政投入拉动，搭建以政府推动、行业指导、学校主体（主导）、企业主体（引导）、社会参与的职业教育集团平台，基于知识、技术、设施、人才和信息化的高度集成，精心打造湖北建筑工程、湖北海员、湖北机电、湖北食品、湖北厨师、湖北护理、湖北IT蓝领、湖北旅游、湖北商务和湖北园艺十大湖北特色的职业教育品牌。湖北打造职业教育专业群品牌，成为变离散型专业建设为专业集群建设的有效经验，整体提升专业服务产业能力，入选国家“双高计划”，高水平专业群建设数量居全国前8位。

（五）公开发布职业院校社会贡献力报告，扩大职业教育影响力

2014 年，湖北省以武汉职业技术学院为代表，在全国首度发布《武汉职业技术学院社会贡献力报告》，引导职业院校对接产业发展、区域需求、企业需要，开发新技术，促进科技成果转化，解决技术难题，开展决策咨询、社会培训等项目，彰显职业教育社会服务能力，扩大职业教育影响力，提升职业教育吸引力。

（六）率先开展教学工作诊断与改进省级复核，着力质量发展自我革命

自 2015 年教育部启动职业院校内部质量保证体系诊断与改进工作以来，为有效引导职业院校切实履行质量保证主体责任，2018 年，湖北省率先制定了全国第一个省级诊改复核方案，并首先在湖北省 8 所高等职业院校进行了复核试点，成为全国开展质量保证体系诊断与改进省级复核标准建设和实践的第一个省份。2018 年年底，全国职业院校教学工作诊断与改进专家委员会印发《高等职业院校内部质量保证体系诊断与改进复核工作指引（试行）》。

（七）实施技工院校“双品牌”建设工程，推进技工教育拔尖性建设

2019 年，湖北省创新启动开展技工院校“品牌院校、品牌专业”建设工程：用 5 年时间建设 10 所全国知名的品牌院校，建好 50 个特色鲜明的品牌专业，开启技工教育质量拔尖性建设工程，培养高质量的产业工人。同时，使我国在以学科或专业为载体的高等教育和职业教育这两个区块，被以“双”字命名的拔尖性建设工程全覆盖，即普通高等教育有“双一流建设”“双万计划”工程、职业高等教育有“双高计划”建设工程、中等专业教育有“双优”建设、技工院校有“双品牌”建设工程，形成我国专业教育领域里普适性建设和拔尖性建设并举的全覆盖格局。

（八）高点定位职业技能提升行动，推进湖北省技能人才培训扩面提质

2019 年，国务院办公厅印发《职业技能提升行动方案》，实施职业技能提升“315”行动。湖北省迅速响应，三年计划投入培训专项经费、三年完成培训人次，高于 31 个省市自治区平均目标值、国家目标值。这些高位数据的实现，表征湖北省在高位推进技能人才的扩面提质行动方面走在前面，必将加快湖北省建设技能强省的进程，加快湖北省建设技能型社会的进程，支撑地方经济社会高质量发展。

（九）建立资金投入绩效考核激励机制，促进职业院校高质量发展

近年来，湖北省不断加强职业高等教育的经费投入，确保经费投入与职业教育发展规模相适应。在保基本促公平的基础上，湖北省利用资金使用绩效考核的杠杆作用，促进职业院校致力于内涵发展，充分加强自身建设，办出特色、办出水平，发展质量。

《国务院办公厅关于对 2021 年落实有关重大政策措施真抓实干成效明显地方予以督查激励的通报》国办发〔2022〕21 号督查奖励：改善职业教育办学条件、创新校企合作办学机制、推进职业教育改革等方面成效明显——天津市、辽宁省、安徽省、山东省、湖南省。

三、湖北省职业教育发展展望

到2025年，基本建成具有湖北省特色的现代职业教育体系，办学格局进一步优化，办学条件明显改善，职业教育吸引力和培养质量显著提高，高等职业教育学校列入国家高水平高等职业学校和专业建设计划10所以上，建设省级高水平学校20所以上、高水平专业群50个以上；中等职业教育建设国家优质学校30所以上、省级优质学校50所以上和优质专业90个以上，在优质学校就读学生比例不断提高，应用型高校和职业学校毕业生在省内就业比例不断提高。

到2035年，职业教育整体水平进入世界前列，技能型社会基本建成。技术技能人才社会地位大幅提升，职业教育供给与经济社会发展需求高度匹配，在全面建设社会主义现代化国家中的作用显著增强（职业教育的规模、层次、结构更加匹配未来科技发展趋势和市场需求；职业教育供给质量更加匹配产业结构调整转型升级；职业教育的服务力、贡献力、引领力更加显著），湖北省职业教育整体水平居全国前列，职业教育供给与湖北省经济社会发展需求高度匹配，在推动湖北省高质量发展中的作用更加凸显。

研读政策明路径

新时代职业教育“那些事”

职业教育作为一种教育类型，地位更加突出，是支撑我国前行的一股不可替代的伟大力量。新时代以来，党和国家对发展职业教育的重视程度、战略定位、政策支持、改革力度、资金投入均前所未有。在深入推进职业教育办学体制机制改革、构建高质量职业教育体系、深化产教融合校企合作、着力师资队伍建设、提升职业院校人才培养质量、提高职业教育发展保障水平等方面开展了卓有成效的探索。职业教育发展理念持续创新，职业教育发展环境持续改善，职业教育发展行动持续进行，职业教育发展质量持续提高，职业教育整体发展进入现代化新阶段，我国的职业教育发展正处于春暖花开的季节。高等职业院校千帆竞渡创双高，千岩竞秀创特色。进入新时代的职业教育也在经历着翻天覆地的变化。在此，用闻·思·行的散思和行动经历描述一下职业教育那些事。

习总书记，情系职教，批示讲话，二十余次。
职业教育，前途广阔，大有可为，加快发展。
职教治理，政府统筹，地方为主，社会参与。
发展职教，政策频出，喜事连连，大事多多。
职教地位，跳跃四级，建立标准，加大投入。
职教法修，落地可期，工程浩大，十年有余。
职教大会，起于八六，累计八次，常有论断。
职教20条，部署周密，两办意见，力破障碍。
高质发展，全面推动，技能社会，起航建设。
职教体系，日臻成熟，职普融通，交互发展。
普本转型，任重道远，职教本科，稳步发展。
专业目录，七次修订，改造升级，纵横贯通。
职教高考，渠道畅通，招生渐盛，火热升温。
扩招百万，调适结构，学徒扩容，特色升级。
“1+X”行动，大力推进，育训结合，德技兼修。
技能大赛，职教盛事，赛道众多，能人辈出。
推进诊改，强化督导，改革评价，多管齐下。
提质培优，拉开大幕，千帆竞渡，百舸争流。
笃定方向，立德树人，党建思政，保驾护航。

依法治校，自主办学，研究先行，理性探索。
优化机制，建设平台，搭建载体，落地落细。
人才培养，工学结合，知行合一，岗课赛证。
三全育人，五育并举，把捏校情，突破瓶颈。
产教融合，纵深推进，合作规划，协作治理。
校企合作，育人铸魂，双元互动，双线融合。
高维发展，打造品牌，高位爬坡，争创双高。
目标高阶，定向导航，纵向衔接，横向贯通。
标准适配，尺度精当，层级精微，成果可测。
平台高端，载体坚实，活动前瞻，迭代升级。
协同创新，提升三力，增值赋能，服务发展。
专业集群，支撑协同，资源共享，一体发展。
课程体系，模块结构，三层架构，两种变式。
打造金课，双元开发，丰富资源，教之有材。
赋能教师，系统培养，专兼结合，双岗三能。
教法改革，融入科技，再造流程，创新形态。
项目导向，任务驱动，情景教学，授之渔场。
放大视野，博采众长，国际合作，双向输出。
数据治理，精细管理，诊断改进，发展质量。
考核评价，系统推进，质量核心，贡献导向。
深耕不辍，行稳致远，以质图强，梦圆理想。

职业教育发展的诗和远方

新时代—新职教—新作为—新期待，职业教育的生命力在于同步社会发展，职业教育的源动力在于适应市场需求，职业教育的影响力在于精准服务能力，职业教育的吸引力在于服务发展质量。

职业教育发展新纪元。2019 年，是我国职业教育大改革大发展的新纪元。这一年，职业教育改革发展有新理念；这一年，职业教育发展环境有新改善；这一年，职业教育战略地位有新提高；这一年，职业教育改革方案有新设计；这一年，职业教育发展前行有新目标；这一年，职业教育深化改革有新行动；这一年，职业教育规模壮大有新扩招；这一年，职业教育质量建设有新工程；这一年，职业教育教学改革有新项目；这一年，职业教育前行轨迹有新变化；这一年，职业教育加快发展有新节奏；这一年，职业教育优质发展有新期待。新蓝图已绘制，新方案已编制，新征程已启航，期待 17 年后的职业教育生机盎然，活力四射!

职业教育发展环境。新时代，我国职业教育得到了党和国家的高度重视，已经摆在了党和国家工作全局的重要位置。但当下的职业教育在一定程度上仍处于政府重视、社会轻视、家长歧视、学生鄙视的尴尬状态。

职业教育发展治理。中央重视，国家推动，地方统筹，行业指导，学校主体（主导），企业主体（引导），社会参与，多元办学。

职业教育发展机理。扎根中国大地，坚持立德树人，深化产教融合，建成职教体系，对接社会发展，促进就业稳定和扩大。根植于产业、行业、企业、职业，科学设置专业，系统组织学业，促进创业、就业，培育守业、敬业、勤业、乐业，达成就业有优势、创业有本领、升学有通道、发展有基础。

职业教育发展理念。举立德树人、服务发展之旗；走产教融合、特色发展之路；谋深化改革、创新发展之策；行两轮驱动、生态发展之术；达为国育才、质量发展之效。

职业教育发展定则。“一个”坚持，落实一个任务；“两轮”驱动，服务两个发展；“三教”改革，实施三全育人；“四方”联动，推进四链协同；“五育”并举，融入五项职能。

职业教育发展战略。以习近平新时代中国特色社会主义思想为统领，放眼世界。把握职业教育新思想，坚持普适性建设和拔尖性建设并举，强化供给侧结构性改革，增强办学活力；把握国家战略，谋划内涵建设的对接领域或路径，主动适应社会需求和引领社会进步发展，增强服务能力；把握发展质量目标，提升治理能力和创新能力，增强内生动力；把握育人初心，落实立德树人根本任务，为国育才，为党育人，增强发展动力。

职业教育发展战术。党建思政保驾护航，政治引领生态发展；完善机制激发活力，优化治理提高效能；校校联姻衔接贯通，校企融合双主育人；两轮驱动协同前行，动态调整对接社会；技术传承训练能力，文化传承滋养心灵；三全育人培养全人，立德树人为国育才；国际合作放大格局，创新前行特色发展；打造两链建设平台，有效诊改保证质量。

职业教育发展方略。对接国家战略，谋划办学方略；对接市场状态，形成响应机制；对接职教特征，推进校企融合；对接产业调整，调控专业结构；对接行业发展，换挡主动适应；对接职业要求，优化培养体系；对接岗位需求，开发教学资源；对接企业发展，供给人力资源；对接学生成长，促进全面发展；对接质量发展，建立诊改机制。

职业教育发展指南。党的领导是保障、社会主义是方向，民族复兴是使命、优先发展是战略，立德树人是根本、为国育才是大道，文化育人是指引、教育无痕是境界，服务发展是宗旨、促进就业是导向，扎根中国是前提、双师教师是基础，教改项目是载体、改革创新是动力，产教融合是路径、特色发展是目的，两轮驱动是定位、工学交替是特征，三全育人是趋势、三教改革是重点，四方联动是方式、四链协同是场景，五育并举是要求、协同发展是职责，发展质量是关键、诊断改进是手段，全面治理是措施、高质发展是目标。

职业教育发展细则。党建统领，保障发展；立德树人，定向发展；牢记宗旨，服务发展；两轮驱动，法定发展；理性思考，科学发展；培育文化，引领发展；理念更新，升级发展；三全育人，主导发展；统筹规划，立体发展；面点结合，循序发展；诊断改进，优质发展；找准定位，差异发展；五育并进，全面发展；五职协同，综合发展；把脉问诊，因势发展；打造两链，规范发展；供给制度，刷新发展；数据说话，精准发展；科学研究，创新发展；三教改革，重点发展；专业链接，集群发展；资源整合，集成发展；改革试点，探索发展；凝练总结，提升发展；育训交融，转型发展；多点支撑，竞相发展；国际交流，互动发展；立交直通，衔接发展；产教融合，特色发展；校企合作，互融发展；适应产业，同步发展；融入标准，匹配发展；对接未来，前瞻发展；勇立潮头，高位发展；创新突破，提质发展；全面治理，高质发展。

职业教育发展行动。党建思政一体化、立德树人系统化，顶层设计科学化、目标标准链条化，办学格局国际化、发展驱动两轮化，对接市场动态化、服务发展精准化，制度建设动态化、规范流程精细化，数据分析信息化、诊断改进常态化，纵向衔接直通化、横向贯通立体化，校企资源融合化、专业建设集群化，课程体系模块化、教学载体项目化，教学手段丰富化、考核评价多元化，设施设备先进化、实训场所情景化，教学素材资源化、教育资源共享化，师资队伍双师化、管理队伍职业化，德才兼修一体化、学生发展全面化，文化育人特色化、创新发展持续化。

职业教育发展路径。以党的教育方针为统领，深化教育教学改革；以教育和培训为法定职责，服务人的全面发展和经济社会发展；以为党育人为国育才为使命，培育先进的育人文化；以双师型教师队伍建设为基础，提升教育改革能力；以普适性和拔尖性建设并举为原则，发展整体质量；以合作规划合作治理为基础，推进校企融合；以深化产教融合校企合作，探索混合所有制办学模式；以培训载体和资源保障为依托，建立培训实施组织体系；以现代学徒制试点为契机，创新升级培养模式；以知行合一为导向，推进教学模式改革；以育训结合为着力点，深化教学组织模式改革；以专业群建设为龙头，建设高水平人才培养体系；以课程思政为重点，落实立德树人根本任务；以双创教育为突破口，培养创意创新创业能力；以课程建设与改革为关键，前瞻性对接企业转型升级；以教学资源建设为切入点，建设立体化教材体系；以职业技能大赛为载体，强化学生技能；以“1+X”证书改革为抓手，分层递进分类贯通培养复合型技术技能人才；以公益活动为纽带，培育学生社会责任情感；以社团活动为路径，助力学生全面发展；以学分制深度改革为推手，推行学分互认替代积累和转换；以因材施教为核心理念，实施个性化培养；以多元评价为监测，建立内外结合的绩效考核机制；以集成形成大数据为目的，消除信息孤岛；以国际合作与交流为途径，扩大国际视野；以教学工作诊改为手段，推进全面治理，促进整体质量持续发展。

职业教育发展之环境营造。国家，顶层设计、建章立法促环境建设有力；学校，贯彻执行、系统谋划施精准建设得力；社会，关注职教、支持职教成蔚然之风助力；教师，不忘初心、立德树人育俊贤人才给力；学生，努力学习、全面发展做真善美人发力。

职业教育发展之产教融合。遵循合作规划、合作治理、合作培养、合作发展理念。在产教融合的形式上，从学校一般性招生升级为校企联合招生招工、从学生这一单独身份升级为学生员工双身份、从企业一般性作用升级为主体作用、从企业对学生一般性培训升级为在岗培训、从校企各自为我所需升级为共同育人、从校企一般性合作升级为融合发展、从学生一般性实习升级为在岗学习、从学生一般性实训升级为生产实训、从学生一般性工学结合升级为工学交替频繁、从学校课程升级为校企双元课程、从一元考核升级为多元考核等。在产教融合的内涵上，实现招生与招工、教育与培训、教学与生产、学业与职业、学期与工期、作品与商品、考试与评价、学徒生与学徒工、专业知识与职业知识、跟岗实习与在岗学习、教学标准与生产标准、教学工艺与生产工艺、教学环节与生产环节、教学管理与生产管理、教育目标与生产目标、教育规律与生产规律的渗透融合。

职业教育发展之三教改革。教育适应未来发展趋势施之有策，研态势思方法做好中国方案。三教改革聚焦立德树人育之有道，成体系立规范打造中国标准。教师研学教育教学规律教之有方，聚共识、启新航融入中国元素。教材根植社会发展态势教之有材，建课程著教材打牢中国底色。教法对接课程内容变化教之有法，立大德、育贤才打上中国烙印。

职业教育发展之谨防“三化”。职业教育离开理论教学，实践教学和素质教育就缺少基础支撑，高等职业教育失去高等性，高等职业教育被“庸俗化”；职业教育离开实践教学，理论教学和素质教育就缺少源头活水，高等职业教育失去生命力，高等职业教育被

“普教化”；职业教育离开素质教育，理论教学和实践教学就难以育德育人，高等职业教育偏离正航道，高等职业教育被“功利化”。

职业教育发展之发展画像（2020）。职业教育规模、层次、结构更趋合理，院校布局和专业设置与经济社会发展相适应，院校办学能力和贡献力彰显，现代职业教育体系基本成型，职业教育发展环境持续改善，形成产教深度融合、校企协同育人、职普相互沟通、学段衔接贯通、教育和培训并举的职业教育发展局面。职业教育现代化、国际化取得重要进展。

职业教育发展之发展画像（2035）。职业教育的规模、层次、结构更加匹配未来科技发展趋势和市场需求；职业教育供给质量更加匹配产业结构调整转型升级；职业教育的服务力、贡献力、引领力更加显著；职业教育以法制为基础的体制机制“生态圈”更加成熟定型，“政策链”“直通车”“立交桥”“旋转门”运行更加灵活畅通。职业教育实现现代化，成为对世界职业教育有重要影响力的国家。到那时，现代化的职业教育成为国家实施创新驱动发展战略、科教兴国战略、人才强国战略的重要支撑，在国家人力资本提升中发挥关键作用，能够使每一个愿意接受职业教育的学习者享受到优质的职业教育，实现体面就业、人生出彩、生活幸福的目标。

续写高等职业教育层次上移的政策导向探究

关于高等职业教育层次上移，基于陆续研读各不同阶段《教育部关于“十二五”期间高等学校设置工作的意见》（教发〔2011〕9号）、《教育部关于“十三五”时期高等学校设置工作的意见》（教发〔2017〕3号）及有关文件。2021年7月28日，《教育部关于“十四五”时期高等学校设置工作的意见》（教发〔2021〕10号）（下文简称教发〔2021〕10号文件）正式发布，对此，笔者结合以前三个不同时期发布的类似文件以及相关政策文件，谈谈学习体会，续写高等职业教育层次上移的政策导向探究。

一、教发〔2021〕10号文件的背景和有关表述

文件开篇提出“四期”背景，即“十四五”时期是我国“两个一百年”发展的交汇期，是实现2035年教育现代化目标的关键期，是高等教育进入普及化阶段的发展期，也是建设高质量高等教育体系的加速期。文件的出台意在深入贯彻习近平新时代中国特色社会主义思想，认真落实习近平总书记关于教育的重要论述，落实《中华人民共和国国民经济和社会发展第十四个五年计划和2035年远景目标纲要》要求，加快构建更加多元、更高质量的高等教育体系，满足人民群众对多样化优质高等教育的需求，努力建设高等教育强国。

教发〔2021〕10号文件提出：原则上，职业教育学校不转为普通教育学校、特色学校不变为综合学校、中等职业学校不升为高等职业学校。支持少量办学历史悠久、质量优质、效益明显，区域特别是中西部地区发展急需的师范、医学、公安类高等专科学校升格为普通本科高校。新增专科层次职业学校主要向配置薄弱的地区布局。符合条件、专业设置合理的技师学院，可在纳入规划后，按照标准和程序设置为高等职业学校。聚焦关键领域、重点行业、重点区域，以优质高等职业学校为基础，稳步发展本科层次职业学校。对布局合理、办学基础扎实、符合有关设置条件的独立设置的成人高等学校，可在纳入规划后，改制为其他高等学校特别是高等职业学校。

二、高等职业教育进阶呈扩容提质之势

第一，教发〔2021〕10号文件，直接去掉了“高等职业学校原则上不升格为本科学校”的表述。在教发〔2006〕17号、教发〔2011〕9号、教发〔2017〕3号及有关文件中，“高等职业学校不升格为本科学校”或“高等职业学校原则上不升格为本科学校”是

15余年来一种标准表述范式，一直未曾修改。直到2018年教育部办公厅《关于做好2018年度高等学校设置工作的通知》（教发厅〔2018〕215号）提出：调整高职高专升本政策。按照“特色学校不变为综合学校，专科高职学校不升为普通本科学校，职教体系学校不转为普教体系学校”的原则，已列入“十三五”高校设置规划的高等职业学校，不再升格为普通本科学校，择优纳入本科层次职业学校试点。已启动本科层次职业学校试点的省份不再增加试点学校；未启动本科层次职业学校试点的省份可择优遴选1所高等职业学校进行申报。至此，关于高等职业教育层次上移的政策语境开始松动。教发〔2021〕10号文件更是去掉了“高等职业学校原则上不升格为本科学校”的表述，将封闭着专科层次的高等职业院校独立升格为本科层次职业教育的通道彻底打开，关于中等职业学校的相关表述未变，意味着未来一个时期，构建高质量职业教育体系重点将在强基固本和提升层次上发力，这也是基于我国高等职业院校20余年大改革大发展使得一批高等职业院校具备进阶能力的研判后给予的政策供给。

第二，尽管一段时期将高职和高专统称为“高等职业院校”，前述的三个不同时期的文件强调的是专科层次高等职业院校不升本，并没有限定同属于专科层次的高等专科学校。教发〔2021〕10号文件对专科层次高等职业院校和专科层次的高等专科学校未来发展的表述是：支持地区发展急需的师范、医学、公安类高等专科学校升格为普通本科高校；以优质高等职业学校为基础，稳步发展本科层次职业学校。显然，这种表述与前述文件的表述逻辑一致，意味着专科层次的高等专科学校上移途径更多、空间更大。

第三，2020年，教育部《关于加快独立学院转设工作的实施方案》（教发厅〔2020〕2号）提出：鼓励各地积极创新，可探索统筹省内高职高专教育资源合并转设，也可因地制宜提出其他形式合法合规的转设路径，经教育部同意后实施。通过合并转设已产生了30余所本科层次的职业技术大学。教发〔2021〕10号文件强调了积极稳妥推进独立学院转设，把独立学院转设作为高校设置工作的重要任务，与高等职业院校合并转设本科职业教育是一条途径，但关于独立学院与高等职业院校合并转设尤其是转设本科层次的职业技术大学的这一路径只字未提，耐人寻味。

第四，教发〔2021〕10号文件提出，符合条件、专业设置合理的技师学院，可在纳入规划后，按照标准和程序设置为高等职业学校。积极推动这一工作，是推进深化职业教育领域改革，优化职业教育资源配置，建立职业教育一盘棋大格局的应景之作，有利于破解技师学院更高阶发展的瓶颈，促进技师学院未来更高质量的发展。

第五，教发〔2021〕10号文件提出，以优质高等职业学校为基础，稳步发展本科层次职业学校。就目前现实来看，无论是过去的示范、骨干高等职业院校还是现在的优质高等职业院校，都是公办院校，这些院校有能力引领职业教育科学发展，成为领跑者，意味着公办高等职业院校将是高等职业院校独立升格为本科层次职业教育的主流和主体，占有绝对优势。基于中专层次职业教育的基础性、专科层次职业教育的主体性和我国高等教育布局的现实性，稳步发展本科层次职业教育过程中，把控专科层次职业院校进阶上移的节奏、优中选优的政策语境将会延续较长时间，其占比一定是从严控制，呈吃紧状态。

第六，高等职业教育在探索进阶的过程中，还可以在以下方式上进行完善或探索。

（1）开办本科层次职业教育专业，一方面，提质扩容高等职业院校与本科院校联合培养的方式开办一体化本科层次职业教育专业，发挥各自优势，提高培养质量；另一方面，允许具备条件的高等职业院校独立申请试办本科层次职业教育专业。

（2）扩大高职毕业生升本规模，在本科年度招生计划中确定适当比例并单列指标，尽可能做到本科院校单独组班并按职业教育模式培养学生。

（3）探索开展长学制专业试点，培养复合型高端专业技术技能人才，前瞻性适应未来高新技术发展和产业革命对人才需求的高端性，为探索本科职业教育奠定良好基础。

（4）探索职业教育研究生招生和培养制度，建立和完善中职、高职专科、高职本科、高职研究生教育的纵向贯通体系，推进职业教育领域层次上移。

参考文献

[1] 王江清．强基固本提升层次完善湖南现代职业教育体系［N］．湖南日报，2020-05-28.

[2] 王佑华．高等职业教育的层次必将上移［J］．中国建设教育，2009（3）：14-16.

[3] 王佑华．高等职业教育层次上移的政策导向探究［J］．陕西现代职业教育研究，2021（3）：147-149.

盘点职业教育这十年

新时代以来，党和国家高度重视职业教育，职业教育发展理念持续创新、职业教育发展环境持续改善、职业教育发展行动持续推进，不断深化产教融合、校企合作体制机制建设，完善现代职业教育体系，优化职业教育类型定位，增强职业教育适应性，推进技能型社会建设，建设技能强国。职业院校在擦亮职业教育底色、践行“1+X”证书制度、创新中国特色学徒制、深化“三教”改革、实施岗课赛证融通综合育人、改革评价体系、深入推进国际合作与交流等方面开展了卓有成效的探索，持续提高人才培养质量。

一、职业教育国家层面“那些事”

百年大计，教育为本，职业教育，地位突出。
习总书记，情系职教，批示讲话，二十余次。
职教大会，起于八六，累计八次，常有论断。
职教法修，工程浩大，十年有余，五一施行。
七个坚持，三个面向，服务发展，创造价值。
国家推动，政策频出，制度成链，环境改善。
重磅文件，国字四个，部署周密，力破障碍。
政府统筹，分级管理，地方为主，社会参与。
办学主体，多元参与，业务主管，分属两部。
职教转型，持续推进，优化定位，擦亮底色。
普适建设，发展内涵，拔尖建设，打造高地。
建立标准，加大投入，完善设施，改善条件。
体系建构，一体设计，纵横交融，立体贯通。
纵向直通，巩固中职，做强高职，发展职本。
职普融通，产教融合，科教融汇，交互发展。
两轮驱动，协调发展，开放教育，做大做强。
“1+X”行动，全面推进，育训结合，书证融通。
专业目录，七次修订，改造升级，纵横贯通。
职教高考，渠道多样，招生渐盛，火热升温。
扩招百万，一举多得，学徒扩容，特色升级。

技能大赛，职教盛事，赛道众多，能人辈出。
灵活学习，方式多样，学分积累，成果衔接。
国际合作，双向推进，开辟主场，会盟赛展。
崇尚技能，时代刚需，技能社会，启航建设。
宣传职教，设有专周，终身学习，亦有专周。
强化督导，推进诊改，三方评价，多管齐下。

二、职业教育院校层面“那些事”

提质培优，以质图强，千帆竞渡，百舸争流。
笃定方向，立德树人，党建思政，保驾护航。
依法治校，自主办学，理性探索，有效实践。
两轮驱动，服务发展，四方联动，四链协同。
产教融合，纵深推进，合作规划，协作治理。
创新机制，建设平台，搭建载体，落地落细。
五育并举，三全育人，齐头并进，培养全人。
课程思政，劳育美育，创新创业，厚植精神。
人才培养，德技并修，工学交替，知行合一。
高维发展，打造品牌，高位爬坡，争创双高。
目标高阶，定向导航，纵向衔接，横向贯通。
标准适配，尺度精当，层级精微，成果可测。
平台高端，载体坚实，活动前瞻，迭代升级。
协同创新，提升三力，增添动能，服务发展。
专业集群，支撑协同，资源共享，一体发展。
课程体系，模块结构，三层架构，两种变式。
打造金课，双元开发，丰富资源，教之有材。
团队建设，系统推进，多措并举，优化结构。
赋能教师，站稳两台，胜任两岗，驾驭两境。
教法改革，融入科技，再造流程，创新样态。
项目导向，任务驱动，情景教学，授之渔场。
放大视野，博采众长，国际合作，双向输出。
双字词组，层出不穷，诠释理念，揭示内涵。
考核评价，系统推进，质量核心，贡献导向。
数据治理，增值赋能，诊断改进，发展质量。

三、职业教育校企合作“那些事”

四方联动，四链协同，构筑制度，稳步推进。

产教融合，职教模式，政府推动，社会协同。
校企合作，办学模式，校企双主，联动发展。
工学结合，培养模式，理实一体，德技并修。
育训结合，组织模式，工学交替，融通育人。
知行合一，教学模式，做中有学，学中有做。
校企双制，权属不同，取向不同，定位不同。
协同育人，合作治理，建立模式，搭建平台。
完善机制，再造流程，交互赋能，增值发展。
校企一体，共同规划，供需匹配，同频谐振。
校企结合，合而不融，迭代发展，系统协作。
学徒订单，契约培养，工学交替，定岗育人。
岗课赛证，融通标准，精准对接，综合育人。
合作育人，要素众多，抓住关键，调适流量。
人才技术，文化资金，关键变量，构成四维。
人才互动，技术互流，文化互融，系统合作。
资金交互，四维融通，合作进阶，混合发展。
头部企业，偏好技术，互动效度，多数较弱。
小微企业，偏好成本，互动流量，相对较大。
人才共育，多点合作，责任共担，多点协同。
专业共建，多点递进，过程共管，多点融合。
走深合作，重在方法，研究跟随，动态调适。

高等职业教育的“快”与“慢”

新时代，中国职业教育倍受重视，职业教育已被摆在教育改革创新和经济社会发展的突出位置。随着国家经费投入的不断加大、国际交流的日益频繁、发展行动项目建设的不断推进，我国高等职业教育的发展成就令世界瞩目，可是与国家、社会、行业、企业、学生、家长对高等职业教育质量的更高期盼相比，还有较大差距。

高等职业教育的“快”。20余年来，我国高等职业教育发展环境日益改善，发展理念层出不穷，发展规模增长较快，发展行动项目建设品种频出，各类设施设备的完善和增加较快，职业院校楼堂馆所修建得非常漂亮，解决了认识问题、理论问题、规模问题、路径问题、“大楼问题”。各职业院校和职业教育人在探索中加快前行，在前行中探索，在探索中前行，付出了艰苦的努力，普遍感受到了挑战自我之累、爬坡过坎之累、创新前行之累，这种累是走向卓越之累。

高等职业教育的“慢”。高等职业教育经过了较快的发展，但“质量问题”还不尽人意，究其根本原因，职业教育的核心问题不是出在改革、不是出在学生素质、不是出在技术层面等方面，而是出在教师从事职业教育的专业素养上。可以说，职业院校教师整体从事职业教育的专业素养结构性协同发展提高非常缓慢，影响学生素养结构性发展。例如，专业课程课堂本应是面向职场，以职业素质、职业知识（专业学科知识）、职业能力为主要目标，以项目或任务为载体、以多元教室为教学场所、以育训结合为教学组织模式，将政治思想素质、创新创业、优秀传统文化、工匠精神等渗透于教育教学全过程，来开展教育教学活动，可现实情况是在职业教育的课堂上，到处可见以逻辑为载体、以传统教室为主要教学场所来组织教育教学活动、以卷面考试论英雄的场景。教师从事职业教育的专业素养提高缓慢，制约了职业教育发展质量的有效提高。

这一“快”一“慢”的不匹配，导致了职业教育改革落细落地不充分，极大地影响了职业教育的整体发展质量，在一定程度上反映出职业教育的发展有点浮躁。

职业教育已进入新的发展阶段，该静下来花大力气啃硬骨头，把师资队伍建设放在更加突出的位置。职业院校已进入实现内涵发展阶段，师资队伍建设是提高职业教育质量的先导性、基础性工程，更是希望工程，优先关切并解决在职教师的转型升级和未来教师的培育。基于在职教师的职业习惯势力过于强大，在职教师的转型、提档、升级并非易事，非一朝一夕、花拳绣腿能解决问题。十年树木，百年树人，职业院校应尊重教育规律，尊重教师职业成长规律，多措并举，通过实学、师学、书学、网学等路径，通过培训、研训、研修等方式，通过科学的绩效考核，分类分层、循序渐进，植信念、播信仰、触灵魂、修德行、扩知识、提能力，持续提高教师从事职业教育的执教能力，着力打造思想上有定力、人格上有魅力、学术上有功力、教学上有技力、实践上有能力、育人上有活力的“高素质”“双师型”教师队伍。

“人民，只有人民，才是创造世界历史的动力”；“教师，只有教师，才是发展高质量职业教育的动力”。只有优先提高教师从事职业教育的专业素养，使之匹配于职业教育发展的内涵要求，才能最大限度地高效提高职业教育质量。

湖北省职业教育发展的建议

推进职业教育高质量发展，必须坚持社会主义办学方向，遵循职业教育规律，发挥市场规律作用，以迭代思维加快新实践、形成新认知，以质图强，砥砺前行。

一、抓实湖北省职业教育联席会议制度，破解发展政策瓶颈

进一步完善工作机制。在湖北省职业教育联席会议制度基础上，可以建立由省、市/地、县级党组（委）副书记任组长的三级教育工作领导小组，强化党的领导，落实落细国家职业教育发展政策。

进一步发挥智库作用。成立由宏观管理、行业企业、职业院校、学术研究等领域的人士组成的湖北省职业教育指导咨询委员会，发挥智库作用，提高职业教育科学化决策水平。建立“定期遴选认定职业教育专家+定期举办职业教育专家研讨会”模式，发挥专家的智囊优势，提供职业教育理论和实践支撑。

进一步深化产教融合体制机制建设。加大推进职业教育发展政策供给力度，创新推进湖北省特色质量工程项目建设，营造更好的有利于推进校企合作的生态环境，使校企合作不过多停留于民间状态。

二、提升湖北省职业教育话语权

加强职业教育研究，构建湖北省特色职业教育的思想体系、话语体系、政策体系和实践体系。一方面，成立专门机构，组建团队，积极争取国家重大招标课题和重大调研基金项目，开展产业与职业教育等政策研究，形成咨政报告，为职业教育创新发展提供理论指导与政策方案，为行业的政策法规、标准制定建言献策；另一方面，以项目课题为研究载体、以教改项目为实施载体，将鲜活的实践进行提炼归纳形成案例或上升到理论，提升影响力，使行动层面的做法从地方话语体系或学术语言进入国家话语体系，为丰富中国特色职业教育的思想体系、话语体系、政策体系和实践体系作贡献，提升湖北省职业教育话语权。

三、建设跨校“数字大脑”，推进职业教育开放公平

改变重资产思维，统筹建设校际智慧职业教育管理云中心，集成校际网上办事大厅，促进数据共享、业务协同、流程再造，提升校企、校际信息交流和协同效率，实现优质教

育资源共建共享，推进学校开放办学。建设职业教育资源云空间，实现专业教学资源库、在线课程、企业培训包、虚拟仿真实训等资源的共享。建立和完善湖北省学分认定和转换系统，适应学生多样性特点，设置课程类学分、技能类学分、获奖类学分、品行类学分、活动实践类学分、劳动类学分、创新类学分、实习类学分、工作业绩类学分、公益类学分等，推进各类学分认定、积累和转换，实现校际的沟通和衔接，搭建人才成长“立交桥”，建设学习型社会，推进技能型社会建设。

四、打造产业科普教育共享性基地

习近平总书记指出：“科技创新、科学普及是实现创新发展的两翼，要把科学普及放在与科技创新同等重要的位置。”湖北省可以统筹兼顾建设兼具职业认知与体验、科普教育与研学场所的共享性实训基地。发挥实训基地在弘扬科学精神，培育理性思维，提高职业劳动感知和生产、创新创造技能等方面的作用。探索“体验+科普”模式，面向中小学生、社会公民开展职业认知和体验活动，一方面，开发建设安全体验场馆、科普创意园，乃至产业博物馆等模块功能区，开展职业认知、生产劳动、技术技能创新、创业实践、公益服务和科普教育等活动；另一方面，依托现代化信息手段，使受众通过自主浏览、自主查询、自主学习和交互反馈来感知、感受。

五、形成“大职业教育”格局，优化职业教育资源配置

一是统筹职业教育发展。遵循教育规律，发挥行政规律作用，提升职业院校统筹等级，支持技工学校与高等职业院校开展中高衔接，支持高等职业院校增挂技师学院校牌、技师学院纳入高职序列，以“一盘棋”思想做到政策统一全覆盖。

二是做强专业集群。做好职业教育“十四五”规划顶层设计，引导湖北省现代职业教育发展，整合职业教育资源，以专业群为载体，用集群替代离散。例如，根据湖北省产业结构性发展及其分布，出台宏观指导意见，有序引导各地市、各职业院校合理优化专业群结构；探索将开设有同样大类专业的院校联合组建为“湖北省……集团学院”，可有效解决资源分散、专业发展不平衡不充分的问题，更加适应湖北省产业集群发展；指导成立乡村振兴学院，围绕新农村建设以及现代农作物生产技术、食品加工技术、物流管理、市场营销、信息技术农业产业链，组建专业集群或开设新专业，开展学历教育和生产技术培训，提供“精准”供给。面向多元需求，积极为乡村振兴提供丰富的教育资源供给。

三是开展本科层次职业教育试点。湖北省发展现代职业教育必须着力完善现代职业教育体系。湖北省地方本科院校转型还处于探索阶段，本科职业教育比较薄弱，而部分国家示范、骨干、优质高等职业院校，成为有能力引领职业教育科学发展的领跑者，可以通过“一转一补”（“一转”是指本科院校转型改革，“一补”是指将优质的公办高等职业院校作为补充升格为本科层次职业教育）发展本科职业教育，适应湖北省经济社会高质量发展对技术技能人才的多样化需求。

六、加快建立“双师型”教师培养系统，解决师资短缺和结构性问题

一是关切解决未来职业教育教师的培育问题。加快建设和发展湖北省职业技术师范教育，又好又快地解决职业教育未来教师和在职教师的转型升级的培育。一方面，与华中师范大学合作发展职业技术师范教育，与武汉大学、华中科技大学合作开展高端产业师资培养；另一方面，推动具有普通师范教育和工程技术教育背景的应用型本科院校，或转型发展为集职业技术师范教育和普通师范教育于一体的综合师范大学，如湖北省的高校中，湖北工业大学是全国职业教育师资培训基地，也成立了湖北工业大学职业技术师范学院，可以此为基础独立建制为职业技术师范大学；或将湖北第二师范学院、江汉大学、汉江师范学院、黄冈师范学院改制为职业技术师范学院；或在长江大学、湖北科技学院、湖北工程学院、湖北文理学院、湖北民族学院、三峡大学等一批包含师范教育专业的院校内部，对标《职业技术师范教育专业认证标准》进行资源配置，来举办职业技术师范教育专业；或在优质的综合性高等职业院校开办职业技术师范教育专业或转设为职业技术师范学院。职业院校的教师岗位已成为“香饽饽”，职业技术师范教育专业也成为“香饽饽”。

二是关切解决在岗教师的能力结构。一方面，省级层面上为扩展“双师型”教师培养培训路径，加快遴选一批产教融合型企业并加挂省级“双师型”教师培养培训基地，搭建提高教师实践能力、实践教学能力和理论教学能力的平台，优化教师个体能力结构；在原“楚天技能名师”教学岗位制度的基础上加快建立企业工程技术人员和职业学校教师双向流动机制，推行教师“固定岗位+流动岗位”模式，优化师资队伍结构。另一方面，鉴于各职业院校发展水平不平衡，在湖北省原来建立的示范性职业院校对口帮扶制度的基础上，丰富形式，组建由国家和省级专家、“万人计划”名师、国家名师、省级名师、省级技能名师和师德标兵、师德先进个人组成的湖北省职业教育讲师团，发挥职业教育专家、名师和师德标兵的引领带动作用，提升教师的教学能力、育德能力，促进教师队伍水平的整体性提高。

三是探索“双师型”教师分级制度。出台政策，推进“双师型”教师进行分级制度，按等级给予不同待遇，重点是多元化拔尖培养一批高级别“双师型”教师，多措并举培养一批领军人才和高级别专业带头人，发挥示范引领作用。

学习《深化新时代职业教育“双师型”教师队伍建设改革实施方案》的体会

2019 年 9 月 23 日，教育部、国家发展改革委、财政部、人力资源社会保障部联合发文《深化新时代职业教育“双师型”教师队伍建设改革实施方案》（教师〔2019〕6 号），对此，笔者谈几点学习体会。

（1）文件将技工院校“一体化”教师纳入职业教育“双师型”教师，这还是首次。“一体化”教师提法起源于 2013 年人社部《技工院校一体化教师标准（试行）》，可以说是职业教育“双师型”教师认定的先行先试。2019 年，“职教 20 条”的颁布，将游离在外的本属职业教育的技工院校纳入职业教育系统并予以强调，强化了技工院校的地位，形成职业教育在横向上的三股基本力量，即职业院校、技工院校、职业培育机构。

（2）文件提到“职业教育教师队伍还存在着……专业化水平偏低的问题，尤其是同时具备理论教学和实践教学能力的‘双师型’教师和教学团队短缺，已成为制约职业教育改革发展的瓶颈”，再次强调了“双师型”教师的内涵，即“同时具备理论教学和实践教学能力的教师”，这是“职教 20 条”首次正式的定义。专业化水平偏低、双师型教师短缺是制约职业教育改革发展的瓶颈，珂历王于 2019 年 6 月 9 日发于微信公众号“湖北建院王佑华（笔名珂历王）”的文章《高等职业教育的快与慢》的观点与此一致，该文章于 2019 年 6 月 12 日被《中国建设报》转载，同时，也被转载于中国职业教育网等网络媒体、聚焦职教等微信公众号、江苏农牧职业技术学院等院校网络。

（3）文件提到“到 2022 年，职业院校‘双师型’教师占专业课教师的比例超过一半”，这种提法是回归理性之举，自 1997 年以来，职业教育领域先后提出过双师型教师的 70%、80%、85%、90%等量化的占比目标。

（4）文件首次提出“国家工匠之师”，为职业院校教师的出彩人生又开辟了一条成长路径，这是继国家在国家级教学成果奖、全国教书育人楷模、“万人计划”教学名师等表彰项目中，向职业院校教师予以倾斜之后的再次倾斜和重视。

（5）“特殊高技能人才（含具有高级工以上职业资格或职业技能等级人员）”，对特殊高技能人才进行了注解，再次说明职业资格证书与技能等级证书在一定时期内并存，X 证书具有多样性，珂历王于 2019 年 6 月 29 日在微信公众号“湖北建院王佑华（笔名珂历王）”《职业院校推行“1+X”证书制度的再思考》为题的文章中作过阐述。

（6）文件提到“推动高校联合行业企业培养高层次‘双师型’教师”，意味着将来有可能把双师型教师进行分级，给予不同待遇。

（7）文件提出“办好一批一流职业技术师范院校”。随着职业教育环境的大改善、大发展，职业院校的教师岗位将成为香饽饽，职业技术师范学院可能成为报考热点院校。

（8）文件提到“推动形成双师结构与双师素质兼顾的专业教学团队”，再次对双师结构的问题予以强调，专兼职教师分工协作，共同完成教育教学任务，如单一执教能力和单一实践能力的教师是构成双师型教学的一种形式，珂历王曾于2019年6月7日在微信公众号“湖北建院王佑华（笔名珂历王）”以《倍出的‘双’字词组，伴生我国高等教育和职业教育改革发展》为题的文章中作过阐述。

（9）文件提出“建立国家杰出职业教育专家库及其联系机制”，可能源于有关省份发展职业教育的经验，例如“定期评选认定职业教育专家+定期举办职业教育专家研讨会”的河南发展职业教育模式。

（10）文件强调“学习国际‘双元制’职业教育先进经验”，或许是对以往在经过一股脑儿学习引进国外职业教育模式和发展经验的一种反思，中国的职业教育不缺乏国外职业教育理念，当下，我国职业教育聚焦学习德国。

（11）“模块”成为文件的一个高频词，模块化教学（有两种含义）、模块化课程、必修模块等词在不同的语境中出现，可以成为我们专业建设、课程建设和课程教学以及师资队伍建设等的常态化思维。

（12）文件提出“加强督导评估，将职业教育教师队伍建设情况作为政府履行教育职责评价和职业院校办学水平评估的重要内容”。目前，职业院校的外在评估重在能力的评估，如国务院每两年一次的高等职业院校适应社会能力评估或社会组织评估，如果将“职业院校办学水平评估”改为“职业院校办学能力评估”或许更适切职业教育的内涵式发展。

职教高考之我见

职教高考是相对于普通高等学校招生全国统一考试（普通高考）来说的职业教育的专门性高考，是我国职业教育大改革大发展的重要标志性成果。职教高考作为一项社会公共议题，备受社会关注，职教高考事关我国高素质技术技能人才、能工巧匠、大国工匠的持续培养，事关我国现代职业教育体系建设的稳步推进，事关考生及其家庭乃至社会的教育焦虑。

一、职教高考的政策演进

2014年，第七次全国职业教育大会的纲领性文件《关于加快发展现代职业教育的决定》以及《现代职业教育体系建设规划（2014—2020年）》等文件，建立了职业教育“中—专—本—研”梯度教育体系，并提出“高等职业教育规模占高等教育的一半以上，本科层次职业教育达到一定规模。建立以提升职业能力为导向的专业学位研究生培养模式。”2014年，国务院印发的《关于深化考试招生制度改革的实施意见》提出要加快推进高等职业院校分类考试。高等职业院校考试招生与普通高校相对分开，实行“文化素质+职业技能”评价方式。2019年国务院印发的《国家职业教育改革实施方案》指出要建立“职教高考”制度，完善“文化素质+职业技能”的考试招生办法，提高生源质量，为学生接受高等职业教育提供多种入学方式和学习方式。2021年，中共中央办公厅、国务院办公厅印发《关于推动现代职业教育高质量发展的意见》明确提出“2025年，职业本科教育招生规模不低于高等职业教育招生规模的10%”的目标任务。2022年，新《职业教育法》规定，中等职业学校有关专业实行与高等职业学校教育贯通的招生和培养；高等职业学校和实施职业教育的普通高等学校应当在招生计划中确定相应比例或者采取单独考试办法，专门招收职业学校毕业生。

综上所述，国家从政策、法律等方面提出了明确的要求，职校生升学考试的基本模式是“职教高考”，职教高考的评价方式是“文化素质+职业技能”，中等职业教育从“以就业为导向”转变为“就业与升学并重”。

二、职教高考的形式整合

很长一段时间内，招生考试制度都是把职业教育与其他类型的教育混合在一起，用一把尺子衡量学生，按笔试分数高低录取，形成了职业教育是升学无望、前途渺茫的学生集中地的思维定式，在很大程度上导致职业教育的社会认可度不高，这一影响需要靠漫长的时间和有效的手段来“稀释”。建立“职教高考”就是一种有效的“稀释”手段，加快“职教高考”新实践，使社会形成“职业教育是可升学可就业、发展前途广阔的学生集中地”的“新认知”，能有效增强社会对职业教育愿景的认同度。

党的十八大以来，各地对“职教高考”制度进行了有益的探索，例如，2012 年，湖北省在全国首创并推行了“技能高考”制度，实施以技能考核为重点的中等职业学校毕业生升入高等院校的办法，突出技能的基础性在升学中的重要作用，以选拔优秀技术技能人才，开启用不同尺子衡量不同来源的学生的新举措，为搭建职业教育“直通车”“立交桥”提供了一种新制度，拓展了技术技能人才升学途径。综合辽宁省、江苏省、山东省等地的探索，先后出现注册入学、技能高考、春季高考、自主招生、单独招考、对口升学、转段考试等多种方式。从总体上讲，以省级统筹、综合评价、多元录取的职教高考，无论在制度、规模、说法，还是重视程度等方面，与普通高考不可相提并论，其认可度、吸引力还明显不足，职教高考的科学性、严谨性、公平性值得关注。国家需要出台系统化指导意见，加强包括考试制度、考试标准、考试内容、考试组织、考试方式、考试环境、考试结果应用等环节的完善，将现有的多种招生形式整合成统一的“职教高考”，统一考试要求、考试时间等，根据考试成绩分层分类录取，以实现制度设计的预期成效，避免制度的失灵、政策的失败。

三、职教高考的发展建议

职业教育作为培养具有综合职业素养和行动能力的技术技能人才的一种教育类型，在选拔人才过程中，需要建立适切自身特点的考试制度体系，在培养过程中，需要在科学定位的基础上，匹配教学理念、教学标准、教学组织及其方式、方法、手段、资源与保障条件以及监测与考核评价等。

探索推进“文化素质”统一考试。目前，国家已经统一制定了中等职业学校公共基础课程标准，并且在新的课程标准中明确规定了“达标”和“升学”两类学业水平标准。统一“文化素质”考试可以分两个层面进行，通过建立和完善中等职业学业水平考试制度和探索全国统一考试制度，将其成绩均作为升入高等职业院校的文化素质依据。

四、合理组织“职业技能”考试

职业技能由专业基础和专业技能两部分组成。专业基础实行统考，与“文化素质”一并纳入学业水平考试范围，作为“职教高考”招生录取的重要依据，同时，各省可以基于中等职业学生实际和专业学习需要确定学业水平成绩在专业录取中的比重，避免唯总分论和平均分论。专业技能可以根据专业特点和学生技能状态确定考试办法，根据专业的布点、规模大小实行统考或联考或单考或免考。形成融“统考+联考+单考+免考”“笔试+面试+实操+免试”于一体的彰显职业教育特点的公平公正的职教高考制度。

五、出台“职教高考”配套政策

职教高考连接政治、经济、文化、教育制度，要考虑其与外部系统的关联。我国作为一个人口大国，高端研究型人才可以批量引进，但技术技能人才不能也不可以批量引进，需要通过职教高考制度，持续培养高素质技术技能人才、能工巧匠和大国工匠。《职业教育法（修订案）》规定“高等职业学校教育由专科、本科及以上教育层次的高等职业学校和普通高等学校实施”，基于我国现阶段职业本科教育还处于起步期，高端产业发展需要匹配高层次的技术技能人才，需要普通高等学校特别是高水平综合大学参与职业教育培养引领性的技术技能人才，需要国家统筹出台导向性意见及配套政策，解决本科计划单列、专业认证标准单列、教学评价单列等问题。职教高考要打破地域限制，实行跨省招生，需要国家统筹出台导向性意见及配套政策，解决流动人口子女参加“职教高考”等问题。

学习全国职业教育大会精神心得体会

——建强职业教育任重道远

“职业教育前途广阔、大有可为。”2021 年 4 月在北京隆重召开了全国职业教育大会，这是第一次以党中央、国务院名义召开的全国职业教育大会。此次大会是在对标落实《中国教育现代化 2035》《国家职业教育改革实施方案》《职业技能提升行动计划 2019—2022》《职业教育提质培优行动计划（2020—2023 年）》等精神，加快推进我国新时代职业教育现代化、建强职业教育承上启下的重要时间节点上召开的，意义深远。落实全国职业教育大会精神，推进职业教育高质量发展，必须坚持社会主义办学方向，遵循职业教育规律，发挥市场规律作用，以迭代思维加快新实践、形成新认知，以质图强，砥砺前行。

当前职业教育战略地位非常高，仍需国家、社会和学校进一步协同综合治理，加快技能型社会建设，进一步营造“劳动光荣、技能宝贵、创造伟大”的氛围，形成全社会对职业教育愿景的认同度，增强职业教育的吸引力。

当前职业教育类型定位明确，仍需从行动领域进一步使其定位明晰，加快形成高水平人才培养体系，把专业群建在产业链上，立体化推进内外衔接的教学和管理体系、教材体系、思政教育体系建设，彰显职业教育不可替代的社会价值，优化职业教育类型定位。

当前职业教育治理体系和机制基本形成，仍需进一步深度完善，加快优化“党的领导（动力）—政府推动（推力）—地方统筹（活力）—行业指导（引力）—校企主体（主力）—社会参与（助力）”运行机制，提升职业教育治理效能。

当前职业教育的办学模式特征逐步彰显，仍需进一步立体化推进，加快实体性职业教育集团、产业学院、产教融合型城市、行业、企业、实训基地等平台的建设和利用，推进产学研转创用一体化，建设“校企命运共同体”，形成同频谐振，提高职业教育产教融合、科教融合度。

当前职业教育校企合作系统化实践日益丰富，仍需进一步高位探索，加快推进校企系统化合作机制建设，促进人才流、技术流、文化流和资本流的高频互动，实现校企合作规划、合作治理、合作培养、合作发展，挖掘职业教育校企互融共生深度。

当前职业教育结构性质量得到改善，仍需进一步多维动态调适，在传承中盘活存量、挖掘储量，在变革中应对变量、补充增量，加快职业教育结构性转型和升级以更加匹配未来科技发展趋势和市场需求，强优势、补短板，增强职业教育适应性。

当前的职业教育现代学徒制培养模式、“1+X”证书制度等已成为一种国家制度，仍需进行进一步全新诠释，加快现代学徒制中国化形成中国特色学徒制，加快“1+X”证书制度改革形成中国方案，贡献职业教育的中国智慧。

当前职业教育体系基本形成，仍需进一步结构性优化，加快以法制为基础的、体制更加成熟定型的“中职基础性”“高职专科主体性”“高职本科引领性”“高职硕士增长性”“高职博士探索性”（直通车）+“职普教育的融通性”（立交桥）+“继续教育开放性”（旋转门）+“体制机制有效性”（生态链）的现代职业教育体系，实现职业教育中国梦。

当前职业教育已进入大改革大发展的轨道，正在朝着现代化迈进，仍需进一步高阶创新前行，加快职业教育新旧动能转换，增值赋能，提升服务全球发展的服务力、贡献力、引领力，成为对世界职业教育有重要影响力的国家，做强职业教育中国品牌。

学习二十大报告关于教育论述的体会

我国教育发展一以贯之的总思想是坚持党对教育工作的领导，根本性质是社会主义的教育，总依据是国家教育方针，根本价值取向是为社会主义现代化建设服务、为人民服务，基本原则是必须与生产劳动和社会实践相结合，人才培养总体规格是社会主义建设者和接班人。现就学习二十大报告中关于教育的论述谈几点学习体会。

一、教育意蕴更加深邃

新时代新阶段，教育发展总方向是加快推进教育现代化，教育发展总目标是建设教育强国，教育发展总追求是办好人民满意的教育。二十大报告对教育的表述意蕴深邃，教育关乎人民生活幸福，更关乎党和国家事业发展全局，优先发展教育事业意义重大。十八大、十九大、二十大报告中关于教育的有关表述如表 2–1 所示。

表 2–1

报告	教育地位		谋划部署			教育目标
	定位	摆位	总要求	总任务	具体任务	
十八大	教育是民族振兴和社会进步的基石	第七章节“在改善民生和创新管理中加强社会建设”	要坚持教育优先发展	全面贯彻党的教育方针，把立德树人作为教育的根本任务。全面实施素质教育，深化教育领域综合改革，着力提高教育质量	办好学前教育，均衡发展九年义务教育，基本普及高中阶段教育，加快发展现代职业教育，推动高等教育内涵式发展，积极发展继续教育，完善终身教育体系，建设学习型社会	培养德智体美全面发展的社会主义建设者和接班人

续表

报告	教育地位		谋划部署			教育目标
	定位	摆位	总要求	总任务	具体任务	
十九大	建设教育强国是中华民族伟大复兴的基础工程	第八章节“提高保障和改善民生水平，加强和创新社会治理”	必须把教育事业放在优先位置，加快教育现代化，办好人民满意的教育	全面贯彻党的教育方针，落实立德树人根本任务，发展素质教育，推进教育公平	办好学前教育、特殊教育和网络教育，普及高中阶段教育。完善职业教育和培训体系，深化产教融合、校企合作。加快一流大学和一流学科建设，实现高等教育内涵式发展。办好继续教育，加快建设学习型社会，大力提高国民素质	培养德智体美全面发展的社会主义建设者和接班人
二十大	教育、科技、人才是全面建设社会主义现代化国家的基础性、战略性支撑。教育是国之大计、党之大计	第五章节“实施科教兴国战略，强化现代化建设人才支撑”	要坚持教育优先发展、科技自立自强、人才引领驱动，加快建设教育强国、科技强国、人才强国，坚持为党育人、为国育才，全面提高人才自主培养质量，着力造就拔尖创新人才	全面贯彻党的教育方针，落实立德树人根本任务。加快建设高质量教育体系，发展素质教育，促进教育公平	强化学前教育、特殊教育普惠发展。坚持高中阶段学校多样化发展。统筹职业教育、高等教育、继续教育协同创新，推进职普融通、产教融合、科教融汇，优化职业教育类型定位。加强基础学科、新兴学科、交叉学科建设，加快建设中国特色、世界一流的大学和优势学科。推进教育数字化，建设全民终身学习的学习型社会、学习型大国	培养德智体美劳全面发展的社会主义建设者和接班人

二、教育摆位更加突出

十八大报告将教育相关的内容放在第七章节“在改善民生和创新管理中加强社会建设”，关于教育地位的论断是“教育是民族振兴和社会进步的基石”；十九大报告将教育相关的内容放在第八章节“提高保障和改善民生水平，加强和创新社会治理”，关于教育地位的论断是“建设教育强国是中华民族伟大复兴的基础工程”。十八大、十九大报告把教育更多定位于民生，将教育放在改善民生和加强社会建设之首。二十大报告将教育相关的内容放在第五章节“实施科教兴国战略，强化现代化建设人才支撑”，关于教育地位的论断是“教育、科技、人才是全面建设社会主义现代化国家的基础性、战略性支撑”，将教育、科技和人才放在一起，排序进一步前置，有其深义，凸显教育的基础性、先导性、全局性地位和作用，把教育提升到社会和国家未来的层面。

“百年大计，教育为本。”从“基石”到“基础工程”到“基础性、战略性支撑”，阐述了教育在我国建成小康社会、建设社会主义现代化国家、实现中华民族伟大复兴梦的发展进程中的重要地位和作用。教育是民生，更关乎国家战略、国家安全。

三、教育部署更加刚性

从十八大报告到二十大报告，素质教育从“全面实施素质教育”到“发展素质教育”，立德树人从“把立德树人作为教育的根本任务”到“落实立德树人根本任务”，学前教育、特殊教育从“办好”到“普惠发展”，高中阶段教育从“基本普及”到“普及”到“多样化发展”，职业教育从“加快发展现代职业教育”到“完善职业教育和培训体系，深化产教融合、校企合作”到“优化职业教育类型定位”，高等教育从“推动高等教育内涵式发展”到“实现高等教育内涵式发展”，双一流建设从“加快一流大学和一流学科建设”到“加强基础学科、新兴学科、交叉学科建设，加快建设中国特色、世界一流的大学和优势学科”，继续教育从“积极发展继续教育，建设学习型社会”到“办好继续教育，加快建设学习型社会”到“推进教育数字化，建设全民终身学习的学习型社会、学习型大国”。“统筹职业教育、高等教育、继续教育协同创新，推进职普融通、产教融合、科教融汇，优化职业教育类型定位”的表述，强化了发展职业教育的要求。

上述表述意蕴深刻，教育改革与发展从柔性倡导到刚性要求。新的时代新的征程，在加快推进教育现代化，建设教育强国，办好人民满意的教育的进程中，需要从理念、主张到行动，落实立德树人根本任务。期待政策话语体系中有这样的表述：……进一步巩固和夯实教育优先发展的战略地位……使职业教育的位置更加突出……

四、教育目标更加全面

我国不同历史时期关于学生“全面发展”内涵表述的理念和主张先后有“二育说”“三育说”“四育说”。1995 年《中华人民共和国教育法》规定“培养德智体美等方面全面发展的社会主义建设者和接班人”；2010 年《国家中长期教育改革和发展规划纲要（2010—2020）》提出“培养德智体美全面发展的社会主义建设者和接班人”；2018 年习近平总书记全国教育工作会议上提出“培养德智体美劳全面发展的社会主义建设者和接班人”“让‘劳动最光荣、劳动最崇高、劳动最伟大、劳动最美丽’的观点深入学生心中”，劳动教育进入新时代中国教育改革的舞台，我国教育进入“五育并举”时代；2020 年，《关于全面加强新时代大中小学劳动教育的意见》要求“把劳动教育纳入人才培养全过程，贯通大中小学各学段”“将劳动教育纳入中小学国家课程方案和职业院校、普通高等学校人才培养方案，形成具有综合性、实践性、开放性、针对性的劳动教育课程体系”“根据各学段特点，在大中小学设立劳动教育必修课程，系统加强劳动教育”；2021 年，教育部确定劳动等系列重大主题进课程教材指南或指导纲要。步入新时代，教育政策旨在培养德智体美劳全面发展的社会主义建设者和接班人。

学习 2022 年《政府工作报告》之职业教育体会

2022 年《政府工作报告》中，关于职业教育的工作任务，报告版 20 个字，发布版 37 个字。

一、2022 年 3 月 5 日，李克强总理政府工作报告版 20 个字

2022 年 3 月 5 日，十三届全国人大五次会议在北京召开，国务院总理李克强作政府工作报告。报告提出“改善职业教育办学条件，完善产教融合办学体制”，20 个字不多，但意蕴深刻。

（1）基于问题导向对发展现代职业教育现实问题的回应。职业教育是一种高投入的教育类型，由于我国职业教育投入的底子薄、历史欠账多，尽管职业院校现有的办学条件得到了较大改善，但总体上来说还不适应职业教育又好又快发展的需要，还不适应我国学习型社会发展的需要和经济高质量发展的需要。职业教育是一种特征鲜明的教育，从来都是和经济社会发展紧密联系的，以服务产业发展为导向，我国在推进产教融合校企合作过程中，形成了“政府推动—行业指导—学校主体主导—企业主体引导—社会组织参与”的治理体系，但由于治理体系链中尤其是学校和企业的异质结构关系，仍需要从体制上进一步完善和优化，出台政策和法规，化解校企合作全要素互融堵点，推动产教融合办学走深走实。

（2）基于改革导向对未来发展现代职业教育的研判提出的。职业教育是支撑我国前行的一股重要力量，为国家经济社会发展、社会进步和民生改善作出了重要贡献。在我国全面建成社会主义现代化强国新征程中，伴随我国社会政治、经济、文化发展而成长起来的职业教育已经延伸到了普通教育、继续教育、社区教育、特殊教育、老年教育，乃至整个社会，在建设制造强国、网络强国、教育强国、创新型国家，推进“一带一路”建设、新型城镇化、乡村振兴，支撑技能型社会建设、产业转型升级，助力供给侧结构性改革、人民实现高质量的就业创业、助力人民提高生活品质等方面，需要职业教育以更大的贡献力服务经济社会高质量发展。职业教育要坚持以国家发展战略需求为导向，围绕新兴战略产业，深化产教融合，建设产学研转创用一体化的职业教育实体联盟、行业文化中心、工程技术研究中心等平台，改善职业教育办学条件，发挥职业教育不可限量的作用，稳步推进教育链、产业链、人才链和创新链协同发展，推动职业教育同步于产业大发展大繁荣。

二、2022 年 3 月 12 日，政府工作报告发布版 37 个字

2022 年 3 月 12 日，政府工作报告正式发布，报告中关于职业教育的工作任务调整为“发展现代职业教育，改善职业教育办学条件，完善产教融合办学体制，增强职业教育适应性”。即在内容“改善职业教育办学条件，完善产教融合办学体制”的前后分别增加了“发展现代职业教育”与“增强职业教育适应性”。增加 17 个字，内涵更为丰富。

新时代以来，党和国家高度重视职业教育的发展，职业教育的摆位更加突出，职业教育的政策供给充足，职业教育进入大改革大发展新阶段，已成为我国经济高质量发展的“助推器”，推进教育公平的“润滑剂”，助推就业稳定和扩大的“造血器”。千余所高等职业院校纵挖发展深度、横拓发展宽度、刷新发展高度，加快新实践、形成新认知、转换新动能，千帆竞渡、百舸争流创双高，千岩竞秀、百花争艳创特色，不断改善结构性质量，增强适应性。

增强职业教育的适应性，要坚持党对职业教育工作的全面领导，必须与生产劳动和社会实践相结合，产教深度融合，形成更高水平、更高品质、更多样化、更加公平、更加成熟、更加匹配的现代职业教育体系。增强职业院校的适应性，既要发挥行政和市场机制作用，更要遵从教育规律；既要面对市场“扰动”动态“响应”，更要“引领”社会进步；既要对外链接社会、适应社会，服务经济社会发展，更要对内链接师生、赋能师生，服务人的全面发展。

学习《职业教育与继续教育 2022 年工作要点》

2022 年 3 月 14 日，教育部职业教育与成人教育司印发《职业教育与继续教育 2022 年工作要点》（以下简称要点），这是职业教育与成人教育司深入贯彻落实习近平新时代中国特色社会主义思想和党的十九大精神、贯彻落实习近平总书记关于教育的重要论述、全面贯彻党的教育方针的务实之举。该要点主要综合《关于推动现代职业教育高质量发展的意见》《职业教育提质培优行动计划（2020—2023 年）》《国家职业教育改革实施方案》等精神，聚焦“提高质量、提升形象”两大任务，突破“职业本科教育发展、中职多样化发展、职教高考改革、数字化升级改造、职业教育内涵建设”五个重点，对 2022 年职业教育与继续教育工作任务进行了系统部署。此要点思维之系统、行文之细致、环节之完整、罗列之全面，堪称工作要点范本之一。职业教育与成人教育司谋篇布局职业教育发展有高人，乃站位高远，领会深刻，研究通透，把脉精准。全文 14 条，在此以工作的推动、研制、指导、启动、推进以及组织实施、平台建设、倡导鼓励、总结交流、建立机制等为关键词，重新序化要点内容的方式谈点学习体会。

推动要点：推动职业院校深入学习贯彻党的二十大精神。推动各地实施优质中等职业学校和专业建设计划。推动各地制定并落实本区域“十四五”职业院校专业布局结构优化调整方案。推动职业教育信息化标杆校建设，打造一批高水平的智慧校园。推动职业教育集团实体化运作。推动特色专业、课程、教材、非学历教育项目建设。

研制要点：研制职业院校“三全育人”典型学校建设指南，推进完善思想政治工作一体化育人体制机制。研制推进中等职业教育多样化发展的指导意见。研制稳步发展职业本科教育的指导意见。研制高职数学等公共基础课程标准、实训教学条件建设标准。制定五年赛事规划，建立科学规范的年度赛项设置制度，加强廉政风险防控。研制《新时代普通高等学校学历继续教育改革实施意见》。研制自学考试工作实施细则，开展信息化考试试点。研制社区教育机构建设相关指南。

指导要点：指导学校以实习实训为主要载体开展劳动教育。指导做好 2022 年定向培养士官招生培养工作。指导各地落实好《职业学校学生实习管理规定》。指导推动职业教育创新发展高地和技能型社会试点省份扎实推进改革。指导各地各校落实好承接任务（项目）。推进“鲁班工坊”建设，指导加强中国海外职业技术学院建设。指导成立世界职业技术教育发展联盟。

启动要点：启动中等职业学校、高等职业学校办学条件达标工程。启动百名企业家进校园活动。会同有关行业部门启动实施“现场工程师专项培养计划”。修订《中等职业学校学生心理健康教育指导纲要》。修订《社区教育工作者岗位基本要求》。

推进要点：分专业大类推进职业院校课程思政建设。推进中等职业学校班主任工作室建设。推进中等职业学校公共基础课程教材选用和教学实施工作。加快探索国家学分银行，扩大学习成果名录范围，形成学习成果认证、转换指南。稳步推进学习型城市建设和监测。继续推进“中文+职业技能”项目。

组织实施要点：开展“技能成才，强国有我”主题教育活动。开展技能传承中华优秀传统文化成果展示活动。开展职业院校专业课程教材监测。开展职业院校学生思想状况调查。开展中国特色高水平高职学校和专业建设计划中期绩效评价。开展职业教育提质培优行动计划绩效评价。组织评选 2022 年职业教育领域国家教学成果奖。继续开展书记校长走访企业活动。开展已立项职业教育专业教学资源库验收评议。开展职业教育示范性虚拟仿真实训基地培育项目建设成效监测。与中国银行合作开展职业教育发展支持行动计划。组织开展职业教育与继续教育专题研究，形成一批有针对性、创新性、前瞻性的成果。分类分级开展职业院校领导干部、管理人员、教师的培训。加强对全国职业院校校长培训（培育）基地的绩效考核和管理。持续组织开展“智慧助老”优质工作案例、教育培训项目及课程资源推介。开展全国社区教育发展情况调研。持续组织开展社区教育“能者为师”特色课程推介共享行动。组织开展社区教育实践创新项目。保持主流媒体报道不断线，拓展新媒体传播渠道。持续做好信息和舆情应对工作。举办职业学校思想政治教育课程教师教学能力比赛。继续办好班主任能力比赛。办好全国职业院校技能大赛，继续办好全国职业院校技能大赛、教学能力比赛。办好首届世界职业技术教育发展大会。做好世界职业技术教育发展大会筹办工作。举办世界职业院校技能大赛，办好金砖国家职业技能大赛。举办首届世界职业教育产教融合博览会。办好 2022 年职业教育活动周；办好 2022 年全民终身学习活动周。落实《本科层次职业教育专业设置管理办法（试行）》《关于做好本科层次职业学校学士学位授权与授予工作的意见》。实施《职业教育专业目录（2021 年）》。发布新版专业简介、一批专业教学标准和岗位实习标准。发布《中国职业教育发展白皮书》。发布一批职业教育“十四五”国家规划教材。深入实施“1+X”证书制度，加强事中、事后监管，促进书证融通。全面落实《普通高等学校举办非学历教育管理规定》，对高校非学历教育领域问题进行专项整治。实施好“青少年生活技能教育”项目等。

平台建设要点：建设职业教育管理平台和教学服务平台，一站式提供优质资源和信息服务。建设全国继续教育智慧管理与公共服务平台，推进继续教育数字化建设。建设国家老年大学，建设全国老年教育资源共享和公共服务平台。

倡导鼓励要点：鼓励有条件的普通本科高校、职业院校开设老年教育相关专业和课程。引导有条件的普通本科高校、职业院校积极参与面向老年人的智能技术应用培训。支持社区教育、老年教育机构面向老年人就近开展专题教育培训。支持国家开放大学加强海外学习中心建设。

总结交流要点：做好首届全国教材建设奖优秀教材（职业教育与继续教育类）总结宣传工作。总结高职扩招经验，做好高职扩招后学生分类管理、创新培养模式就业创业指导等工作。完成网络教育试点总结性评估，结束现代远程教育试点。交流推广国家级农村职业教育和成人教育示范县经验。征集推广职业院校劳动教育典型案例。开展智慧助老优质工作案例等推介。

建立机制要点：健全部省协同联动工作机制，加大部内司局协调力度，落实相关支持政策。健全国家、省、校三级职业教育质量年报制度。从严从实加强司内干部队伍管理，建立健全“我为群众办实事”活动长效机制，优化工作作风，提高管理效能和工作效率。

职业教育改革转向何方

2022年，中共中央办公厅、国务院办公厅印发的《关于深化现代职业教育体系建设改革的意见》（以下简称《意见》）发布。《意见》强调，坚持以教促产、以产助教、产教融合、产学合作，延伸教育链、服务产业链、支撑供应链、打造人才链、提升价值链，推动形成同市场需求相适应、同产业结构相匹配的现代职业教育结构和区域布局。

《意见》的发布，对于职业教育改革与发展，释放了什么信号？将政策落实于行动，还要注意什么？“《意见》破除了‘矮化’‘窄化’职业教育的传统认知，直击改革实践中的难点痛点问题，提出了一系列新理念、新观点、新判断，极具理论与实践价值。”在2022年12月 27日教育部召开的新闻发布会上，教育部职业教育与成人教育司司长陈子季如是说。

从《意见》的发布到各层级职业教育研究探索与改革方向上，都有大量的信号释放，具体表现为以下几个方面。

一、职业教育不是单纯的就业教育，也不是“低层次教育”

在《意见》的解读研究和学习中，我们可以看到职业教育的功能定位由原来的单一“谋业”向综合素质目标和国策中的“人本”转变，更加注重服务人的全面发展；改革重心由“教育”转向“产教”，更加注重服务经济社会发展；服务场域由“区域”转向“全局”，更加注重支撑新发展格局；发展路径由“分类”转向“协同”，更加注重统筹三教协同创新；办学主体由“单一”转向“多元”，更加注重社会力量参与。

二、职业教育是促进就业的重要途径，但绝不是单纯的就业教育

《意见》重申了职业教育的定位，就是要服务人的全面发展，建立健全多形式衔接、多通道成长、可持续发展的梯度职业教育和培训体系，让不同禀赋和不同需求的学生能够多次选择、多样化成才，这对扭转社会对职业教育的鄙视，消解职普分流带来的教育焦虑有重大作用。“深化现代职业教育体系建设改革，必须坚持面向市场、服务发展、促进就业的办学方向，才能使类型定位更加清晰、发展趋势持续向好、社会评价稳步提升。”国家发展改革委社会司司长欧晓理表示，近年来，通过各方面努力，职业教育招生规模大幅增长，中等职业、高等职业学校每年为国家培养约1 000万名高素质技术技能人才。中等职业、高等职业学校在人才培养规模上，已分别占我国高中阶段教育和普通高等教育的

“半壁江山”。

三、职业教育不是“终结教育”，更不是“淘汰教育”

接受职业教育的学生，既可以升学，也可以就业，还可以先就业再升学，职业教育在最大限度上拓宽学生多样化、多途径成长成才的通道。职业教育是一种特色鲜明的教育类型，未来，我们要持续拓展技术技能人才成长空间，支持地方进一步创新，譬如支持高水平大学联合重点行业企业招收在生产一线有一定工作经历、特别优秀的高职毕业生，以校企合作项目制方式培养专业硕士学位研究生。

四、探索省域现代职业教育体系建设新模式，是改革的基座

将职业教育与产业转型、区域发展捆绑在一起，探索省域现代职业教育体系建设新模式，打造市域产教联合体、行业产教融合共同体等，是本次政策的亮点与重点。同时要围绕国家区域发展规划和重大战略，选择有迫切需要、条件基础和改革探索意愿的省（区、市），在产教融合、职普融通等方面改革突破，以点上的改革突破带动面上的高质量发展，形成一批可复制、可推广的新经验、新范式，优化有利于职业教育发展的制度环境和生态。

五、市域产教联合体和行业产教融合共同体，是改革的载体

《意见》直面产教融合中的堵点问题，提出了建设市域产教联合体和行业产教融合共同体的制度设计思路，将职业教育与行业进步、产业转型、区域发展捆绑在一起，充分发挥各自优势，创新良性互动机制，破解人才培养供给侧与产业需求侧匹配度不高等问题。一方面，支持省级人民政府以产业园区为基础，打造兼具人才培养、创新创业、促进产业经济高质量发展功能的产教联合体，成立政府、企业、学校、科研机构等多方参与的理事会，实行实体化运作，集聚资金、技术、人才、政策等要素，有效推动各类主体深度参与职业教育。另一方面，优先选择重点行业和重点领域，支持龙头企业和高水平高校、职业学校牵头，组建学校、科研机构、上下游企业等共同参与的跨区域产教融合共同体，汇聚产教资源，开展委托培养、订单培养和学徒制培养，面向行业企业员工开展岗前培训、岗位培训和继续教育，建设技术创新中心，为行业提供稳定的人力资源和技术支撑。

六、提升职业学校关键办学能力的重点所在

提升职业学校关键办学能力、建设“双师型”教师队伍、建设开放型区域产教融合实践中心等，是《意见》提出新阶段职业教育改革的一系列重大举措。重点“围绕现代制造业、现代服务业、现代农业的亟须专业领域，组建一批国家级职业教育核心能力建设专家团队，打造一批核心课程、优质教材、教师团队、实践项目，遴选一批国家级职业教育专业教学资源库、在线精品课程和虚拟仿真实训基地，做大做强职业教育智慧教育平台，

扩大优质资源共享，服务全民终身学习和技能型社会建设。”陈子季点出了提升职业学校关键办学能力的重点所在。同时启动各级高水平实践中心建设项目，通过政府搭台、多元参与、市场驱动，对地方政府、企业、学校实行差别化支持政策，分类建设一批集实践教学、社会培训、真实生产和技术服务功能为一体的公共实践中心、企业实践中心、学校实践中心。

七、从点、线、面抓落实和精准制定举措

在点上突破，支持有基础、有意愿的地方先行示范，打造样板。2023 年年初，先选择 10 个左右省份，建立部省协同推进机制，“一省一案”编制落实方案，“一省一策”给予差异化支持，“一省一台账”逐项推动落实，同时，梳理经验、总结规律，形成区域职业教育产教融合政策的“工具箱”并推广应用。

在线上提升，围绕办学能力的关键条线，推出一批关键政策和重点项目。一方面，分别推出专项工程计划，推出一批引领职业教育领域改革的国家级项目。另一方面，针对股份制、混合所有制改革，职业教育考试招生制度改革等地方“不敢碰”“不好讲”的难点，在国家层面出台政策，向社会传递信号、给地方提供支持，引导基层大胆试、大胆闯。

全面加强党的领导，用好《意见》的政策红利。在机制上注重考核，要求各级党委和政府将发展职业教育纳入国民经济和社会发展规划，并作为考核下一级人民政府履行教育职责的重要内容。在制度上注重激励，如将职业教育纳入地方政府专项债券、预算内投资、政策性开发性金融工具等的支持范围，支持职业学校提升能力；企业举办的非营利性职业学校，可参照同级同类公办学校生均经费等相关经费标准和支持政策给予适当补助；对参与联合体、共同体建设的普通高校，在平台建设、招生计划等方面给予专项支持。

盘点 2022 年职业教育“那些事”

新时代以来，职业教育发展理念持续创新，职业教育发展环境持续改善，职业教育发展行动持续进行，职业教育发展质量持续提高，技能型社会建设全面启航。2022 年，是职业教育提质培优、改革攻坚的关键年，职业教育战线深入贯彻落实习近平总书记关于职业教育工作的重要指示，坚持稳中求进的工作总基调，坚持面上推进和重点突破相结合，聚焦“提高质量、提升形象”这两大任务，落实好“三个文件”，突破“五大重点”，把习近平总书记对职业教育“大有可为”的殷切期待转化为“大有作为”的生动实践，有效推进了职业教育法治化、制度化、类型化、体系化、数字化、智慧化、标准化、国际化建设。

这一年，发展职业教育绘新蓝图。优化职业教育类型定位，建设现代职业教育体系，培养高素质“双师型”教师队伍，探索中国特色学徒制，实施“岗课赛证融通”综合育人，增强职业教育适应性，服务国家战略、维护国家安全、适应社稷民生。国家大力发展职业教育、大力发展技工教育、大力发展先进制造等产业需要的新兴专业；扶持革命老区、民族地区、边远地区、欠发达地区职业教育的发展，扶持残疾人职业教育的发展，扶持企业和其他社会力量依法举办的职业学校和职业培训机构；支持举办面向农村的职业教育，支持高水平职业学校、专业建设；加快培养托育、护理、康养、家政等方面的技术技能人才；持续培养更多高素质技术技能人才、能工巧匠和大国工匠；推进技能型社会建设，建设技能强国。

这一年，职业教育备受重视。习近平总书记在报告、讲话、谈话、批示、贺信中发表了一系列关于职业教育的重要论述，国家密集出台关于职业教育的命令、意见、办法、方案、规定、通知和行动计划等形式的文件，形成新的政策话语体系和政策组合拳，推动了职业教育新发展。二十大报告提出“统筹职业教育、高等教育、继续教育协同创新，推进职普融通、产教融合、科教融汇，优化职业教育类型定位”，并把大国工匠和高技能人才纳入国家战略人才力量，进一步为职业教育发展指明了前进方向。历经三届全国人大、历时十四载修订的职业教育新法终落地，为更有力地推动职业教育的高质量发展提供了法律保障。中共中央办公厅、国务院办公厅印发《关于加强新时代高技能人才队伍建设的意见》《关于深化现代职业教育体系建设改革的意见》，为迭代推进职业教育深化改革提出了基本遵循。

这一年，标准引领提质量。人力资源和社会保障部发布新版《中华人民共和国职业分类大典》，新版大典包括大类 8 个、中类 79 个、小类 449 个、细类（职业）1 636 个；教育部发布新版《职业教育专业简介》《职业教育专业教学标准》，新版《职业教育专业简介》覆盖新版专业目录全部 19 个专业大类、97 个专业类的 1 349 个专业。其中，中等职业教育 358 个，高等职业教育专科 744 个，高等职业教育本科 247 个，将中等职业、高职专科、高职本科专业简介框架一体化；教育部等八部门联合印发新版《职业学校学生实习管理规定》；教育部办公厅印发《关于进一步完善高职院校分类考试工作的通知》《中等职业学校班主任工作室建设标准》《关于做好职业教育“双师型”教师认定工作的通知》《残疾人中等职业学校设置标准》；教育部、国家发改委、财政部、人社部、住建部联合印发《职业学校办学条件达标工程实施方案》；教育部发布《本科专业学士学位授予学科门类对应表》；教育部等十部门发布《全面推进“大思政课”建设的工作方案》等。这些制度文件的出台，进一步扩面提质完善国家教育教学标准体系。

这一年，行动层面出新招。教育部和中国银行签署《助力职业教育高质量发展战略合作协议》，共同启动支持职业教育发展行动计划；教育部、工业和信息化部、国务院国资委、中国工程院、全国工商联五部门联合启动实施“职业教育现场工程师专项培养计划”；教育部《关于开展职业教育教师队伍能力提升行动的通知》提出，健全职业教育教师培训体系，从实施“职教国培”示范项目、调整国家级职业院校校长培训基地布局、打造高水平职业院校教师培训基地、严格落实职业院校教师素质提高计划、加强教师发展（培训）中心建设、推动职业教育教师数字化学习平台建设六大方面发力提升职业教育教师队伍能力；部署实施“双高计划”中期绩效评价；教育部职业院校教学（教育）指导委员会中增设“中国特色学徒制教学指导委员会”；《关于做好 2023 届全国普通高校毕业生就业创业工作的通知》实施“2023 届全国普通高校毕业生就业创业促进行动”。

这一年，数字化发展成体系。“国家职业教育智慧教育平台”上线，汇聚数字教育资源 654 万条，提供在线课程近两万门，覆盖 600 个职业教育专业，初步形成了职业教育决策大脑系统和决策支持中心、专业教学资源中心、精品在线开放课程中心、虚拟仿真实习实训中心、职业学校治理能力提升中心的职业教育数字化“1+5”体系。

这一年，国际化推进搭平台。历史上，联合国教科文主导召开了 3+0. 5 次世界职业技术教育大会，即 1987 年在德国柏林、1999 年在韩国首尔、2012 年在中国上海召开了 3 届世界职业技术教育大会；2017 年，在第三届和下一届国际职业技术教育大会间隙，于中国唐山召开了中期推进会。2022 年，在中国天津召开了由中国主导的首届世界职业技术教育发展大会，搭建了新平台，形成《天津倡议》，提出“职业教育是创造价值的教育，是以能力为本位、需求为导向、贯穿人一生的教育，是提升产业效能、促进持久包容和可持续经济增长的重要力量，是促进充分和生产性就业、增进人民福祉、创造美好生活的重要途径”等主张。教育部发布《中国职业教育发展白皮书》向世界介绍中国职业教育发展经验。组织 2022 年中国—东盟教育交流周，举办第六届东盟与中日韩教育部长会议。启动金砖国家职业技能大赛。作为第 46 届世界技能大赛替代活动，中国选手分赴德国、瑞士、法国、芬兰、奥地利、韩国、日本 7 个国家参加 2022 年世界技能大赛特别赛 34 个项目比赛。

这一年，拔尖性遴选增赛道。全国职业院校教学能力比赛共产生一等奖 99 个、二等奖 178 个、三等奖 281 个；全国职业院校技能大赛设置了 102 个项目比赛；遴选了 1 160 门职业教育国家在线精品课程；82 个职业教育专业教学资源库、5 个资源库项目延期验收；第八届中国国际“互联网+”大学生创新创业大赛圆满收官。除此之外，2022 年组织了申报四年一次的职业教育国家级教学成果奖；确定建设 170 个国家级职业教育“双师型”教师培训基地；由教育部、国家发展和改革委员会、天津市人民政府等 35 家主办单位共同发起，世界职业院校技能大赛开赛，共计 15 个竞赛类赛项和 8 个展演类赛项。

这一年，宣传职业教育出实招。教育部、中央宣传部、中央网信办、人力资源和社会保障部、工业和信息化部、农业农村部、国务院国有资产监督管理委员会、全国总工会、共青团中央、中华职业教育社十部门联动开展以十五个项目为载体的职业教育宣传活动周；教育部部署组织 2022 年全民终身学习活动周，推进教育数字化，建设全民终身学习的学习型社会、学习型大国，服务高质量发展和共同富裕。通过活动周增进社会对职业教育的了解，助力社会对职业教育愿景的认同度并放大职业教育资源融汇和未来发展空间，推进技能型社会建设。

1 480 万人、1 518 所、10%占比的关联思考

1 480 万人——2020 年职业高等教育在校生数：《国家中长期教育改革和发展规划纲要（2010—2020 年）》在教育事业发展主要目标中提出，到 2020 年，高等职业教育在校生达到 1 480 万人；《国务院关于加快发展现代职业教育的决定》（国发〔2014〕19 号）提出，到 2020 年，专科层次职业教育在校生达到 1 480 万人，接受本科层次职业教育的学生达到一定规模。鉴于但不仅限于“1 480 万人”目标的完成，2019 年起实施高职“100 万”扩招计划，2019 年扩招 116.4 万人、2020 年扩招 157.4 万人、2021 年扩招不会低于 100 万人。

1 518 所——2021 年职业高等院校数量：2021 年 10 月 25 日，教育部公布了 2021 年全国普通高等学校名单。截至 2021 年 9 月 30 日，全国高等学校共计 3 012 所，其中普通高等学校 2 756 所（本科 1 270 所、专科 1 486 所），成人高等学校 256 所，这是传统意义上的说法；如果按类型的说法，全国普通高等教育类院校 2 724 所，职业高等教育类院校 1 518 所（专科层次职业学校 1 486 所，本科层次职业学校 32 所）。

10%——2025 年职业本科教育招生占比：2021 年，中共中央办公厅、国务院办公厅印发《关于推动现代职业教育高质量发展的意见》提出，到 2025 年，职业教育类型特色更加鲜明，现代职业教育体系基本建成，技能型社会建设全面推进。办学格局更加优化，办学条件大幅改善，职业本科教育招生规模不低于高等职业教育招生规模的 10%，职业教育吸引力和培养质量显著提高。

148 所左右——未来本科职业学校数量：以“1 480 万人”职业高等教育在校生为基数，按职业本科学生占比职业高等教育学生规模的 10%测算，意味着到 2027 年职业本科教育在校生规模将不少于 148 万人，按每所职业院校在校生 1 万人计算，需要匹配的本科职业院校为 148 所，职业高等教育进阶扩容不可逆转。

6%左右——未来专科高职学校升格比例：教发〔2021〕10 号文件提出，以优质高等职业学校为基础，稳步发展本科层次职业学校。基于中专层次职业教育的基础性、专科层次职业教育的主体性、本科层次职业教育的发展性和我国高等教育布局的现实性，在稳步发展本科层次职业教育的过程中，从严控制专科层次职业院校进阶上移的节奏、优中选优，同时也应从严控制职业院校与独立学院合并转设，极大地优化职业教育本科来源结构。建构本科职业教育涉及经济发展战略、高等教育结构布局、教育发展等历史遗留问题、院校发展状态等因素。就现实来看，无论是过去的示范、骨干高等职业院校，优质高

等职业院校，还是现在在建的“双高校”都是公办院校，这些院校有能力引领职业教育科学发展，成为领跑者，在总体建构过程中，这类高等职业院校独立或联合升格为本科层次职业教育应成为主流和主体，其占比要大，以巩固职业教育近年来的发展成果和“基因”。如果按本科职业学校来源60%占比计算，该类院校数量为148所×60%≈89所，加上已升格的南京工业职业技术大学共计90所左右，推算各类优质专科学校升格比约15%。从专科职业高等院校升格的占比来看，其占比为89/1 486≈6%，做到了专科层次高等职业教育的主体地位不动摇，又体现其发展性，符合国家发展职业教育的规划。

N——本科职业学校及其学生来源：稳步发展本科层次职业教育是国家战略，本科职业学校（非应用型本科学校）可以由地方或新建普通本科院校转型、独立学院与职业院校资源整合、优质专科高等职业院校独立或联合升格、专科层次职业学院与技师学院整合等路径实施；也可以由专科职业院校与本科院校联合开办本科层次职业教育专业，或具备条件的高等职业院校独立申请试办本科层次职业教育专业。随着现代职业教育体系的日益完善，国家初中阶段、高中阶段分流调控以及职普融通和长学制的不断推进，本科职业学校生源有高中阶段、专升本以及高等教育阶段职普融通的学生，将来或许还会有来自初中阶段的长学制的学生。

浅析新时代湖北省职业教育转型升级研究

党的十九大报告作出了“我国经济已由高速增长阶段转向高质量发展阶段”的重大论断。实现经济从高速增长到高质量发展转变，必须从“数量追赶”转向“质量追赶”，从“规模扩张”转向“结构升级”，从“要素驱动”转向“创新驱动”。职业教育与社会经济生活联系最为紧密，必须把握时代发展脉搏，全面转型升级，全面响应未来科技发展趋势和市场需求，高水平服务个人发展和社会经济发展。

一、湖北省现代职业教育转型升级发展背景

推进职业教育现代化是国家战略性部署。职业教育的发展环境、发展模式、发展质量还不充分、不平衡。国务院印发《国家职业教育改革实施方案》《关于推动现代职业教育高质量发展的意见》，颁布新《职业教育法》，是推进职业教育现代化、做强职业教育的重大战略布局，是加快职业教育转型升级发展高水平职业教育的重要战术部署。

国家层面上推动职业教育实现“三个转变”。2019 年，《国务院关于印发国家职业教育改革实施方案的通知》(国发〔2019〕4 号) 提出：把职业教育摆在教育改革创新和经济社会发展中更加突出的位置，职业教育发展模式要从注重数量向注重质量的方向转变，从政府主办为主向政府统筹、社会多元办学的格局转变，从参照普通教育的模式向产教融合、办学特色更加鲜明的类型教育方向转变。

二、湖北省职业教育发展存在的主要困难和问题

湖北省现代职业教育坚持以服务人的全面发展和提高服务区域经济发展能力为宗旨，不断助推湖北省经济社会的高质量发展进程，为湖北省发展战略作出了积极贡献。湖北省已成为现代职业教育大省，但不是强省，这在一定程度上反映出湖北省职业教育的强势地位不明显，发展仍然面临一些突出困难和问题。

(1) 配套政策制度供给不充分。近年来，国家密集出台了推进职业教育发展的一系列文件，江苏、山东、广东等省份响应上位政策出台了多项配套文件，落实职业教育体制机制改革政策，取得了明显成效。相对而言，湖北省发展职业教育过程中响应国家政策的速度还有提升空间。

(2) 职业教育资源尚未形成合力。湖北省职业教育专业结构及布局结构还不尽合理，不能完全适应地方产业集群发展；有限资源分散，专业发展不平衡不充分。湖北省技术技

能人才短缺，高技能领军人才匮乏，影响了湖北省经济高质量发展。湖北省技工教育和职业教育的通道未完全畅通，成为发展技工教育的“拦路虎”。

（3）师资队伍结构不尽合理。师资队伍素质提高与湖北省职业教育规模的快速扩张不适应，职业教育教师队伍还存在着管理体制机制不灵活、来源单一、校企双向流动不畅、专业化水平偏低等结构性问题，尤其是具备理论教学和实践教学能力的“双师型”教师和教学团队的短缺，已成为制约职业教育发展的一大瓶颈。

三、湖北省现代职业教育转型升级建议及对策

围绕湖北省“一芯驱动、两带支撑、三区协同”的总体布局，为深入对接产业结构调整和转型升级，主动适应产品结构和就业结构的变化，倒逼职业教育提质增效、加速发展，同步提升劳动力素质结构，服务人的全面发展和湖北省经济高质量发展，在此提出几点建议。

（一）省域层面，多元化推进湖北省职业教育迭代发展

1. 提升湖北省职业教育话语权，形成湖北省特色职业教育体系

加强职业教育研究，构建湖北省特色职业教育的思想体系、话语体系、政策体系和实践体系。成立专门机构，组建团队，开展产业与职业教育等政策研究，形成咨政报告，为职业教育创新发展提供理论指导与政策方案，为行业的政策法规、标准制定建言献策，为丰富中国特色职业教育的思想体系、话语体系、政策体系和实践体系作贡献，提升湖北省职业教育话语权。

2. 抓实湖北省职业教育联席会议制度，破解发展政策瓶颈

一是进一步完善工作机制。将发展现代职业教育纳入各级党委和政府工作的全局，在湖北省职业教育联席会议制度基础上，可以建立由省、市/地、县级党组（委）副书记任组长的三级教育工作领导小组，强化党的领导，落实落细国家职业教育发展政策。

二是进一步发挥智库作用。成立由宏观管理、行业企业、职业院校、学术研究等领域的人士组成的湖北省职业教育指导咨询委员会，发挥智库作用，提高职业教育科学化决策水平。

三是进一步深化产教融合体制机制建设。加大校企合作中法律保障措施的力度，建立校企合作的新体制，营造更好的有利于推进校企合作的生态环境，重塑校企合作关系，厚植企业承担职业教育责任的社会环境，使校企合作不仅限于民间状态。

3. 形成湖北省“大职业教育”格局，优化职业教育资源配置

一是统筹职业教育发展。遵循教育规律，发挥行政规律作用，支持技工学校与高等职业院校开展中高衔接，将经相关部门批准的符合条件的高等职业院校增挂技师学院校牌，以“一盘棋”思想做到政策统一全覆盖。

二是做强专业集群。根据湖北省产业结构性发展及其分布，出台宏观指导意见，有序引导各地市、各职业院校合理优化专业群结构；探索将开设有大建设类专业的院校联合组

建为“湖北建设职业教育集团学院”，有效解决资源分散，专业发展不平衡、不充分的问题。

三是开展本科层次职业教育试点。湖北省的地方本科院校转型还处于探索阶段，本科职业教育比较薄弱，而部分国家示范、骨干、优质高等职业院校，成为有能力引领职业教育科学发展的领跑者，可以通过“一改一补”发展本科职业教育，适应湖北省经济社会高质量发展对技术技能人才的多样化需求。

4. 加快建立“双师型”教师培养系统，解决师资短缺和结构性问题

一是关切解决未来职业教育教师的培育。丰富培养路径，加快建设和发展湖北省职业技术师范教育，又好又快地解决职业教育未来教师和在职教师转型升级的培育问题。

二是关切解决在岗教师的能力结构。加快遴选一批产教融合型企业并加挂省级“双师型”教师培养培训基地，与师范大学合作建设职业教育师资专门培训基地。

5. 健全职业教育发展保障机制，多措并举完善支撑体系

一是提升统筹层级。不断完善发展职业教育的支持政策，保障教育合理投入，优化教育经费支出结构，新增教育经费要向职业教育倾斜；提高职业院校的经费统筹层级，高等职业院校由省政府统筹、中等职业学校由地市级政府统筹管理。

二是开展专项检查。引入第三方评价机制，促进地市州县政府或行业将职业教育纳入工作全局统筹规划和治理，并将其作为业绩考核指标。对各地方政府保障职业教育生均经费的情况进行年度评价，并向全社会公布评价结果，对责任不落实、政策不落实的单位和个人予以问责。

（二）院校层面，精准实施职业教育多维度转型发展

迭代升级职业教育集团，全面升级协同创新中心，优化升级对外交流平台，提档升级信息技术系统，彰显数据资产效能，系统推进职业院校转型升级发展。

1. 在学校发展策略层面上，实现“六个”转变

第一，从“以就业为导向”转变为“以促进就业为导向”，全面落实立德树人根本任务。第二，从“以服务为宗旨”转变为“以服务发展为宗旨”，促进经济社会发展，前瞻性引领社会发展。第三，从“单打独斗”转变为“协同发展”，推进院校协同发展，办人民满意的职业教育。第四，从“学校办学”转变为“校企双主体办学”，激发办学活力。第五，从“关门办学”转变为“开放办学”，加大合作与交流，服务“一带一路”建设。第六，从教育信息化向信息化教育转变，促进优质资源共享，实现职业教育公平。

2. 在校企合作层面上，实现“十个”转变

把企业一般性作用转变为主体作用、把企业对学生的一般性培训转变为在岗培训，把校企一般性合作转变为系统化合作，把一般性招生转变为校企联合招生招工，把学生一个身份转变为两个身份，把学生一般性实习转变为在岗学习，把学生一般性实训转变为生产实训，把学生一般性工学结合转变为育训结合，把一般性课程转变为多元特色课程，把一般性考核转变为多元考核。

3. 在人才培养体系建设层面上，实现“五个转变”

第一，从碎片化的专业建设转变为专业集群建设，把专业群建在产业链上，形成与产业同步发展的专业群体系；第二，从分散式的教学系统转变为集成化的教学体系，加大对接产业结构调整和转型升级力度，优化课程体系、教学组织、条件保障，补齐体美劳教育短板，形成内外衔接的教学体系；第三，从关注教材转变为关注教学资源，如生产课程标准、资源库、教材等，形成完备的教材体系；第四，从刚性管理转变为弹性管理，加大教学管理改革力度，全面推行完全学分制，形成具有开放性、反馈性的教学管理体系；第五，从重视育才体系构建转变为育德育才体系构建，加大思政教育改革力度，按“大思政”教育格局，形成系统的思政教育体系，落实立德树人根本任务。

4. 在课程教学层面上，实现“七个转变”

第一，在课程标准体例上，由只面向指导教师教学向指导师生转变；第二，在教学设计上，由面向考场的顺向思维向面向职场的逆向思维转变；第三，在教学内容上，由将知识、能力、素质割裂化培养向教学全过程中始终将“知识、能力、素质”融为一体作为有机营养成分一以贯之转变；第四，在教学组织上，由发挥单一主体资源向发挥校企双主体资源参与的方式转变；第五，在教学手段上，由传统的教学场所向信息化教育和情景化教学转变；第六，在教学方式上，由“规模化”的教学向满足个性化学习的丰富教学形态转变；第七，在教学评价上，由单一主体、结论性评价向多元主体、结果性评价和形成性评价并重转变。

5. 在教师发展层面上，实现“六个转变”

第一，由“教学人”向“教学人和德育人合一”转变，促进人的全面发展；第二，由“教育人”向“教育人和社会人合一”转变，促进经济社会发展；第三，由“学校人”向“学校人和系统人合一”转变，促进教育平衡充分发展；第四，由“消费者”向“消费者和生产者合一”转变，前瞻引领社会发展；第五，由“教师”向“教师和培训师合一”转变，完善现代职业教育和培训体系；第六，由“教育信息化”转变为“教育信息化和信息化教育合一”转变，开启教育新时代。

浅谈教学创新团队教学质量评价要素和模型构建思路研究

研读习近平关于教育的各类重要论述文件，包括《教师法》（1993 年），《关于全面深化新时代教师队伍建设改革的意见》（2018 年），《职业学校兼职教师管理办法》（2012），《中等职业学校教师专业标准（试行）》（2015 年）、《职业院校教师企业实践规定》《关于实施职业院校教师素质提高计划（2017—2020 年）的意见》（2016），《教师教育振兴行动计划（2018—2022 年）》《卓越教师培养计划 2.0》《新时代高校教师职业行为十项准则》（2018），《关于实施中国特色高水平高职学校和专业建设计划的意见》《国家级职业院校教师教学创新团队建设方案》《深化新时代职业教育“双师型”教师队伍建设改革实施方案》《关于实施职业院校教师素质提高计划（2021—2025 年）的通知》（2019），《深化新时代教育评价改革总体方案》（2020），《关于推动现代职业教育高质量发展的意见》（2021），新《职业教育法》《党的二十大报告》《关于深化现代职业教育体系建设改革的意见》（2022）。以上文件的时间序列和内容体系为我们构建了新时代教师的发展走向。

由“教学人”向“教学人+德育人”转变，是教育促进人的全面发展使然；由“教育人”向“教育人+社会人”转变，是教育促进经济社会发展使然（职普融通、产教融合、科教融汇）；由“消费者”向“消费者+创新生产者”转变，是教育前瞻性引领社会发展使然；由“教师”向“教师+培训师”转变（双师双岗教师），是完善现代职业教育体系使然；由“教育信息化”转变为“教育信息化+信息化教育”转变，是开启教育新时代使然；由“单边行动”向“单边行动者+团队行动”转变，是教育教学改革到深处使然；由“学校人”向“学校人+系统人”转变，是促进教育协调、均衡充分发展使然。如图 2-1 所示。

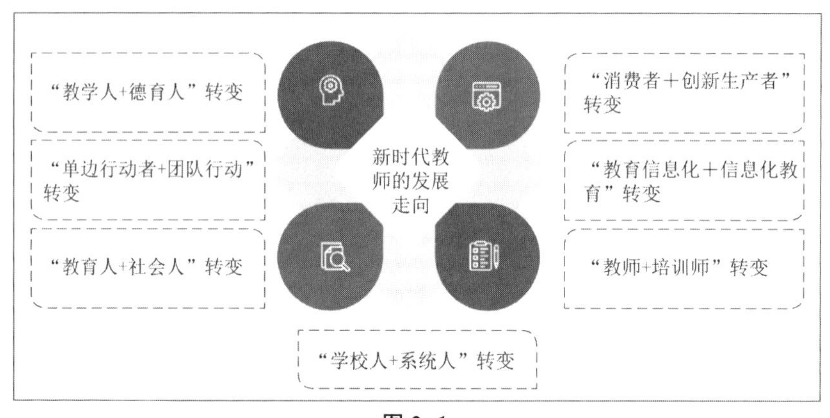

图 2-1

基于以上所述，运用教育铁三角、评估和诊改、建构主义和最近发展区等理论，依据评价的系统性原则、客观性原则、可测性原则、导向性原则、增值性原则，建构分类分层，点—线—面—体进阶评价模型，彰显增值性评价，以求每个教师获得最佳发展。如图 2-2 所示。比如共性要求：师德师风、教育教学、教研科研、社会服务、专业发展等。个性要求：师德师风、教育教学、教研科研、社会服务、专业发展等。层级上，合格教师重在教学基本功、信息技术与教育融合、专业实践技能；骨干教师重在职业教育理念提升、教学模式改革、实践教学组织、科研与社会服务能力、文化育人能力；带头人和领军人物重在主持质量工程建设、教学改革创新、科研与社会服务、国际项目合作、文化育人等。

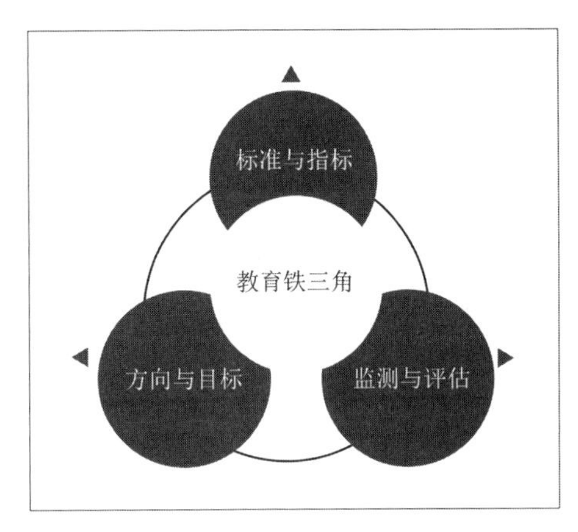

图 2-2

同时，在构建教学创新团队教学质量评价模型时，以智能建造技术专业群为例，以模型构建的基础数据和要素分析来解读模型构建的步骤和后续工作。

1. 教学质量综合评价模型构建的发展需要

基于现阶段对高等职业院校的质量评价体系现状的全面分析，现有的高等职业院校教师教学质量评价体系还存在评价指标不完善、评价方法不科学、评价体系不系统等问题，同时教学质量评价模型的科学性、理论实践性也有待提升。在此现状下，智能建造技术专业群教学团队教学质量评价模型将深入挖掘纵横向评价指标，确保评价体系在精确反映教学质量成效的同时也能有步骤地推动“双师型”教师的创新实践能力，加强评价模型对教师团队各项能力的激励功能，提升教师自我能力提升的内生动力，以形成全面、科学的模型评价工具，为各高等职业院校提供借鉴。

2. 以创新发展为导向的“全方位一体化”综合评价模型的构建

教育评价理论体系历经测量时代、描述时代、判断时代、构建时代四个阶段，在构建主义体系下的主流评价模型以 CIPP 评价模式最为突出，CIPP 评价模式包含背景评价、投入评价、过程评价、结果评价四个步骤。在此基础上，探讨以教师团队创新发展为导向，基于 CIPP 评价模式以分层建模的方式构建“全方位一体化”评价模型，将教育教学相关政策落实、师德师风、教书育人、教科研与社会服务、文化传承、教学资源配置及就业质量等要素纳入评价指标，分别对应 CIPP 评价模式的四个步骤，细化每一层级评价系统，做到评价指标的全面性、综合性、创新性。

通过贯彻落实导向明确、专业科学的评价原则，将教学创新团队质量提升、教师个人成长、学生成才成果紧密结合，科学设计基于学生评教、专家评教、同行互评、管理者评价、教师自评多元参与的纵向到底、横向到边的评价指标体系，实现教学质量综合评价模型对智能建筑专业群团队阶段化、立体化评价，构建过程完备、要素齐全、方法先进的“全方位一体化”综合评价模型。

思教促研定方向

职普融通发展的表征内涵及发展思路

在技能型社会建设发展背景下，职普融通现代职业教育体系的构建研究日渐明晰。我国探索职普融通由来已久，以国家政策为推动力，2002 年国务院《关于大力推进职业教育改革与发展的决定》提出，加强职业教育与普通教育的衔接与沟通，建立人才成长的“立交桥”，至 2021 年 10 月，国家相继出台的《关于推进现代职业教育高质量发展的若干意见》中也明确了职普融通与职业教育高质量发展的内在逻辑，要加强激励引导，强化制度保障，充分调动各地的积极性、主动性、创造性，扩大发展职业教育体系机制的总体效应。

聚焦职普融通发展体系的构建，在如何服务区域经济高质量发展的现状中还存在社会对职普融通的领悟不够的问题，忽略了职普融通的发展内涵，以及地方政府需要以何种方式来实施有效的政策推动；针对地方政府当前的教育体系特点，如何有针对性地制定科学举措来提升职普融通在服务地方高质量发展方面的举措和路径，即以何种举措（路径）来推深做实；社会层面全员参与的具体实施中，如何选取行之有效的策略发挥联动效益，实现辐射推广和考核评价机制的有效循环、提升服务地方的增值性评价，形成可复制和可推广的成果等一系列问题都有待解决。

一、职普融通教育在不同环境中的重要性

在社会层面，通过“职普融通”，贯通更多不同层级和类型的教育主体参与实践，不断促进学生积极适应社会，实施多元人才培养方式，从而培养出更多技能复合型、实用复合型人才。在学校层面，通过“职普融通”，在实际资源共享的基础上，集成优质人才共享，开展真正的人才合作教育。在资源层面，普通教育与职业教育之间的资源整合，消除了普通教育中强调理论与实践的长期刻板印象，加强了职业教育中师生之间的沟通与流动，从而提高了社会各类型资源有效服务地方经济造血功能。学界对职普融通服务地方高质量发展及其策略进行了较为深入的研究，但都缺乏系统有效的地方模式和对标地方经济高质量发展的关联策略研究和科学路径研究。

二、职普融通教育在不同领域的表征

职普融通是教育模式在职业教育与普通教育这两种类型教育之间融通特定阈值中的表征，在发展道路上既按各自的路径和体系特征“双轨”并行发展，也遵循共性教育规律在

两条不同类型的道路上“立交”贯通，呈现“H”态并驾齐驱和交互发展的态势。

推行职普融通的落脚点在于实现职业教育学校和普通教育学校之间的相互沟通、相互融合。职业教育学校包括中等职业学校（中专、职高、技校）和高等职业学校，普通教育学校包括普通基础教育学校（主要包括幼儿园、小学、初中和高中）和普通高等学校。

在这些学校内部及学校之间推进职普融通，从形式上来说，在幼儿园、小学和中学阶段探索职普融通，主要是通过适度增加职业教育课程实现职业认知和体验，认知职业，领悟职业的背后透着一丝不易，增强学习和劳动意识；在中学、普通高校与职业教育学校这些学校中探索职普融通，横向上主要是中职学校与普通高中、职业高校与普通高校的融通，纵向上主要是普通初中与中职学校、普通初中与职业高校、中职学校与普通高校、普通高中与职业高校衔接。从内涵上来说，在教育目标上统筹兼顾促进升学和促进就业的双重目标，在教育内容上统筹兼顾文化课程和职业课程，在教育资源上统筹做到课程共享、师资共享、资源共享，在考核评价上兼顾职业课程和文化课程评价方式。

三、职普融通教育在我国发展的现状

我国职普融通教育为区域发展建设了科学且行之有效的法律保障体系和成熟的职业教育评估内涵体系。就其目前的发展状态，各类学者也有各层级的研究导向，姜周、朱士玉认为现代职业教育体系横向贯通策略在职业教育与普通高等教育中的实施路径是目前职业教育增强职业教育适应性的必要组成部分，是推动完善现代职业教育高质量发展的重要举措。李录琴、常宝宁表明，职业教育职普融通发展中，拉通小学教育、中学教育、职高教育在学习成果认证、积累和转换服务的策略研究，以实现不同类型学习成果的学分互认、衔接和学籍互换，是政府考核教育体系指标的重要内容。李玉静认为在当前职业教育新发展格局下，教育现代化实现、职业教育适应性提升与职普融通的纵横推进有着重要的支撑和联系。张晓玲、罗秋兰提出，在职业教育与高等教育同类型教育并驾齐驱的发展格局下，政策层面的联动协同发展机制是提升职普融通落地实施的关键所在，同时，以区域经济发展为背景，科学搭建有效的保障平台和明确政策导向是实施重点。

目前，随着政策和各学术研究的不断推进，职普融通落实现代职业教育高质量发展的重要性在学术领域已得到普遍共识。同时，针对职普融通服务地方高质量发展举措及存在的问题，朱晨明、朱加民提出，建立招生考试“二元标准”，基于“职普融通”分层分类制定职教高考制度，完善配套制度，强化社会面流通功能，是推动现代职业教育高质量发展的重要举措。卢晓钟指出“职普融通”是完善现代教育体系、真正搭建人才成长“立交桥”的关键一招，是培养德智体美劳全面发展的高素质技术技能人才、实现育人与育才有机统一的重要一环，是提升职业教育地位、从深层次破解和纠正歧视职业教育的根本所在；建立“职普融通”的现代职业教育体系的关键在于本科教育，构建与普通教育既相对分离，但并行不悖、相互融通，又层类交错、有机统一的现代职业高等教育体系框架是建设高质量职业高等教育体系的重要路向。孙元涛发现在职普融通中等职业教育贯通问题研究中，有必要首先从资源配置比较的差异出发，找出中等职业教育作为类型教育的最低充足性的资源配置状况等问题。刘劲松提出以部省共建，区域协同着力推动中等职业教育高质量发展，是实现职普融通在中等职业教育联系高等职业教育路径的有效方法。张军平探索出在职普融通路径研究的衔接拓展型、融通互换型、多级多元型三种典型模式，尽管这三种模式在路径、方法上各有差异，但均体现了破解断头教育的理念、促进人的全面发展的理念以及适应区域经济社会发展的理念；但从具体运行来看，三种模式均存在一定的缺陷。李伟常发现“职普融通”是普通教育与职业教育学校之间的一种新型人才培养模式，以人才培养大体系建设保障平台，旨在解决专业教师、场地和设施不足，学生过早分流等问题，以及分享资源和教育人才的互通问题。

从以上研究可以看出，我国职普融通在服务社会和地方发展中都面临着诸多需要解决的问题，无论是从层级和类型以及实施层面的发展政策、制度、方法、具体举措，各级政府以及相关职能部门在路径和策略的选取中都将经历多重实践和挑战。

四、重新塑造职业教育和普通教育的内涵

为增强职普融通在职业教育中的“主动调适”能力，以职普融通各层级和类型互通模式，重新塑造职业教育和普通教育的内涵，建立起体现人才互通型特征的评价机制和质量控制机制，以多元化应用型人才的系统化培养和输送，逐步实现系统化拥有参与技能社会治理、影响产业布局、创新人才保障载体，以主动调适的姿态制定科学举措，实现职普融通在地方区域协同治理的真正价值。

强化地方经济社会发展环境的双向互动与支撑，从产业链发展在地方经济的支撑作用看，有效落实落地职普融通的教育发展体系各项功能，以前瞻性视角发展建设基于主动服务地方，面向未来发展需求的创新教育体系，加强人才的高频互通和流动，通过成立联合研究团队、校际论坛和定期互访交流，推进教学理念和经验互动，加强职普学校之间的合作，双方共同设计课程、互派师资合作，职业院校指导、实施教学资源共融共享，优势互补，实现社会层面的市场需求开展技术改良或革新，强化外部制度环境的支撑和保障，从制度设计、发展目标、标准制定、师资建设和软环境营造等方面提出发展策略建议，实现区域经济人才的供给。

五、建立多元化职普融通教育发展思路解析

坚持以“问题导向”“目标导向”的研究思路，拟在梳理职普融通发展体系研究与服务地方高质量发展之间的相互关系；从职普融通发展体系的具体思路、发展程度、基本成效及构建的途径、方式、程度等不同维度，聚焦职普融通发展态势；从创新职普融通发展体制和运行机制的角度入手，对职普融通发展的模式、保障措施及可持续发展策略进行研究和实践，从提升高质量发展路径入手，以构建职普融通发展体系服务地方高质量发展为根本出发点和最终归宿，丰富构建职普融通发展体系的相关理论和可借鉴的经验，探索提

供可操作性方案和建议，提出推进职普融通发展体系的策略，以实现服务地方高质量发展的目标。职普融通教育发展研究思路框架如图 3-1 所示。

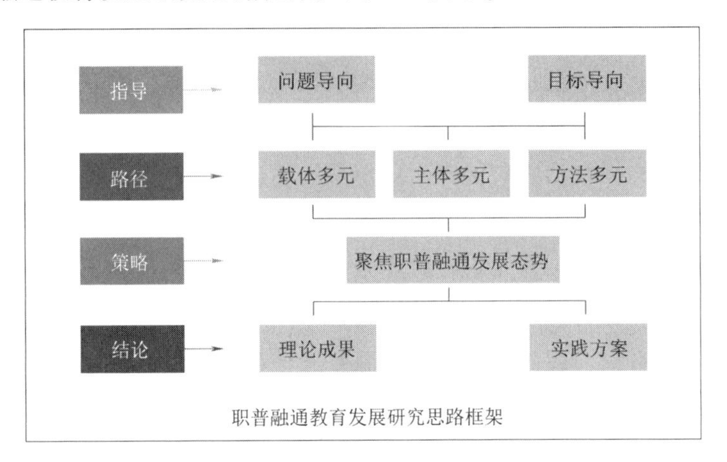

图 3-1

推动湖北省特色的职普融通高质量发展路径浅析

为了推进职业教育和普通教育相互沟通和协调发展、培养模式多样化，增大教育的选择空间，满足不同潜质学生的发展需要，搭建学生成长的“立交桥”，为湖北省立足新发展阶段、贯彻新发展理念、构建新发展格局，扛实“建成支点，走在前列，谱写新篇”历史使命，深入实施“一主引领、两翼驱动、全域协同”区域发展布局，提供高素质技术技能人才支撑，以研究为切入点，对接湖北省区域经济发展方略，在区域内建立运转有效的职普融通发展体系，推动全省高质量发展。

一、完善职业教育内部层次体系，着力加快发展高层次职业教育，形成纵向衔接的具有湖北省特色的“直通车”

2012 年，湖北省在全国首创并推行了“技能高考”制度，实施以技能考核为重点的中等职业学校毕业生升入高等院校的办法，为搭建职业教育“直通车”提供了一种新制度，拓展了中高职衔接途径。加快建立与普通教育并行并列的“中职—高职专科—职业教育本科—专业硕士”现代职业教育体系，打破职业教育上升的“天花板”，需要加快考试招生制度改革。以创新“职教高考”拓宽技能人才成长通道，以“岗课赛证”引领“三教”改革，稳步发展职业本科教育，保持职业教育办学方向不变、培养模式不变、特色发展不变，集中力量建设一批高水平的高等职业学校和专业。一体化设计职业教育人才培养体系，推动各层次职业教育专业设置、培养目标、课程体系、培养方案衔接，支持在培养周期长、技能要求高的专业领域实施长学制培养。鼓励应用型本科学校开展职业本科教育。按照专业大致对口原则，指导应用型本科学校、职业本科学校吸引更多中高职毕业生报考。

发展职业教育本科既是应对产业转型升级、推动经济高质量发展的迫切需要，也是满足人民群众实现更高质量更充分就业愿望的客观需求。在职业教育“直通车”体系中，本科职业教育还比较薄弱，地方或新建本科院校转型处于初期需要探索，而我国专科层次的高等职业院校已有 20 余年的历史，坚持普适性和拔尖性建设并举模式大改革大发展的成就令世界瞩目，创世界一流大学的目标很可能由高等职业院校率先实现。高等职业院校特别是公办高等职业院校，尤其是一些国家示范、骨干、优质高等职业院校，有能力引领职业教育科学发展在内涵上升级、在层次上升格并成为领跑者。湖北省可开启高等职业院校重在内涵式“升格”的模式，开展本科层次职业教育试点，通过“一改一补”发展本科职业教育，“一改”是指本科院校的转型改革，“一补”是指将优质的高等职业院校（主体是公办高等职业院校）作为补充升格为本科层次职业教育，基于目前高校结构性布局，“补”的数量一定是少数，但这是一支不可忽视的重要力量，对于优化职业教育结构、激发职业教育办学活力、完善我国现代职业教育体系、推动职业教育高质量发展具有重要意义。

二、创新各层次各类型职普融通模式，加快培育完整的内需标准体系，形成横向融通的具有湖北省特色的“立交桥”

职普融通既是建设高质量教育体系的必然要求和实现途径，也是高质量现代职业教育体系的重要基础。改革考试制度，建立职业教育高考制度，搭建职普相互沟通、顺畅衔接的人才成长“立交桥”，实现学生在职普之间的灵活转换，例如，在省内可以通过“3+4”“3+2”等多种人才培养模式，对口贯通、分段培养、转段考核，以培养专项技能为主探索发展特色综合高中，打通中职、高职和本科院校通道，协同培养技术技能类人才；倡导开展职业启蒙和职业体验教育，将职业指导纳入普教课程，纵向推动职普互通、课程互选、学分互认；建立省域互联学习账户，提供学习成果认证、积累和转换服务，实现不同类型学习成果的学分互认、衔接和学籍互换；建立系统性的制度，推进职业教育和普通教育学校校际的课程合作、资源共享、学分互认、学籍互转、教师互流等，细化政策引导，将职普融通作为一个教学项目监测点纳入政府对学校发展规划的考核。

政府宏观上要将职业教育纳入区域产业发展规划，完善产教融合制度政策体系，切实推进职业教育的教育链、人才链与区域产业链、创新链协同发展。引导省域职业学校携手世界一流企业，借鉴国际先进标准，编制人才培养评价、信息化建设、专业建设等标准，重点开发具有中国特色和国际竞争优势的专业课程、教学管理模式和评价工具，构建衔接有序、国际领先的职业教育标准体系。聚焦地区重点产业发展态势，积极引入国际证书课程，开发与职业能力标准相对接、与国际先进标准接轨的专业教学标准，打造职业教育国际合作新高地。从全局发展的高度把推动现代职业教育高质量发展摆在更加突出的位置，引导科学的人才观念，加强党对职业教育事业的全面领导；从制度体系完善的角度，提出完善社会保障制度、保障和改善技能人才地位，探索人事制度改革、确保各类人才一视同仁，完善劳动就业制度、促进高质量和更充分就业，健全法律保障制度、尊重和保护技能创新成果；从文化氛围营造的方面，提出弘扬劳模精神和工匠精神、夯实技能社会的思想观念基础，创设国家技能荣誉体系，广泛开展技能文化活动等，增强职业教育的吸引力，助力技能型社会建设。

三、构建职普融通有效运转机制，推进各级各类成果间的沟通衔接，形成纵横交错的湖北省特色的“旋转门”

深化产教融合、校企合作，完善职业教育与培训体系，增强职业教育吸引力。深入探索建立国家资历框架制度下的职业教育领域创新路径。保证职业教育与其他教育的衔接与沟通，服务学业提升、职业晋升、社会上升，实现职普融通有效运转。建立强有力的省域领导体制和协调机制，开展职业教育领域试点，推动教育内部沟通衔接，将国家资历框架制度纳入地方法规建设，确立职业教育的学生和普通教育的学生学习成果等级互换关系，进而在特定领域两个教育类型的学生都享有同等权利，打破常规用人壁垒，职业院校和普通院校的学生都能在同等条件下报考公务员和进入国企工作等。

从政府制度建设出发，加强正面宣传，挖掘宣传基层和一线技术技能人才成长成才的典型事迹，弘扬劳动光荣、技能宝贵，创造伟大的时代风尚，提高职业教育的社会认同度。打通职业学校毕业生在就业、落户、招聘、晋升等方面的通道，与普通学校毕业生享受同等待遇；打通在个人职业成长以及高技能人才与专业技术人才的双向评价贯通通道；打通在职业一线领域作出突出贡献的技术技能人才获得同等价值表彰通道，同时将符合条件的高水平技术技能人才纳入高层次人才计划；探索从优秀产业工人和农业农村人才中培养选拔干部机制，加大技术技能人才薪酬激励力度，提高技术技能人才社会地位。以制度、法律法规作为支撑轴线，使人才成长、人才流动路径顺畅，方向多元，实现职普融通常态化转换。

围绕国家重大战略，对接省域经济发展，优化职业教育人才培养供给，完善产业规划和人才需求发布制度，引导学校紧贴市场和就业形势，根据产业需求，强化人才培养、团队建设、科技攻关、技术推广、企业服务等产教综合体社会平台的功能建设，汇聚企业资源支持专业建设，将技术技能人才成长多阶段、多样性需求融入职业教育人才培养全过程，以产业和技术的发展推动学校人才培养改革，实现职业教育规划与产业规划对接、院校发展与区域发展融合、专业设置与产业结构调整升级联动、人才培育与企业人才需求联通，满足知识型、技能型、创新型劳动大军成果孵化需要。从教育链与产业链、人才链与创新链的深度对接出发，择优遴选研发、生产和培训等优势企业予以财政奖励等举措，通过助力区域人才的供给，服务省域经济高质量发展。

在湖北省大力推进技能强省的进程中，深化职业教育供给侧结构性改革，加快推进职普融通，需要进一步优化高等教育层次和类型结构，契合产业转型升级、一线人才质量需求上移的实际需求。为实现产业转型升级、全面推进乡村振兴、提升城镇化发展质量、促进区域协调发展提供有力的人才支撑，需要前瞻性思维思考未来前行方向，通过系统化的政策供给，构建职普融通发展体系，建立职普融通信息化协同平台，实施职普融通信息数据管理，服务湖北省经济社会高质量发展。

国家级教学成果奖透视浅谈

国家级教学成果奖已被视为与国家自然科学奖、国家技术发明奖、国家科学技术进步奖并列的国家级奖励，成为学校教学质量核心显性指标。32 年来，国家级教学成果奖评选出特等奖、一等奖、二等奖共计 5 642 个奖项，对丰富我国教育教学理论，提高教育教学质量发挥了重要作用。多年来，我国从奖项名称、等级、数量及奖项覆盖的教育类型、区域范围等方面对教学成果奖进行了优化调整。本文以奖项设置变化为轴，梳理其发展历程。

一、聚焦高等教育设置高等学校教学成果奖

1988 年 4 月，国家教育委员会发布的《关于加强普通高等学校本科教学工作的意见》提出“建立本科教育基金和教学优秀奖励制度”。设立教学优秀奖，界定受奖主体为面向学生授课的教师。1988 年 12 月，建设部在其部属的七所高校正式“设立部、校两级教学优秀奖，定期评选、表彰、奖励在教育研究、教学改革、教材建设、提高教学质量、教书育人等方面取得优异成绩的教师”。建设部将教材建设纳入了教学优秀奖范围并持续开展。1989 年，国家教育委员会明确提出普通高等学校优秀教学成果奖每 4 年评选一次，正式称谓是“优秀教学成果奖”，加了“成果”，意指教学及其绩效都要优，即“人才培养质量”高，受奖励的主体范围扩大。

1989 年，首届教学成果奖评审结果分两个等级：特等奖（52 项）和优秀奖（381 项），由各省按获奖指标等额推荐后直接审核认定。

1992 年 6 月，第二届评选活动进行了调整。第一，获奖等级由首届的特等奖、优秀奖调整为特等奖、一等奖、二等奖，这一届还特设了至今唯一一个荣誉奖，南开大学数学所陈省身教授获此殊荣；第二，将成人高等教育列入参评范围；第三，采用差额评选，本届获奖率约 77.8%；第四，设置公示、争议制度，层层公示，国家层面公示期为 3 个月。最近《湖北省教学成果奖励办法》（2006 年 4 月 30 日省政府令第 292 号公布 根据 2022 年 10 月 25 日《湖北省人民政府关于修改〈湖北省教学成果奖励办法〉的决定》修订）明确“申报单位推荐省级教学成果奖材料前，应当在本单位内进行公示，公示时间不少于 5 个工作日”“省级教学成果奖评审结果应向社会公示，征求异议，接受社会监督。自公示之日起，异议期为 30 日，异议处理期为 30 日”。

1994 年 3 月，国务院颁发《教学成果奖励条例》，标志着高等教育国家级教学成果奖上升为国家制度。

1997 年，开评第三届国家级教学成果奖，将 1987 年国家教育委员会开展的四年一届的优秀教材奖评选纳入其中，本届是第一次也是最后一次申请奖励项目须缴纳评审费 300 元。

二、扩展覆盖不同类型的教育，设置三个大类国家级教学成果奖

2013 年，国家级教学成果奖设置范围扩容调整，包括高等教育、职业教育、基础教育 3 个大类。2018 年参评区域首次将香港和澳门地区纳入。

2022 年，国家级教学成果奖进行调整。第一，优化奖项设置，在高等教育类别中单列研究生教学成果奖；第二，扩容奖项数量，评选名额由 1 356 项调整为 2 000 项，评选范围面向基础教育、职业教育、高等教育三大领域，其中，基础教育、职业教育、高等教育（本科）各设置 572 项成果奖，高等教育（研究生）设置 284 项成果；第三，明确一线教师申报占比，校级领导作为第一完成人占比不超过 30%。截至第九届评审结束，评定出国家级教学成果特等奖 30 项、一等奖 881 项、二等奖 6 731 项。

三、合理分布高等学校教学成果奖的获奖主体

第一，一线教师、职能部门获奖“双低”。如表 3-1 所示，第七届、第八届高等学校教学成果奖的 4 个特等奖中，校级领导主持占比 75%，院系领导主持占比 25%；第七届、第八届高等学校所有教学成果奖中，高校各级领导（校级、职院系和职能部门）主持占比均超 90%，一线教师主持占比均在 9%以下；院系领导主持占比均在 41%左右，职能部门领导主持占比均为 8.85%。第九届湖北省高等学校教学成果奖二等奖及以上的 50 个奖项中，校级领导主持 26 项，占比 52%；院系领导主持 18 项，占比 36%；职能部门 3 人，占比 6%；一线教师主持 3 人，占比 6%。一线教师作为第一完成人，获奖比例低、获奖等次低（双低）；各级领导（含校级、部门和院系级领导）中，职能部门领导作为第一完成人，获奖比例低、获奖等次低（双低）。如何提升教学实践与教学研究的耦合互生度，是我们需要进一步努力的方向。

表 3-1

届次	年份	职务	特等奖		一等奖		二等奖		小计	
			数量	占比/%	数量	占比/%	数量	占比/%	数量	占比/%
第七届	2014 年	校级领导	1	50.00	22	44.00	161	40.35	184	40.80
		院系领导	1	50.00	20	40.00	165	41.35	186	41.24
		部门领导	0	0.00	5	10.00	35	8.90	40	8.85
		一线教师	0	0.00	3	6.00	38	9.40	41	9.11

续表

届次	年份	职务	特等奖		一等奖		二等奖		小计	
			数量	占比/%	数量	占比/%	数量	占比/%	数量	占比/%
第八届	2018 年	校级领导	2	100. 00	22	44. 00	155	38. 85	179	39. 60
		院系领导	1	0. 00	21	42. 00	171	42. 85	192	42. 58
		部门领导	0	0. 00	4	8. 00	36	9. 00	40	8. 91
		一线教师	0	0. 00	3	6. 00	37	9. 30	40	8. 91

第二，获奖成果分布“集聚”。如表 3-2 和表 3-3 所示，示范、骨干、优质、双高院校，以及东部区域院校获奖占比高。示范、骨干、优质、双高院校是获奖主力军，量大面广的一般高等职业院校获奖比例低；东部区域院校获奖多，西部区域院校获奖少；模式、专业、课程类成果获奖数量多，美育、劳动教育、评价类成果获奖数量少。由于高等职业院校教学水平在学校社会地位、不同地区及专业等方面差距的客观存在，“集聚”现象印证了历届教学成果奖评奖，信度较高。

表 3-2

届次	年份	示范、骨干、优质院校获奖数量及比例				其他院校获奖数量及比例
第七届	2014	一等奖及特等奖	26	15%	4	4. 1%
		二等奖	148	85%	93	95. 8%
第八届	2018	一等奖及特等奖	16	9. 58%	16	13. 9%
		二等奖	151	90. 42%	99	86. 1%

表 3-3

届次	年份	东部地区获奖数量及比例			中部地区获奖数量及比例		西部地区获奖数量及比例	
第七届	2014	一等奖及特等奖	38	13. 57%	5	6. 58%	5	6. 6%
		二等奖	242	86. 43%	71	93. 42%	70	93. 4%
第八届	2018	一等奖及特等奖	34	12. 1%	6	8. 8%	9	11. 2%
		二等奖	248	87. 9%	62	91. 2%	72	88. 8%

第三，省域奖项设置“不平衡”。如表 3-4 所示，各省对奖项等级、数量设置差异较大。有的省份之间一等奖及以上奖项数量设置相差 10 倍。从绝对数量及相对值数字看，各省标准不一，各省申报国家级教学成果奖的起跑线不一。

表 3-4

省份	山东	辽宁	河南	安徽	四川	湖南	湖北
一等奖以上数量	160	111	88	76	65	61	16
本省高等职业院校获奖数量平均值	大于 2 项		大于 1 项		大于 0.7 项		0.25 项

第四，评审过程监督“不充分”。公示内容不充分（如只公示评审结果），未公示申报主体材料，社会监督不充分。成果奖评审过程监察环节强化不够，评审监督体系还需进一步完善。

四、以教学建设与学术生态构建审视教学成果奖

第一，回归评奖初心，明确教师主角地位。进一步完善制度设计，笃定铸魂育人，对“教学成果”内涵进一步译码，充分体现教学、教研与社会服务的耦合互生关系；对成果主持人作进一步的细化规定，把重心偏向从事教学和教学研究的教学工作者；对未直接面对学生授课的院校领导，不能作为主持人，可以根据贡献作为参与者；对有负能量行为的教师，事前禁止、事中一票否决、事后追回成果奖。

第二，建立培育机制，强化动态监测评价。引入课题研究、教学质量工程建设思维。推行立项培育、动态监测、结题验收的全过程跟踪，既注重过程性质量成果，又关注终结性质量成果，强化人才培养质量的实质成效，整体推进教学质量发展。以奖促建，以奖促改，避免纸上谈兵论英雄、避免弄虚作假。

第三，引入增值评价，优化成果等级结构。基于教学水平的种种差距还将长期存在，实施增值性评价，既要横向比较又要纵向考量，研判每一教学成果的现态与次态及其发展增量，来比较每一个项目的有效性，确定相应层级的奖项，促进多样化基础和发展目标的院校各自获得最佳发展，可以增设教学成果进步奖；对获得多次教学成果奖的主持人或团队，可以授予教学终身成就奖。

第四，完善评价模式，实施多元方式评审。在评审主体上，可以考虑“教育部门+专业性机构”评审，然后加权综合打分；在评选专家选聘上，不局限于特定的人群，建立教育评估专家领衔的结构化团队，兼顾区域、院校、类别、性别、来源等因素，扩大一线教师数量，并建立负面清单，动态调整；在评审形式上，采用查新、网评、会议答辩、必要时实地考察等手段；在统筹等级上，由国务院教育督导委员会主导组织。

第五，建立监督机制，加大惩戒力度。构建教学成果奖评审监督体系，形成国务院教育督导委员会监管、教育部门和专业性机构自律、社会监督的格局。建立纪律监察机制，严格评审程序和办法，严肃工作纪律，纪检全过程跟踪监督。将申报、评选者的不良行为纳入社会诚信建设系统，“一处失信，处处受限”，使其在学术交流、申请公共服务等方面受到诸多限制，让违规行为对违规者的影响远远超出教学与学术生涯。

第六，强化推广应用，形成成果链式效应。有序传播与推介。成果揭晓“后时代”，

除院校“民间”进一步自发推广转化外，中华职业教育社、教育部门、人社部门等可采取专栏、专访、专辑、专论等方式广泛推介。完善总结提炼机制。组建团队，加强对这些鲜活有效的成果进行研究，深入挖掘教学规律，系统整理和提炼，形成三个成果：①中国特色教学理念、主张并上升为教育理论；②咨政报告，转换为政策性语言，鼓励或要求落实，产生最大化效应；③问题谱，导引职业院校在未来一个时期的探索领域。

湖北省第九届高等教学成果奖结构统计分析画卷

国家级教学成果奖是衡量高校教学水平、教学能力和教学质量的重要标志，也是学科评估和“双一流”评选的重要参考。2022 年 9 月 8 日，教育部发布《关于开展 2022 年国家级教学成果奖评审工作的通知》，正式开启了 2022 年国家级教学成果奖评审工作。省级教学成果奖是国家级教学成果奖的基础。在职业教育领域，各省获奖项目一方面反映了我国职业教育领域的最新教育教学成果，另一方面也代表着今后一段时期内职业教育教学改革发展的努力方向。

为做好 2022 年湖北省省级教学成果奖的推荐工作，鼓励广大教师积极投身教学建设、教学改革与研究，总结并推广教学实践中的先进经验，促进湖北省教学水平和人才培养质量的进一步提升，湖北城市建设职业技术学院先行组织了 2022 年校级教学成果奖的评选工作。在此基础上，在教学成果奖的内部与外部生成机制、成果团队建设、系统化解决方案制定、持续性研究与实践、宣传推广渠道设计、成果申报与指导六个方面提出教学成果奖的培育路径，最终遴选出 3 支参赛团队进行省级评选。通过对获奖结果的结构进行统计分析，理清获奖思路与特点。

如表 3-5 所示，湖北省第九届高等学校教学成果奖共评出 90 个奖项。

表 3-5

学校名称	特等奖	一等奖	二等奖	三等奖	总数
1. 武汉船舶职业技术学院	1	1	2	2	6
2. 武汉职业技术学院	1	1	2	2	6
3. 武汉铁路职业技术学院	1	1	2	2	6
4. 湖北职业技术学院		1	2	1	4
5. 黄冈职业技术学院		1	2	1	4
6. 襄阳职业技术学院		1	2	1	4
7. 武汉软件工程职业学院		1	1+1	1+1	3+2
8. 湖北交通职业技术学院		1	1	1	3
9. 武汉电力职业技术学院		1	1	1	3
10. 武汉交通职业学院		1	2		3
11. 武汉城市职业学院		1		3	4

续表

学校名称	特等奖	一等奖	二等奖	三等奖	总数
12. 湖北三峡职业技术学院		1		2	3
13. 湖北科技职业学院		1	1		2
14. 湖北城市建设职业技术学院		+1	1	1	2+1
15. 咸宁职业技术学院			2	+1	2+1
16. 湖北工业职业技术学院			1	1	2
17. 荆州职业技术学院			1	1	2
18. 湖北水利水电职业技术学院			1	1	2
19. 湖北生物科技职业学院			1	1	2
20. 湖北生态工程职业技术学院			1	1	2
21. 长江工程职业技术学院			1	1	2
22. 长江职业学院			1	1	2
23. 恩施职业技术学院			1		1
24. 鄂州职业大学			1		1
25. 仙桃职业学院			1		1
26. 江汉艺术职业学院			1		1
27. 湖北工程职业学院			1		1
28. 长江艺术工程职业学院			1		1
29. 湖北幼儿师范高等专科学校				1	1
30. 武汉工程职业技术学院				1	1
31. 随州职业技术学院				1	1
32. 武汉警官职业学院				1	1
33. 湖北国土资源职业学院				1	1
34. 武汉民政职业学院				1	1
35. 湖北财税职业学院				1	1
36. 三峡电力职业学院				1	1
37. 三峡旅游职业技术学院				1	1
38. 襄阳汽车职业技术学院				1	1
39. 湖北体育职业学院				1	1
40. 湖北铁道运输职业学院				1	1
41. 武昌职业学院				1	1
42. 武汉商贸职业学院				1	1
43. 武汉信息传播职业技术学院				1	1
合计	3	13	34	40	90

90 个奖项中，项目名称中的高频词有：人才培养、体系、系统化、数字化、集团、模式、质量、专业群、课程、思政、育人、协同、融合、转型、创新、探索、新时代以及自创等，基本覆盖当下高等职业教育需要解决的热点、难点、重点问题。构成了一幅湖北省高等职业院校锐意改革、提质赋能、以质图强的动感画卷。

90 个奖项中，获奖的高等职业院校在湖北省全部高等职业院校中的占比为 68. 3%，平均每校获得教学成果奖 1. 4 个；部分国家、省域双高院校（含专业群）立项建设院校囊括全部奖项，覆盖湖北省双高校（含专业群）的 87. 8%，平均每个双高院校获得教学成果奖 1. 8 个。这组数据说明深入推进双高院校建设可以有效提高教学改革的能力和水平。

90 个奖项中，公办院校获奖数量占比 90. 7%，民办院校获奖数量占比 9. 3%；8 所国家双高校（含专业群）获奖数量占比 40%，省域双高院校（含专业群）获奖占比 60%。这组数据更加彰显公办院校、双高校是湖北省高等职业院校进行教学改革的主体骨干力量。

90 个奖项中，武汉地区高等职业院校占比 60. 5%，地市院校占比 39. 5%，且每个地市均获得奖项。这组数据说明职业教育发展水平地域差距在缩小，湖北省高等职业院校教改水平发展均衡和整体质量提升态势向好。

90 个奖项中，获奖大户武汉船舶职业技术学院、武汉职业技术学院、武汉铁路职业技术学院的获奖等级均呈现“1122”结构；湖北职业技术学院、黄冈职业技术学院、襄阳职业技术学院的获奖等级均呈现“121”结构，这是实力应然、使然，彰显了这几所院校的引领能力。个人获奖中，1 人获 3 个奖项成为本届之最。

90 个奖项中，特等奖 3 个、占比 3. 3%，一等奖 13 个、占比 14. 4%，二等奖 34 个、占比 37. 8%，三等奖 40 个、占比 44. 4%。特等奖平均每校 0. 05 个，一等奖平均每校 0. 21 个，二等奖平均每校 0. 54 个，三等奖平均每校 0. 63 个。2022 届部分省份高等职业院校获省级教学成果奖一等奖（含特等奖）的数量为：山东 160 个、辽宁 111 个、河南 88 个、安徽 76 个、四川 65 个、湖南 61 个；院校获奖平均值超过 2 个的有山东、辽宁，超过 1 个的有河南、安徽，超过 0. 7 个有四川、湖南。可见，湖北省与外省奖项数量及结构性比例设计还可优化。

分类分层的育人支撑系统解析

在高素质育人的背景下，各高等职业院校都建立了各自的保障平台来支撑其特色育人目标，归因溯源，其实都需要遵循人的认知规律、职业成长规律和校企合作发展规律，进而分析研判校企合作各要素及其融合“现态”，探索从“现态”到“次态”的技术路线，逐级推进校企合作系统化育人能级跃迁，才能达成学生综合能力进阶。

在实施湖北城市建设职业技术学院建设类人才培养实践中，我们以合作育人主题为“主干”，以产业学院（企业学院）、协同中心、专业群、现代学徒制、岗课赛证融通育人等多维度专项项目为“分枝”，以课程思政、劳动教育、工匠精神培育等为“脉络”，形成“树形”项目。以“树形”项目实施为路径，因事而化、因时而进、因势而新，循序渐进、分类分层建设校企系统化合作育人平台体系、载体体系、企业体系、课堂体系、培训实施体系，形成迭代递进的校企合作系统化育人支撑系统。如图 3-2 所示。

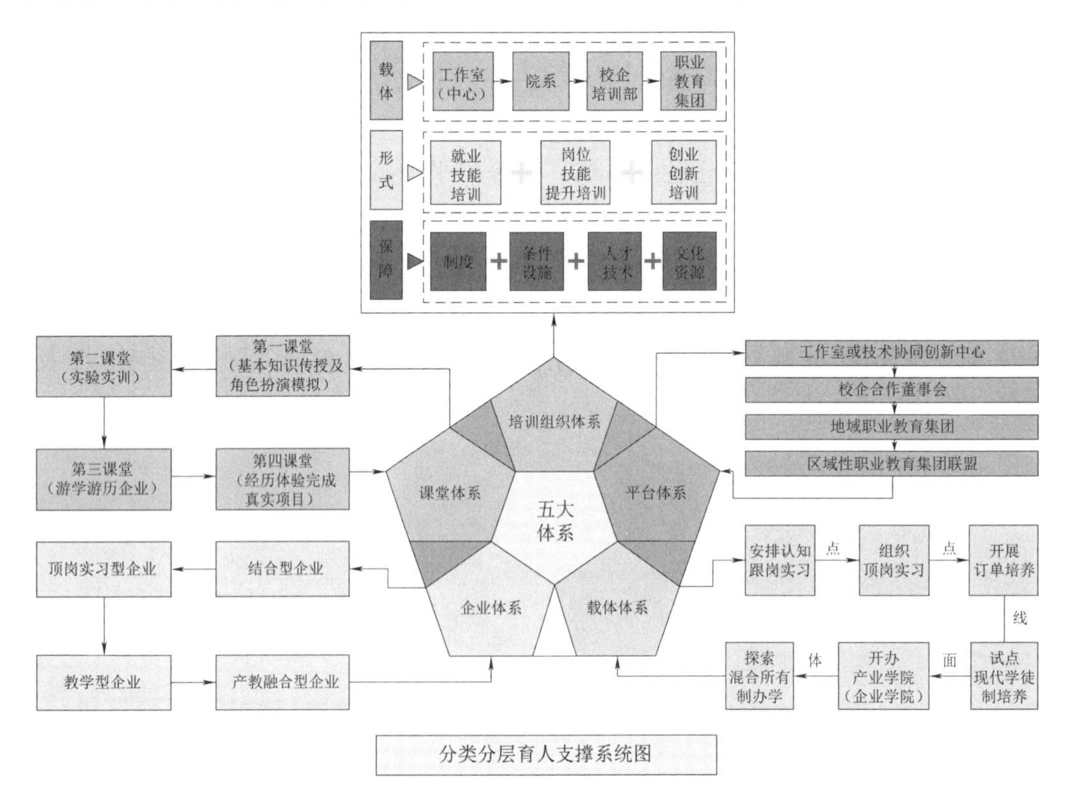

分类分层育人支撑系统图

图 3-2

首先，建立校企合作平台体系："各类工作室或技术、文化协同创新中心—地域性职业教育集团—区域性职业教育集团联盟"，实现育人平台渐进扩容、功能扩展；合作育人载体体系："认知和跟岗实习—顶岗实习（在岗学习）—订单培养（短期阶段性订单培养、长期全过程订单培养）—现代学徒制培养—产业学院（企业学院）—混合所有制办学"，实现合作育人"点线面体"阶梯演进。

其次，合作企业层级体系："结合型企业—顶岗实习型企业—教学型企业—产教融合型企业"，实现合作育人要素融合逐级跃升；多元课堂体系："第一课堂（基本知识传授及角色扮演模拟）—第二课堂（实验实训）—第三课堂（企业研学）—第四课堂（经历体验完成真实项目/竞赛）"，实现知识、能力、素质的梯次跃迁；培训实施体系："工作室（中心）、二级教学单位/企业培训部、学校/企业、职业教育集团（联盟）等载体—就业技能培训、岗位技能提升培训和创业创新培训等内容—制度、条件设施、人才、技术、文化资源等保障"，实现培训服务组织能力阶梯递进。

最后，通过"五大"体系建设，系统支撑人才培养与培训、技能训练与比赛、创意创新与创业、场景模拟与再造、职业体验与科普、生产劳动与育人、技术研发与推广、文化传承与传播、国际交流与合作迭代升级，实现高质量服务人的全面发展和经济社会发展。

思政教育、劳动教育和审美教育的创新思路

中共中央、国务院明确了开展思政教育、劳动教育及审美教育的紧迫性和必要性。学校肩负培养德智体美劳全面发展的社会主义建设者和接班人的重任，需要在教学中融合思政、劳动、审美以促进教育教学。思政课是铸魂育人的关键课程，对学生进行劳动教育是思想政治课的应有之义，审美教育全过程浸透可以提高学生的创新能力，三者之间应各尽其责，需要通过制定人才培养方案，采取不同的举措。

目前，高校各专业在制定人才培养方案时，尽管其规范性、适应性得到不断提高，但仍然存在许多问题，具体表现为：有些理念和提法没有因时而进、因势而新，对“1+X”证书制度、学徒培养制度、岗课赛证融通综合育人、模块化、结构化、弹性化等概念理解不深，调研路径的丰富性不够，重模仿轻创新、重方案设计轻组织实施、重逻辑推理轻调查研究、重资产购置轻资源共享、重课内课程轻课外课程建设等现象依然存在，校企合作编制人才培养方案过程中有被企业牵着鼻子走的嫌疑，专业人才培养方案过于刚性、学生没有选择空间，培养目标描述照搬照抄国家专业教学标准、描述千篇一律无特色，有的培养目标定位过宽过深，目标系统层级模糊、衔接不够，课程体系结构性比例不尽合理，A、B、C类课程类型把握不准，必修课、限选课、任选课认识不清，思政教育、劳动教育、美育教育、体育教育、创新创业教育等体系化思考和实质性建构不理想，资源保障的描述逻辑有歧义，毕业条件描述的严谨性不够，等等。对此，笔者仅就思政教育、劳动教育和审美教育课程体系构建和实施进行了重新梳理（见图3-3）。

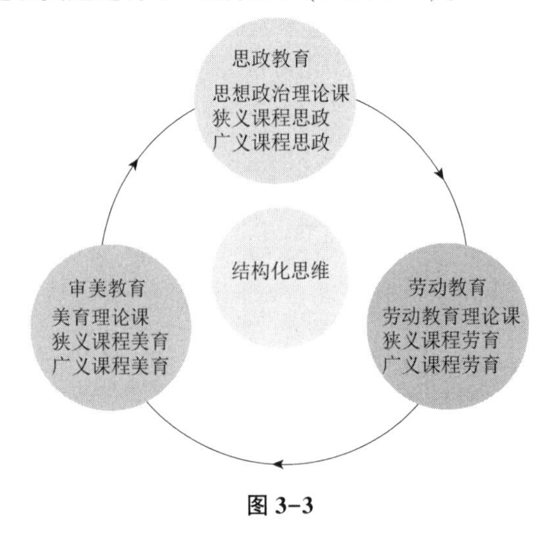

图3-3

一、以思辨性思维建立思政教育、劳动教育和审美教育课程类型

课程是人才培养目标实现的关键载体、是教学质量生成的关键层面。课程连接着学校的培养目标与国家要求，连接着学校的专业培养目标与行业企业需求，连接着学校的课程教学目标与教师职业化追求，连接着学校的课堂教学目标与学生职业化成长需要。把握课程的关联关系，有利于把握课程育人的系统性、完整性、科学性，有利于把宏观、中观、微观层面的目标有机连接起来，从而达成目标的落地、落实、落细。

学校的一切教育教学活动都能让学生接受教育，这些活动载体均可以归于课程。在推进思政教育、劳动教育和审美教育的过程中，系统建立上下、左右间的联动机制，形成“人人有责、人人尽责、人人享有”的氛围；建立“大课程”概念，统筹考虑狭义课程和广义课程的关系、处理好显性教育与隐性教育的关系，及其对人才培养目标达成的功能点与贡献度，消除盲点和死角。狭义课程是指课堂内的文化基础课、专业基础课、专业课、拓展课等，广义课程是指传统课堂以外的活动育人载体，如社会实践、公益活动、社团活动、竞赛活动、研学活动、科技活动以及跨专业选修的课程等。实践证明，很多时候广义课程的育人成效显著，但这类课程的目标、标准建设未引起足够的重视和行动。提升育人效果，需要同时强化狭义课程和广义课程的思政教育、劳动教育和审美教育的元素挖掘及其教学组织的科学性。

二、以结构化思维建立思政教育、劳动教育和审美教育课程体系结构范式

在构建思政教育、劳动教育和审美教育课程体系的过程中，需组建结构化团队开展研究和实践，秉持三全育人理念，发挥思政教育、劳动教育和审美教育理论课程的主渠道作用和狭义课程、广义课程的协同育人作用，建设富有特色的结构化课程系统和支持系统，形成育人前线由专门理论课“教师专人”+所有狭义课程“教师人人”+所有广义课程“师生人人”的三位一体的全员育人“载体系”，达到专门化理论课程显性育人高聚焦强灌浆、狭义课程隐性育人全覆盖润无声、广义课程活动育人齐协力共参与的态势。

思政教育课程体系结构范式：“思想政治理论课+狭义课程思政+广义课程思政”。协力推进政治教育、思想教育、职业道德教育、工匠精神培育，让正念、正能量占据学生大脑，德行天下。

劳动教育课程体系结构范式：“劳动教育理论课+狭义课程劳育+广义课程劳育”。强化劳动意识、劳动精神、劳动法规以及生活、服务性劳动以及技能练习、工艺制作、创意设计、技术试验、岗位实习等生产技能劳动，让创意创新创造充盈大脑，创行天下。

审美教育课程体系结构范式：“美育理论课+狭义课程美育+广义课程美育”。培养学生发现美、感受美、鉴赏美、表现美、创造美，提高审美情趣，让真善美滋润学生心灵，美行天下。

三、以闭环化思维建设思政教育、劳动教育和审美教育教学体系

在实施思政教育、劳动教育和审美教育的教学过程中，系统化开发学校工作的每个领域，每个领域的每个体系，每个体系的每个环节的课程思政、劳动教育和审美教育目标链，并具化形成标准链，明确承载的项目或任务链，精心设计有效措施形成组织链，建设立体化资源体系形成保障链，依托信息技术监测推进诊断形成反馈链，辅助决策持续改进不断提高实施质量。

在推进思政教育、劳动教育和审美教育的过程中，为铸造品牌或打造特色，可以以广义课程为突破重点，结合学校的特色，打造具有个性化的集德育、劳育、美育于一体的“大思政”课程（大人文课程），例如，建筑类高等职业院校从德育、劳育、美育等维度揭示建筑业发展的过去、现在和未来，动态开发建设“建筑中国”，在开发过程中，组建团队拿出基本框架和基本文稿，先期引领和行动，同时发动学校各部门、各院系组织教职工、在校学生、毕业校友、合作单位员工以及社会精英等，围绕主题以讲座、研学、参观、竞赛、辩论、演讲、征文、文体活动、公益活动、社会服务等形式参与，不断实践、沉淀和丰富“建筑中国”内容，做到人人皆教育、事事皆教育、处处皆教育、时时皆教育，形成“点（专门化理论课）—线（狭义课程）—面（广义课程）—体（大思政课程如‘建筑中国’）”立体化综合育人特色体系，实现人人是育人主角。

在推进教学质量评价改革的过程中，各职业院校以立德树人为根本任务，不断更新理念，在探索中前行，在前行中探索，形成了较为丰富的理论成果，助推了教学质量的不断发展。但如何构建多元视角下集“形成性评价+终结性评价+增值性评价”于一体、集“导引和解析、分类与分层、监测与预警、诊断与改进”于一体的体系科学、实时监测、运转高效的教学质量评价模型，强化质量评价的正向反拨效应，持续推进教师群体各自获得最佳发展，把教师发展质量变成教学高质量发展的最大增量，是当前和今后关注的重点课题。

基于理论应用，迁移创新建构主义思想和管理学 PDCA 循环理论。将教育教学相关各类元素重新序化整合，将政策落实、专业与课程建设、师德师风修为、教书育人、文化育人、教科研与社会服务反哺人才培养、教改项目建设等要素纳入评价维度，构建“全寿期、多元化、发展性”评价模型，以实现教学质量评价的周期性、动态性、增值性。“全寿期多元化”分类分层能力进阶质量评价模型构架如图 3-4 所示。

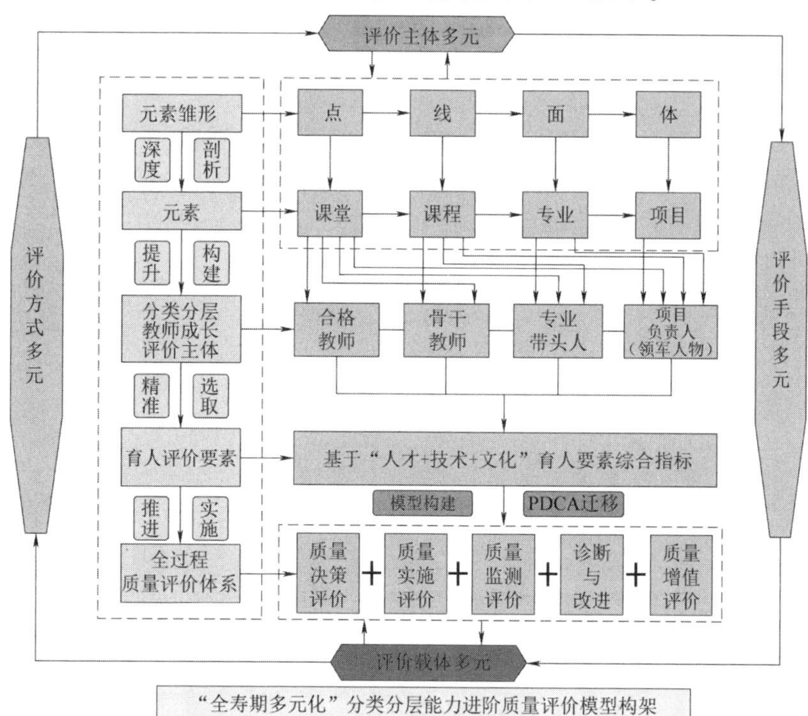

“全寿期多元化”分类分层能力进阶质量评价模型构架

图 3-4

基于精细评价，分类分层构建要素齐全、过程完备、迭代递进的教学质量评价体系。按“点—线—面—体”递进逻辑厘清评价元素，以“课堂—课程—专业—项目”为进阶载体厘清质控点，沿“合格教师—骨干教师—专业带头人—项目负责人（领军人物）”教师成长路径厘清评价差异性，整合各类资源，选取“人才+技术+文化”育人要素，并分类分级细化评价指标，形成纵向到底、横向到边的教学质量评价体系。创新实施教学质量“决策评价+实施评价+监测评价+诊断改进+增值评价”机制，形成教学质量评价“事前建标+事中监控+事后改进”闭环，稳定和动态调适教学质量评价运行。

基于多元评价，链接打通“评价主体多元+评价方式多元+评价手段多元+评价载体多元”的教学质量评价实施系统，以一体化运行，实现教学质量评价“点—线—面—体”的梯度进阶。建立“政+校+行+企”等多元化评价主体，实施“理论+实践、过程性+终结性、线上+线下、校内+校外”等多元化的评价方式，采用“笔试+面试+实操或虚拟+大作业+认定”等多元化评价手段，利用“岗、课、赛、证+项目”等多元化评价载体。借力信息化手段，实现教学质量的实时监测、预警、改进，最终实现教师职业化成长和学生全面成才。

教育科研课题的范式模型

教育科研是以教育问题为研究对象，采用科学的研究方法，探索教育规律、指导教育实践的创造性的认识活动。好的课题名称，能有效彰显课题的研究价值。课题名称的表述有一定的范式，适切的课题题目可以反映研究的理论依据、研究背景、研究对象、研究方向、研究内容、研究目标、研究价值、研究方法、研究手段、研究预期等信息；不适切的课题题目往往因研究主题含糊，容易产生核心概念不明、研究阈值不清、研究内容不实、研究着力点不明、研究方向偏航、研究目标偏移等现象。一般来说，一个课题的名称表述不可能涵盖研究的所有信息，需要聚焦关键变量，对课题研究的重点信息按一定的组合方式进行"编码"，结构化表述课题名称。本文以 5 种课题名称表述范式为例做简要展示。

范式 1：课题名称表述由"研究背景+研究对象+研究内容+研究目的"组成，如表 3-6 所示。

表 3-6

课题名称	研究背景	研究对象	研究内容	研究目的
职业教育集团化办学背景下校企合作系统化育人运行机制创新研究	职业教育集团化办学政策背景	校企合作系统化育人	校企合作系统化育人运行机制	创新
提质培优视域下工学交替教学组织创新研究	提质培优现实背景	提质培优特指职业院校	工学交替教学组织	创新
基于现代职业教育高质量发展背景下智能建造教师教学创新团队教学质量评价体系构建	现代职业教育高质量发展时代背景	智能建造教师教学创新团队	教学质量评价体系	构建

范式 2：课题名称表述由"理论依据+研究对象+研究内容或研究目标"组成，如表 3-7 所示。

表 3-7

课题名称	理论依据	研究对象	研究内容、研究目标	
			研究内容	研究目标
基于 PDCA 循环理论的土建类高等职业院校教学质量保证体系建设研究	PDCA 循环理论	土建类高等职业院校	教学质量保证体系建设	略

续表

课题名称	理论依据	研究对象	研究内容、研究目标	
			研究内容	研究目标
多元智能理论下促进高等职业院校学生增值性发展研究	多元智能理论	高等职业院校学生	略	促进学生增值性发展

范式 3：课题名称表述由“研究范围+研究对象+研究内容”组成，如表 3-8 所示。

表 3-8

课题名称	研究范围	研究对象	研究内容
建设类职业教育集团运行机制创新研究	建设类职业教育集团	职业教育集团	职业教育集团运行机制
建设类高等职业院校人才培养模式研究	建设类高等职业院校	高等职业院校	高等职业院校人才培养模式
土建类高等职业教育实践教学研究	土建类高等职业教育	高等职业教育	高等职业教育实践教学
新时期高等职业院校考试改革探索	新时期	高等职业院校	高等职业院校考试改革
湖北省加快发展现代职业教育研究	湖北、现代	现代职业教育	加快发展现代职业教育
湖北省现代职业教育转型升级研究	湖北、现代	现代职业教育	转型升级
建设行业个人执业资格制度研究	建设行业	个人执业资格	个人执业资格制度

范式 4：课题名称表述由“研究对象+研究内容+研究方法”组成，如表 3-9 所示。

表 3-9

课题名称	研究对象	研究内容	研究方法
高等职业院校教学组织模式的实证研究	高等职业院校教学	高等职业院校教学组织模式	实证研究

范式 5：课题名称表述由“具体做法+研究内容+研究目的”组成，如表 3-10 所示。

表 3-10

课题名称	具体做法	研究内容	研究目的
构建职普融通发展体系服务地方高质量发展政策研究	构建职普融通发展体系	构建职普融通发展体系服务地方高质量发展	政策研究

教育科研课题名称表述既可以遵从一定“范式”，当然，也可以有“变式”的表述。无论是范式的应然表述，还是变式的实然表述，研究内容是不可缺失的，这是课题研究逻辑使然。

高校科研课题的评议系统

课题开题是研究工作的实质性开始，专家评议不是对研究计划价值的判断，而是对拟开展的研究计划提出指导性意见，对研究方案提出建议。专家评议意见可按开题过程概述、开题报告评述和指导性意见“三段式”结构来行文。

一、开题过程概述的基本要素

课题开题过程概述应包含的基本要素有：开题报告的信息，即课题名称及主持人、课题来源及批号、开题时间及地点、开题报告的主持人与专家团队及列席人员等信息；专家评审过程及总体意见和建议，即明确课题研究方案总体上是否可行，是否同意通过开题（结论性意见也可以置于最后）。

二、开题报告评述的语言组织方法

开题报告评述可以按总体评述和具体分述来组织语言。

第一，总体评述。聚焦开题报告的规范性来组织语言，例如，该课题切合时代背景，选题较好，具有重要价值；课题组成员结构合理，研究基础较好；研究前期准备较充分，通过查阅有关文献，基本上了解了课题所涉及的知识理论，参考文献数量符合要求；开题报告陈述的研究思路清晰，研究内容较为充实，研究方法较为合理，研究重点、预期目标较明确。

第二，具体分述。一般来说，专家评议具体分述可以但不限于从以下三个维度来评述。第一，课题研究的价值在于解决问题。评述时以课题开题问题意识强弱为逻辑来组织语言，例如，课程思政、美育教育、劳动教育、双创教育、教育评价、岗课赛证贯通等热点主题课题的评述，课题基于新时代高质量发展背景回应国家认知、国家意志，充分体现了教育政策导向，以独特视角为切入点，准确把握了当前教育热点和亟须解决的问题，具有较强的理论价值和现实意义。第二，课题有序研究的关键在于方案科学。评述时以开题报告研究方案科学与否为逻辑来组织语言，例如，课题研究方案整体设计可行，研究方法得当，技术路线清晰，团队结构合理、分工明确，研究经费分配符合规定，预期研究成果符合项目要求。第三，课题研究的基础在于理论支持，评述时以课题组的理论基础扎实与否为逻辑来组织语言，可以从课题内涵意蕴、价值诉求等基本问题，遵循“实然现态”“应然次态”“是什么”“为什么”“做什么”的逻辑路径，深入剖析所采用理论的要义，并在脉络梳理、逻辑追寻、经验借鉴的基础上，探讨和丰富理论，突破理论难题和实践困惑。

三、不同层级内容的指导性建议

课题研究要注意找准定位、把握关键、精准方法，如图 3-5 所示。

图 3-5

找准课题研究定位。找准定位是开展研究的基本前提，根据课题涵盖面，结合该课题领域历史上和现在的研究动态和国际趋势，界定课题研究口径，是大题大作还是大题小作、是小题小作还是小题大作，即针对研究问题，是全口径还是哪个场域（如某个区域、某个学校、某个学段、某个群体、某个专业、某门课程等的体系或机制方法）。

把准课题研究关键。课题研究需重点关注研究目标，研究目标可分为平行目标、层次目标和综合目标等。开展课题研究要置于新时代区别于以往时代的重要背景，结合社会发展和科技发展趋势，重点关注问题，基于改革导向和目标导向，将课题研究目标进行分解，通过高阶思维提出研究假设。

精准课题研究方法。对研究问题进行正向分析、逆向分析和化归分析，进一步理清和形成研究思路。聚焦关键问题，从成功典案、现实问题突破、发展趋势或理论中寻找切入点。根据课题类型的不同从不同角度选择适切的研究主法和辅法。调查研究法是通过研学平台、文献查阅、问卷调查、实地考察、通信访谈等方式对政府职能部门、行业协会、头部企业以及我国中部、东部、西部、东北地区不少于 8 所高等职业院校的实践与做法进行梳理与分析，厘清建构主义理论、利益相关理论与教学质量评价体系纵横指标的内在关联。归纳演绎法是基于建构主义理论和管理学 PDCA 理论，综合梳理国内外教学质量评价体系的成功经验，分类分级构建“点—线—面—体”递进的教学质量评价模型，依托信息化平台，建立规范有序的流程，形成螺旋递进的教学质量监控、预警、改进的闭环运行机制。行动研究法以湖北城市建设职业技术学院、浙江建设职业技术学院、番禺职业技术学院等院校为实证，遵循“理论—实践—理论”的研究思路，转化研究成果并应用于实际，在实际应用中加以验证，提炼形成典型案例。动态优化评价监控点，力求建立全方位、多元化的分类分级递进的教学质量评价体系，推进教学质量不断提高。

高校教师申报和获批各级各类课题的机会大幅增加，但挑战依然存在。发现问题的眼力和破解问题的能力，是高校教师从事课题研究的两项重要素养。前者的积蕴重在以问题为导向，养成思维的敏锐性和深刻性；后者的积蕴重在以合纵连横的格局，构建研究视野和研究平台。

课题研究一般分为五个步骤，第一步：选题可行性分析；第二步：研究方案形成与撰写；第三步：课题申报与立项；第四步：课题研究实施与管理；第五步：课题的结题鉴定与成果推广，如图 3-6 所示。

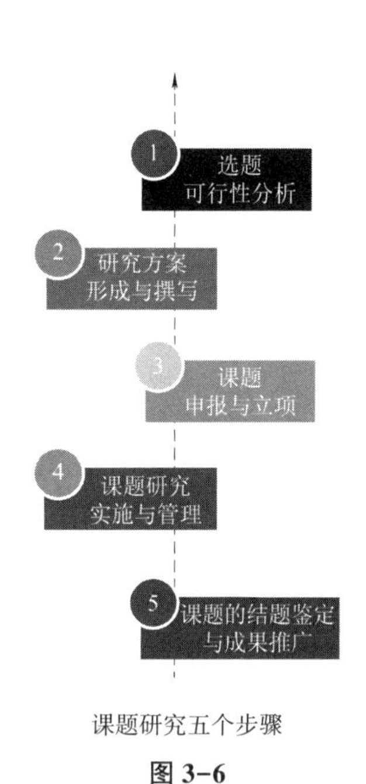

图 3-6

一、课题来源（问题即课题）

（一）从教育教学的问题及困惑中选题

教师在教学中会遇到各种具体问题，当这些问题成为困难时，就需要分析问题的主要表现与原因是什么。继而查阅资料、学习借鉴他人的经验，寻求解决问题的办法。这样的问题就可以成为课题。如少数学生不能独立完成作业，通过调查发现主要原因是没有掌握所学内容，解决的办法是提高学生的课堂学习效率，培养学习能力。由此，可以形成一个课题：促成学生独立完成作业的策略研究。

（二）在教研活动中发现课题

教研活动可以让我们更多地了解教育教学情况，让很多我们自身没有意识到的问题被激发出来，这样的问题也可以形成课题。

（三）在理论学习中反思出课题

我们在进行理论学习时，需要结合自己的工作实际进行有针对性的思考，对自己工作中的相关问题或经验进行反思，使有价值的问题在思考中逐渐清晰起来，形成课题。

（四）在与学生的谈话中找到课题

我们在和学生谈话时，可以观察学生的反应、言行，从而更好地发现学生在实际学习中存在的问题，这些问题很可能就是有研究价值的课题。

（五）在工作总结中形成课题

我们每学期都要总结自己的教学工作，对自己的教育教学经验进行分析及总结，进行系统化的梳理和理性分析，这有利于帮助我们发现自己的教学亮点、形成自己的教学特色。如果深入研究这些亮点的话，很可能是比较好的课题。

二、可行性分析

在选定一个课题后，我们需要对这个课题的各方面情况进行了解，主要应了解该课题目前在国外、国内的研究情况，包括该课题或类似课题的研究已取得的成果和存在的问题。研究一个课题需要了解如下几个问题。

（1）所要研究的问题是什么性质和类型？比如，以理论为主还是以实践为主等。

（2）要研究的问题具有什么现实意义？它的理论价值是什么（即在理论上预计有哪些突破）？

（3）要研究的问题目前已有哪些研究成果？研究的方向是什么？

（4）要研究的问题所应具备的条件分析。

（5）课题研究的策略和步骤是什么？

（6）课题研究的成果及其预期表现形式有哪些？

三、课题研究方案的形成与撰写

（一）什么是研究方案

研究方案是对课题研究的总体规划，是指如何进行课题研究的具体设想，是开始进行课题研究工作的思路、框架和蓝图。

（二）研究方案需要解决的 4 个问题

（1）为什么研究？

（2）研究什么？

（3）怎样研究？

（4）预期的成果如何？

四、课题研究方案的文本格式

课题研究方案的文本格式一般分为9个部分：①课题名称；②课题的提出；③研究目标；④研究内容；⑤研究对象与范围；⑥研究方法；⑦研究步骤；⑧研究的组织及保障：课题组成员分工、制度保障、经费保障等；⑨研究的预期成果及其形式。

下面对这9个部分逐一分析。

1. 课题名称

课题名称就是课题的名字。课题名称要准确、规范，要简洁，不能太长，一般不超过20个字。

2. 课题的提出（回答为什么研究这一课题）

（1）课题的由来或背景；

（2）对课题名称中的主要概念及其内涵进行界定和说明；

（3）简要分析目前国内外研究状况及与本课题研究的关系；

（4）介绍课题研究的价值：课题研究试图解决的问题及其理论意义和实践价值；

（5）课题研究的理论依据。

3. 研究目标（回答研究什么）

课题研究目标也就是课题最后要达到的具体目的，要解决哪些具体问题。相对于目的和指导思想而言，研究目标是比较具体的，不能笼统地讲，必须清楚地写出来。只有目标明确且具体，才能知道工作的具体方向是什么，才能知道研究的重点是什么，研究思路就不会被各种因素所干扰。

确定课题研究目标时，一方面要考虑课题本身的要求，另一方面要考虑课题组实际的工作条件与工作水平。

4. 研究内容（回答研究什么）

有了课题的研究目标，就要根据目标来确定这个课题具体要研究的内容，相对研究目标来说，研究内容要更具体、明确。应注意一个研究目标可能要通过几方面的研究内容来实现，他们不一定是一一对应的关系。

5. 研究对象与范围

课题研究涉及的人群对象、范围，涉及领域的对象、范围等。研究对象与范围必须与研究的课题相一致。

6. 研究方法（回答怎样研究）

课题研究的一般方法有文献法、经验总结法、行动研究法、案例研究法、观察法、调查法等。不同的课题，应根据本课题研究的目标和内容，选择和运用相应的研究方法。课题研究的不同阶段，也应该根据不同的研究内容选择相应的研究方法。

7. 研究步骤（回答怎样研究）

课题研究的步骤，也就是课题研究在时间和顺序上的安排。研究步骤要充分考虑研究目标的达成和研究内容的落实。每个步骤从什么时间开始，至什么时间结束，什么人做什么事，开展什么活动，达到什么要求，都要有明确具体的规定。研究步骤中各阶段的工作必须与研究的目标、内容、方法相配套。

8. 研究的组织及保障

这一部分主要包括课题组成员分工、制度保障、经费保障等。成员分工要明确，分工的内容要与研究的目标、内容、方法、步骤相一致。课题研究的目标、内容要落实到每个成员，各成员的工作什么时候完成要与研究步骤的安排相一致；各成员采用的研究方法要与课题研究方案中的研究方法相一致。应根据课题研究的需要，制定相关的研究制度（学习要求、研究要求、工作要求等）。

9. 研究的预期成果及其形式

课题研究的预期成果必须与本课题研究的问题相关，与研究的目标和内容相关，具有高度的相关性和针对性。从课题本身讲，最主要的研究成果形式是研究报告（结题报告）。其他研究成果包括专著、论文、调查报告、教案、案例、课件、光盘、教具、证书、学生作品、证书等。

五、课题的申报与立项流程

（一）课题的申报

申报国家、省、市、区（县）级科研课题，由个人（或课题组）提出申请并填写相应的申请书，经学校审定，报上一级教研部门审批。

（二）课题的立项

1. 搜集研究资料

（1）支持本课题的有关理论依据；

（2）与本课题相关的已有成果；

（3）思考仍然存在的未解决的相关问题；

（4）从学校实际寻找资料：优秀教师的经验、失败的教训，从具体案例中分析。

2. 填写申报表

选定课题后，研究者需要向教育科研管理部门提出“教育科研课题申报表”。

六、开展课题研究

研究课题开题，也称课题设计和论证。主要内容为开题报告，开题报告主要包括以下几项内容。

（1）课题名称；

（2）课题的提出（研究的目的、意义）；

（3）课题研究的理论依据；

（4）课题主要的研究内容、方法；

（5）研究工作的步骤；

（6）课题参加人员的组成和专长；

（7）现有基础；

（8）经费估算。

其中，第（1）、（2）、（4）、（5）项内容在研究方案中已有，不再详细解释，下面主要解释剩余的几项：课题研究的理论依据；课题参加人员的组成和专长；现有基础。

（1）课题研究的理论依据。课题研究必须有一些基本的理论依据来保证研究的科学性。例如，我们要进行活动课实验研究，就必须以课程理论、学习心理理论、教育心理学理论为研究试验的理论依据；进行教学模式创新实验，就必须以教学理论、教育实验理论等为理论依据。

（2）课题参加人员的组成和专长。这项内容主要看参加人员的整体素质与水平，尤其是课题负责人的水平。如果参加人员和负责人既没有理论知识又没有实践经验，这个课题无法很好地完成，也就无法批准立项。

（3）现有基础。这项内容主要是人员基础和物质基础。很多课题对人员和设备方面的要求是比较高的，如果没有基本的研究条件，这个课题同样不能立项。

七、课题的实施与管理

课题的实施与管理主要包括以下几项内容。

（1）明确研究任务并进行分工，修订课题研究方案和研究计划；

（2）邀请专家指导；

（3）加强课题组成员的培训；

（4）举行课题研讨活动；

（5）组织阶段性评估；

（6）做好课题研究资料的收集与整理。

八、课题结题构成要素

聘请专家进行课题的结题鉴定，向上级主管部门申报成果评奖与成果推广。

（一）结题报告的类型及主要结构

结题报告是一种专门用于科研课题结题验收、鉴定的实用性报告类文体，它是研究者在课题研究结束后对课题研究过程和研究成果进行的客观、全面、实事求是的描述，是课题研究所有材料中最主要的材料，也是课题结题验收、鉴定的主要依据。

一份规范的研究课题结题报告，其基本结构大致包括以下 8 个部分。①课题的提出；②课题研究的目标；③课题研究的内容；④课题研究的方法；⑤课题研究的主要过程；

⑥课题研究成果；⑦课题研究存在的主要问题及今后的设想；⑧参考文献。结题报告的第1到第4部分内容与课题研究方案中的相关内容基本相同。

实验性研究课题结题报告的结构，基本上与应用性研究课题结题报告相同，它们之间的差别在3个地方：第一，研究报告中的第2部分“课题研究目标”，在实验报告中应改为“实验假设”；第二，研究报告中的第6部分“课题研究成果”，在实验报告中应改为“实验结果与分析”；第三，研究报告中其他部分的标题中的“课题研究”，应改为“课题实验”。

（二）结题报告各部分的基本要求

1. 课题的提出

这一部分内容的陈述，要求用两三段简洁的文字讲清选择这项课题进行研究的原因、理由，研究的意义和价值及研究的理论依据，回答好“为什么要选择这项课题来研究”这个问题，问题的由来和背景应该是明确、具体的。课题研究理论依据的陈述也要具体，要围绕课题研究的需要，有针对性地列出课题研究所依据的若干个具体的理论观点或若干项具体政策。所依据的理论要具有科学性和先进性，所选择的政策要具有时代性。

2. 课题研究的目标

课题研究的目标体现的是本课题研究的方向，是本课题研究所要达到的最终目的。在实验性的课题中，它体现的是“实验假设”，实验假设其实也是实验将要达到的目标。这一部分的陈述只需用一二百字说明问题。要注意结题报告结构的内在联系。也就是说，本课题所确定的研究目标，最终必须落实到研究成果中去。一个课题的研究合不合格，能不能通过验收、鉴定，就看在研究成果中，所取得的成果是不是达到了预期的研究目标。在陈述所取得的研究成果时，一定不能忽略研究目标与研究成果之间的内在联系，否则，会令人感到这个课题研究并不成功。

3. 课题研究的主要内容

课题研究的主要内容的表述应当与研究目标相一致，简明扼要，准确具体。在陈述课题研究的主要内容时，可以将子课题表述成研究的内容。必须注意的是，课题研究的主要内容与课题研究成果同样有着密切的内在联系，课题研究的主要内容的研究结果必须在研究成果中予以体现。

4. 课题研究的方法

课题研究的方法，指的是该项课题在研究时所采用的教育科研方法。一项课题的研究，往往要采用多种科研方法，比如，采用实验法的同时也可能采用经验总结法、案例研究法、问卷法、调查法、统计法、分析法等。这部分的陈述，一般列出采用的科研方法后稍加说明就可以了，花费的笔墨不必很多。研究方法应该和研究的目标、研究的内容相匹配。

5. 课题研究的主要过程

课题研究的主要过程，其实是课题方案中预设的“研究步骤”的实现，是研究工作的主体，需要花费较多的笔墨来陈述。这部分内容要具体陈述是采取哪些措施、策略，或基本的做法来开展研究的，要做到条理清楚、内容具体、重点突出。通过对课题研究过程的回顾、梳理、归纳、提炼，运用文字清晰地再现研究的过程和情形，给人以鲜明、真实的感觉。

撰写“课题研究的主要过程”这部分内容时，应注意不要用总结式的语调来撰写，不要将这部分内容写成经验总结或研究体会。

6. 课题研究成果

“课题研究成果”是整篇结题报告中最为重要的部分。一个结题报告写得好不好，是否能全面、准确地反映课题研究的基本情况，能否通过验收、鉴定，使课题研究成果具有推广价值和借鉴价值，就看这部分的具体内容写得如何。研究成果要进行梳理、归纳成几点，并进行详细阐述。具体阐述当初课题提出的问题经过研究得出了什么结论，研究目标的达成，研究内容的落实。一般来说，这部分的文字内容所占的篇幅，要占整篇结题报告的一半左右。

“课题研究成果”这个部分内容的表述一定要全面，结题报告的研究成果，应当包括理论成果和实践成果两个部分。理论成果就是我们通过研究归纳出的新观点、新认识，或者新的策略、新的模式、新的方法等。实践成果主要是公开课、观摩课，发表的论文，发表的文章，学生获得的奖项，或者是学生的学习成绩和学习能力得到了哪些提高等。理论成果和实践成果可以分开写，也可以糅合起来写。

7. 课题研究存在的主要问题及今后的设想

这个部分内容的陈述要求比较简单，但要求所找的主要问题要准确、中肯。今后的设想，主要是陈述准备如何开展后续研究，或者如何开展推广性研究等。

（三）结题需要提供的材料

（1）课题申请书和课题立项批文；

（2）课题实施方案、各阶段的研究工作计划和研究工作总结；

（3）阶段性成果（如调查报告、实验报告、论文论著、音像资料、典型课例、案例等）；

（4）研究过程有关材料及附件（如观察记录、调查方案、调查问卷、调查结果、实验方案、实验记录、实验结果、行动研究方案、行动研究观察记录、行动研究反思总结、研究工作记录、活动总结、照片、获奖证书、课题研究管理制度、实验教师培训制度等）；

（5）课题研究工作报告（主要是课题工作总结，包括①对课题研究的认识；②领导与管理措施；③作用与成效；④经验与体会；⑤问题与努力方向）；

（6）课题研究报告；

（7）填写《教科研课题成果鉴定书》，一式三份。

（四）成果的推广与转化

①组织成果评奖活动；②召开成果推介会；③发表研究成果；④也可以直接应用、作后续研究等。

产教融合服务组织的建设路径探究

从 2014 年至今，产教融合的中国理念随着国家诸多政策的出台渐渐明晰。国家陆续发布的《关于推动现代职业教育高质量发展的意见》等政策文件都持续明确，实施产教融合是实现新时代高等职业院校高质量人才改革目标的重要路径。

政府、企业、行业、院校、教师、学生等多元主体的中国特色的职业教育产教融合组织格局如图 3-7 所示，构建这一格局需要系统化梳理产教融合过程中各主体间的功能定位以及有效方法路径和实施标准，规范形成在积极培育市场化导向、对接产研性供需、精准服务化功能、规范标准化运作等方面的产教融合服务体系。

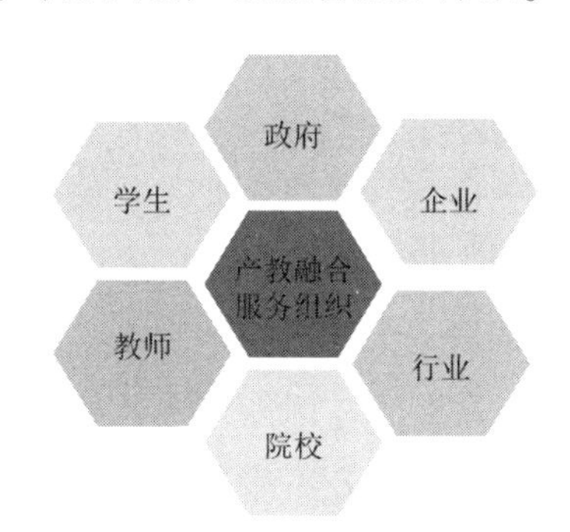

多元主体的中国特色的职业教育产教融合组织格局

图 3-7

“产教融合服务组织”是完善产教融合服务体系的有效载体。其功能定位为：聚焦职业教育现代化发展新需求，为多元主体提供系统化、立体化的方法研究、项目咨询、评价标准、考培运行、信用测评、推广宣传等规范化、持续化、项目化的专业服务。

科学推进产教融合服务组织的建设，加快多元主体各方实现产教融合标准化进程，继而实现新时代职业教育高质量发展。我国产教融合理论和实践丰富多彩，创造并形成了中国特色理念和多元主体的职业教育组织格局，但总体上来讲，产教融合的成效还有较大的提高空间。国家发布《关于深化产教融合的若干意见》《关于推动现代职业教育高质量发展的意见》，均强调培育产教融合服务组织。这是基于产教融合校企合作组织体系的发展演进而提出的，其意义在于：发挥市场在资源配置中的决定性作用，引导专业化社会服务组织提供规范化、持续化、项目化的产教融合专业服务，最大化推进产教协同育人。按政府推动、市场引导、多元主体（包括企业、院校、研究院所、学会或协会社会团体组织、政府部门等主体或联合体）模式来建设产教融合服务组织，系统化梳理产教融合各主体的职能定位，建立规范化的运行机制、产教融合方法和指导路径，产教融合“数据大脑”建设等战略、战术和信息技术服务以及相关增值服务，实现新时代职业教育高质量发展的强有力服务支撑。系统化梳理产教融合各主体的职能定位，建议纳入政府职业教育体系制度建设内容，纳入政府规划统筹。各级政府要统筹职业教育和人力资源开发的规模、结构和层次，将产教融合列入经济社会发展规划。

以政府、企业、行业、院校、教师、学生等多元主体的中国特色的职业教育组织格局，从理论和实践维度给予引领，在发挥主体作用上给予鼓励和约束。

（1）政府：对于优先进行校企融合改革的优秀典型主体学校、企业等，进行区域统筹管理，划拨教育资源，在此先进案例的政策和经济上倾斜，协同推进产教深度融合。各级政府要统筹职业教育和人力资源开发的规模、结构和层次，将产教融合列入经济社会发展规划。以城市为节点、行业为支点、企业为重点，建设一批产教融合试点城市，打造一批引领产教融合的标杆行业，培育一批行业领先的产教融合型企业。积极培育市场导向、供需匹配、服务精准、运作规范的产教融合服务组织。分级分类编制发布产业结构动态调整报告、行业人才就业状况和需求预测报告。

（2）企业：在当地政府和市场的监管体制下，以产教融合深化指标为经济考核点，作为企业评级和社会信誉等级的增项内容，提高企业主动参与产研深度合作成果的动力。其职责可以概括为两个方面，一方面，提供智力服务，紧贴新政策、新科技、新业态、新目标，做好产教融合校企合作微观层设计，引导校企完善机制，建立规范化的运行制度，精准制定项目清单，打造优质平台，优化人才赋能体系，夯实校企合作基础，以诊改思维推进持续运转和质量提升；另一方面，提供技术服务，一是提供产教融合校企合作方法、路径等微观层面的具体服务，二是提供信息化技术服务，开发建设产教融合信息服务平台，发布人才供需、项目研发、技术服务等各类供求信息和相关增值服务。

（3）院校：职业教育是跨界的教育，我国的职业教育实践证明了以学校思维来办职业教育，只会渐行渐远于社会。要跳出教育看教育、走进企业思教育、联动校企办教育、引入他方诊教育，建立机制，整合跨界的不同性质的资源形成异质结构共同体，发挥结构优势，激发办学活力，显著提高教育质量。尊重教育规律和经济规律，发挥市场配置资源的决定性作用和政府统筹推动作用，推进产教融合、校企合作，形成校企共同体对发展职业教育质量、提高教学质量具有重大影响。

多措并举为有组织科研提质增效

在2022年教育部印发的《关于加强高校有组织科研推动高水平自立自强的若干意见》中，针对有组织科研工作的内容和要求，梳理了以下三个方面的举措，以形成效力全面推进科研工作的高质量运行。

一、优化制度环境，完善机制，激发活力

立德树人是学校的根本任务，湖北城市建设职业技术学院坚持“科研和社会服务反哺教育教学改革”理念，服务人的全面发展和经济社会发展。先后出台《学术委员会章程》《学术不端行为处理办法》《科研与社会服务绩效考核办法》《科研项目经费资助和管理办法》《横向项目管理办法》《教学和科研项目评审专家库管理办法》《学术讲座管理办法》《高层次高水平人才专项科研经费使用办法》《工作室管理办法》等文件，形成制度体系，为科研工作保驾护航。同时不断优化资源配置，加大科研信息化管理力度，有组织地推进科研工作，湖北城市建设职业技术学院科研处（职业教育研究所）也被评为全国科研管理先进单位。

二、专造学术氛围，赋能提质，合成动力

正向合成研究的力量、学习的力量和载体的力量形成动力，转化为提质培优的动能。如图3-8所示强化工作课题化理念，结合年度党政工作要点，每年发布指令性课题有效实践。

“放大”研究的力量。招标课题，将具体工作和研究有机融合，推进自我学习、理性思考、系统谋划，在实际工作中，析出经验、析出模式、析出规律、析出理论，使工作更加系统化、规范化、高效化，实现常规工作创新做、提质量，挑战性工作探索做、求突破。

“放大”学习的力量。自2006年起，每年定期对相关政策、文献和院校的典型做法进行收集整理，汇编《高职教育学习读本》，组织学习新实践、新观点、新理论、新思想；强化“培训就是福利”意识，将书学、网学、实学、师学与研学、研修、研训有机结合，开展形式多样的学术交流活动。

“放大”载体的力量。2010年，结合学校学术科研和文化建设，创设了藏龙岛·中国大学创新讲堂，邀请两院院士、国务院或省政府参事和专家、道德模范、境内外知名学

者、行业精英等来校讲座118场，拓展师生视野；2019年，开设了职业教育研究微信公众号“湖北建院王佑华笔名珂历王”，发表原创微文章200余篇，被《中国高职高专网》《中国建设报》等30余家媒体转载。

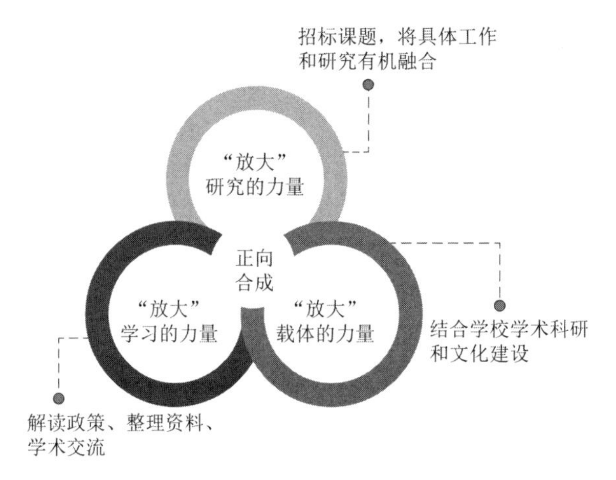

图3-8

三、组建研究团队，重点突破，挖掘潜力

湖北城市建设职业技术学院以开放思维，联合湖北建设职业教育集团研究院所、企业，“摸家底、建平台、搭班子、建团队”，建设协同创新中心。分类分层组建国家级、省部级、厅级教育科研、技术研发和教学创新团队10+X个，形成层级递进、研究方向覆盖学校“五项”职能（人才培养、技术研发、社会服务、文化传承、国际交流）的研究网络。聚焦时代脉搏，组织职业教育主题课题研究，形成特色研究方向，服务学校改革创新和政府决策咨询。湖北城市建设职业技术学院先后承担湖北省重大调研课题基金项目、湖北省教育改革专项项目、湖北省教育科学规划课题、高等学校教改项目、国家级职业教育教学创新团队专项研究课题等项目的研究。服务行业、服务企业，特别聚焦行业发展动态，开展产业研究、标准研制和技术研发，建言献教育厅科技项目以及横向项目是中小微型企业的转型升级。此外，湖北城市建设职业技术学院还先后承担湖北省住建部、湖北省建设厅等研究。

建设行业个人执业资格制度现状剖析

执业资格制度是现代社会制度下对专业技术人才实施有效管理的方法和评价手段。建设行业执业资格制度作为重要专业技术岗位实行的准入管理制度，为促使专业技术人员执业水平提高，推动行业稳步发展提供了制度上的保证。

建设行业执业资格制度自 20 世纪 80 年代末开始建立，1993 年国家正式提出建立执业资格制度以后，建设行业执业资格制度的建立工作进入了较快发展的时期，至今已有 30 年，如图 3-9 所示。此间，经历了专业的更新和增减，信息化管理日渐普及。截至目前，建设行业执业资格制度已覆盖了注册建筑师、注册建造师、勘察设计工程师、房地产估价师、监理工程师、造价工程师等多种类别，形成了建设行业执业资格制度全框架体系运行机制。

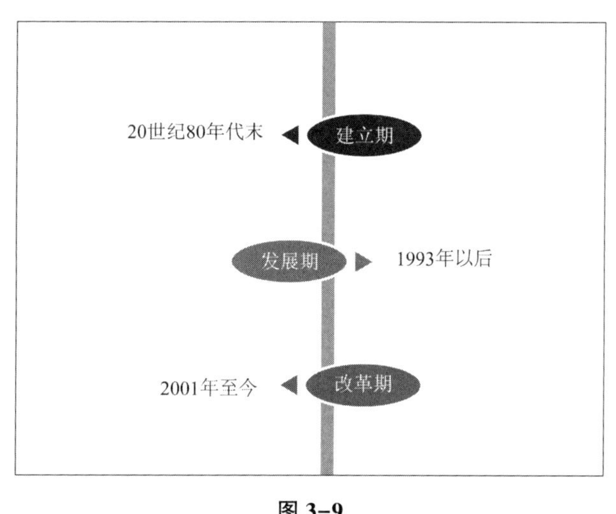

图 3-9

执业资格制度虽然是国际上对专业技术人员进行管理，实行市场准入的通行做法，但不同的国家和地区由于各自的实际情况不同，在具体做法上也不尽相同。参照国际上的成熟做法，我国建设行业执业资格制度目前由考试制度、注册制度、继续教育制度、教育评估制度、社会信用制度五项基本制度组成。

随着执业资格制度在全国范围内普遍推行，一方面促进了建设行业市场的规范化管理，随着一系列国家法律法规、地方管理条例、专项执业资格管理办法等各层级制度文件的出台，各地行政管理部门在实施制度管理的进程中，逐渐使建设行业朝着执法严谨、管理科学有效的方面发展。但另一方面，各类问题也日渐凸显，具体有以下4点。

（1）在运行机制上，建设行业执业资格制度由国家人事考试机构与建设行政主管部门共同组织全国统一考试，考试审查和注册审核归属不同，且信息化数据平台未实现5项基本制度管理过程的数据共享和对接，各类执业资格的教育评估及注册认证管理过程中的数据信息化管理相对独立不互通，供需端的关键点未能有效堵截，各类数据未有效使用和高效抓取，致使投入大量人力物力，乱挂证管理现象仍未能彻底清查。

（2）多部门管理执业资格认证，多渠道、多机构共同认证的现象普遍存在，不同部门颁发的证书也未纳入统一管理，如建设部和水利部颁发的证书可以分别注册在两个单位等，其管理模式不尽相同，未统一以法律规定其归属。

（3）各地区建设行政主管部门或其委托的执业资格注册中心、学会、协会负责执业资格注册，而继续教育的过程管理交由继续教育培训机构，其师资、硬件条件、课程设置、资源库建设、监督体系等未有系统和明确的要求，导致一些培训机构鱼目混珠、良莠不齐，虚假学习经历也难以核实，执业资格后续技术管理水平无法考量。

（4）我国建设行业实行企业资质管理和个人执业资格管理制度并行的管理模式，与国外的个人信用体系和个人执业制度有所不同，导致社会信用管理从制度到实际落实都存在系统性管理缺失，统一、规范管理瓶颈有待提升。

以上各类问题的逐渐显现，使建设行业目前的个人执业资格制度建设改革势在必行。

在改革进程中，一方面，建设行业个人执业资格制度以点带面，研究团队率先从研究湖北省区域建设行业执业资格制度建设为切入点，系统化地从研究和探索制度建设中的信息化平台搭建运营，继续教育平台运行机制建设，个人考评体系及信用体系的创新等方面进行实践性研究，有利于促进湖北省区域建设行业的执业制度有序高效运行。另一方面，建设行业个人执业资格制度作为湖北省优先推进的执业资格制度建设研究典型案例，为其他地区提供基本思路和做法，并使研究成果在其他省份能大力推行，具有一定的推广、运用价值。

从目前我国建设行业个人执业资格制度建立的背景及问题导入、管理历程和制度建设的本质特征着手，通过科学筛选调研数据以及问题内容，深入研究和分析我国建设行业个人执业资格制度发展成就，包括制度改革演化、与经济社会的关系等任务，对现状、存在的不足（制度优化、信息化程度提高、继续教育考评、信用体系建设、国际互认制度推进等）进行深度剖析，提出完善湖北省建设执业资格管理制度的有效办法和具体举措，站在前瞻性视角，使项目研究内容和对策具有可行性、科学性、普适性。

（1）完善个人执业资格制度，优化建设领域个人执业资格信息化管理水平。

（2）依托协同平台，提升数据对接和高效获取能力，减少建设行业执业资格风险。

（3）提升执业管理效能，有序发展个人执业事务所，推动个人执业信用体系建立。

针对研究内容和研究目标，首先，研究团队收集阅读了国内外大量的执业资格管理的政策法规文献资料，包括各种法律法规、管理办法、考察报告、重要的行业新闻、通知公告及行业部门领导讲话，全面了解和掌握国内外建设领域执业资格制度的最新发展动向，以求对国内外建设行业执业资格管理制度进行全面的梳理。

其次，在全面把握国内外建设行业执业资格管理现状之后，研究团队深入分析各个国家地区、各个专业执业资格管理的模式和管理方法，并进行纵横向对比，寻找湖北省执业资格管理的不足之处，通过类比与借鉴，充分吸取同行业先进的管理模式和方法，结合湖北省执业资格管理制度现状，提出完善的执业资格管理方法和建议。

最后，研究团队重点分析了湖北省今后执业资格管理改革的举措建议，以期建立和完善一套适合湖北省省情，与湖北省社会经济发展相匹配的执业资格管理制度，促进执业资格制度的健康发展，从而有效带动整个建筑业的发展。

同时，课题研究团队通过成立课题专项组，落实具体分工，以实地调研、问卷调查、对比分析、座谈等方式，实地调研省内市县住建部门以及省外住建部门，通过问卷调研、电话咨询等方式，调研数量近 200 人次，重点分析高质量发展背景下湖北省及国内执业资格制度现状、存在的问题，省外及国外可供借鉴的经验以及有关的制度改革、对策建议等，拟定课题框架，细化研究内容。

此外，研究团队紧紧围绕“湖北省及国内执业资格制度现状、存在的问题”这一主题，在大量研究国内外相关文献的基础上，深入分析如何解决湖北省及国内执业资格制度存在的问题，并结合近几年的统计数据进行实证分析，最后提出科学有效解决建设行业个人执业资格制度中存在的问题的方法。

实践探讨我国建设行业个人执业资格制度的建立历程，执业资格制度是市场经济环境下国家对专业技术人员管理的通行做法，1993 年党的十四届五中全会《中共中央关于建立社会主义市场经济体制若干问题的决定》正式提出要建立我国的职业资格证书制度。国家将专业技术人员职业资格分为从业资格和执业资格两类。

职业资格是对从事某一职业所必备的学识、技术和能力的基本要求，包括从业资格和执业资格。从业资格是从事某一专业（工种）的学识、技术和能力的起点标准。执业资格实行注册登记制度，它通过考试取得，考试由国家定期举行，实行全国统一大纲、统一命题、统一组织、统一时间。

各行各业都有各自的执业资格证书，在我国已建立的各行业执业资格制度中，建设行业进展最快，通过近几十年的发展，已建立了注册建筑师、注册建造师、勘察设计工程师、房地产估价师、监理工程师、造价工程师等多种执业资格制度。

一、建设行业执业资格制度建立的基本情况

建设行业执业资格制度自 20 世纪 80 年代末开始建立。当时，随着改革开放步伐的加快，为规范市场秩序，保证工程质量，同时也为了推动我国建设行业面向国际市场和引进外资项目，建设部决定按照国际惯例在建筑设计、工程监理等领域建立注册建筑师和监理工程师执业资格制度，并多次进行了出国考察及调研论证。1992 年年底以前，建设部以部

令的形式颁发了《监理工程师资格考试和注册试行办法》，正式启动监理工程师的准入制度工作；同期，注册建筑师的筹备工作已基本完成，房地产估价师筹备工作也于1992年开始启动。1993年，国家正式提出建立职业资格制度后，各省、自治区的建设行业执业资格制度建立工作进入了较快的发展时期。经过二十几年的发展，建设行业执业资格制度框架体系已基本建立。

二、建立建设行业执业资格制度的作用

建设行业实行执业资格制度以来，对推进我国建设行业发展，促进行业管理体制改革，规范市场秩序均起到了积极的、重要的作用。具体体现在以下几个方面。

（1）执业资格制度是深化人事制度改革、提高专业技术人员队伍素质的重要手段。

（2）执业资格制度是市场经济体制下建设行业发展和管理体制改革的客观要求，集中体现了市场经济公平、竞争、法治的原则。市场经济体制的建立，要求建设行业从现有的企业资质管理为主逐步过渡到以个人执业资格管理为主的轨道上。在注册建筑师、注册结构工程师、监理工程师、房地产估价师等执业资格制度建立以后，逐步推行了单位资质管理与个人执业资格管理相结合的市场准入管理机制，促进了行业管理体制的改革，规范了市场秩序。

（3）执业资格制度是建设行业参与国际竞争的迫切需要，为专业技术人员走向国际市场创造了条件。执业资格制度是国际上经济发达的国家对专业技术人员依法进行管理的通行做法。我国建设行业要参与国际竞争，特别是我国加入WTO以后，迫切需要建立和完善符合国际通行做法的专业技术人员执业资格制度。目前，我们的注册建筑师、注册结构工程师、房地产估价师等专业分别与美国、英国开展了试点互认工作，在国际上得到了广泛的认可。

（4）促进了高等学校本科专业教学质量的提高。专业教育评估作为执业资格制度的重要组成部分，有力地推动了高校的专业建设，促进了办学水平和人才培养质量的提高。目前，我国已有近40所大学通过了建筑学、土木工程、城市规划、工程管理、建筑环境与设备工程等专业的教育评估。

三、建设行业执业资格制度的基本内容、法规体系和管理模式

（一）基本内容

执业资格制度虽然是国际上对专业技术人员进行管理，实行市场准入的通行做法，但不同的国家和地区根据各自的实际情况，在具体做法上不尽相同。参照国际上的成熟做法，我国建设行业执业资格制度主要由考试制度、注册制度、继续教育制度、教育评估制度、社会信用制度五项基本制度组成。

考试是取得建设行业执业资格的主要方式。满足一定学历和实践要求的人员可报名参加全国统一组织的执业资格考试，考试合格者取得执业资格证书。在各执业资格考试实施

之前，一般通过特许和考核认定的办法使少数具有一定资历和较高技术水平的专业技术人员取得执业资格。

注册执业是建设行业资格制度的中心内容。已经取得执业资格的人员，符合注册执业条件的可向注册机关申请注册执业。注册有效期一般为 2～3 年，经批准注册的人员由注册机关颁发相应的注册证书，被允许以相应的名义执业，并享有相应的权利和义务。建设行业执业资格制度始终把注册执业作为建立执业资格制度的根本目的。在各专业执业资格考试工作基本走上正轨后，均把工作重点放在注册执业管理上，只有注册管理到位了，才能真正起到规范职业秩序的目的。

继续教育制度是建设行业执业资格制度的重要组成部分，执业人员接受继续教育的情况是其能否继续注册执业的重要依据，对于不断提高执业人员的专业技术水平具有重要意义。

教育评估制度作为执业资格制度的重要组成部分，是国际上的成功经验。建设行业执业资格制度实施教育评估以来，有效地促进了高等学校土建类本科专业教学质量的提高，较好地实现了高校培养人才和社会使用人才之间的相互衔接和相互促进。

（二）法规体系

建设行业执业资格制度作为市场经济体制下专业技术人员的市场准入制度，必须建立完善的法规体系，做到有法可依、依法管理。目前，在建设行业专业技术人员中实行执业资格制度这一原则已经写入建设行业各种法律法规。根据形式的不同，建设行业执业资格制度的法规体系大致可划分为三类。第一类是基础性、综合性的法律法规。《建筑法》第 14 条规定：从事建筑活动的专业技术人员，应当依法取得相应的执业资格证书，并在执业资格证书许可的范围内从事建筑活动。《城市房地产管理法》《工程质量管理条例》《勘察设计管理条例》等法律法规中均对执业资格制度作出了相关的规定。这些法律法规是建设行业执业资格制度的建立依据和立法基础。第二类是针对建设行业执业资格制度制定的专门法规。1995 年，国务院颁布了《中华人民共和国注册建筑师条例》，这是迄今为止建设行业执业资格制度法规体系中具有最高法律效力的专门法规。此外，还有建设部颁布的《中华人民共和国注册建筑师条例实施细则》《监理工程师资格考试和注册试行办法》《房地产估价师注册管理办法》和《造价工程师注册管理办法》等。第三类是目前在建设行业执业资格制度实施管理中起重要作用的，由人事部、建设部联合印发的关于实行执业资格制度的暂行规定以及建设部印发的有关考试、注册管理等规范性文件。这些规范性文件是执业资格制度日常管理工作的依据，也是今后进一步加强建设和执业资格制度立法工作的基础。

（三）管理模式

建设行业执业资格制度在运行机制上由国家人事考试机构与建设行政主管部门共同组织全国统一考试。建设行政主管部门或其委托的执业资格注册中心、学会、协会负责执业资格注册、继续教育、社会信用管理等工作。

作为一种市场准入制度，目前，建设行业各种执业资格制度都是政府强制性的，即只有取得执业资格并经过注册的专业技术人员才被允许以相应的名义执业，享有相关的权利和义务，并承担相应的法律责任。在我国社会主义市场经济体制尚不完善的情况下，这种强制性是必需的，在实际工作中也取得了较好的效果。

四、我国建设行业个人执业资格制度的本质特征

推行执业资格制度是我国专业技术人员管理模式转变的重要内容之一，它以强制性和灵活性有机结合为基础，强化国家对专业技术人员的规范管理与培养，同时满足市场经济主导下由市场机制发挥主要作用的策略。

推行执业资格制度是基于有效开发、利用我国现有专业人才资源的考虑，同时也有利于人才培养，为经济和科技发展所需的人才储备提供保障。执业资格制度还为社会活动社会管理与发展提供了法律准绳，是实现社会正常运作和推动社会发展的科学方法。因此，研究执业资格制度的本质特征可从法律及社会管理学的角度去探究其管理科学意义。

1. 法律角度管理科学意义

执业是指从事某一行业的工作，其实质是一种行政许可，资格则是执业的条件或是用以许可的手段。执业资格制度的核心就是以资格作为判断是否许可执业的手段。通常，这也用于区别执业资格和从业资格。从法律层面讲，从业资格是指从事某一专业（工种）学识、技术和能力的起点标准，是对从业人的一般性要求，不涉及公民权利及利益分配的许可问题，即无论你掌握何种技能，只要有人雇佣你从事有偿劳动，就可以称为从业资格。执业资格则是政府对某些责任重大、社会通用性强、关系到公众利益的专业（工种）实行准入控制，是依法独立开业或从事某一特定专业（工种）学识、技术和能力的必备标准。执业资格制度是为了保证只有具有资格并获得执业许可的人才能从事特定的职业，并使这种保证得到有效执行的一套完整制度，也就是为使以资格为核心手段的执业许可能有效发挥作用而建立的相关法律法规、机构、行政程序等制度总体。它主要是通过对人的控制来强化对事的管理。执业资格制度的实质是对公民从事某种职业权利的一种限制。它在限制大多数人权利的基础上赋予少部分人特权。通过国家的强制力量来对大多数人的权利实行限制的合法性在于这种限制是符合社会普遍利益的，是以其后果为衡量标准的一种合理限制。

2. 社会管理学角度管理科学意义

社会和国民经济的发展要求国家建立和不断完善与之相适应的各种管理制度，以使生产关系适应生产力的发展。当前，人力资源已经脱离了原来在生产要素体系中的从属地位，特别是专业技术人员已经成为未来国家竞争中决定胜负的关键因素。因此，如何建立完善的专业技术人才管理制度、充分开发人才资源就顺理成章地成为国家管理中需要重点考虑的问题。特别是对我国，在经济快速发展、建设工程大量开展的阶段，如何改变以前低效的专业人才管理制度，在信息化越来越普及的时代，建立适应现代社会要求的新制度

已经成为当务之急。因此，从社会管理学角度来讲，执业资格制度是政府对专业技术人员管理与分配的一种方式。

执业资格制度既强调强制性，又保持灵活性，两者有机结合，既可以强化国家对专业技术人员的规范管理，又能够满足市场经济下市场机制发挥主要作用的要求。推行执业资格制度不但可以有效地开发、利用我国现有的专业人才资源，同时也有利于人才培养，为经济和科技发展所需的人才储备提供保障。

现代执业资格制度以其时代特征、鲜明优点及承担的任务成为引人注目的角色。它是一种适应现代社会经济发展的国家行政管理制度，特别对专业技术人才来说，是一种有效的管理方法。西方发达国家推行执业资格制度的实践经验已经表明，执业资格制度有其巨大的积极作用。

执业资格是伴随着市场经济应运而生的一种人才评价手段，它是政府为规范职业秩序，对事关公共利益、技术性强，甚至具有危险性的专业实行的人员准入资格控制，是从事某种专业的必备条件。执业资格依据相应的法律、法规认证，建立执业资格制度的出发点和范围应以政府加强宏观管理和维护职业秩序，保障公共利益的目标为原则，对从事该执业资格，且有相关法律法规要求的专业人员，其行业准入需建立强制性原则。

建筑行业执业资格改革进程的问题导向及必要性

执业资格注册管理工作需要不断深化完善，随着建设部、各省建设执业资格注册中心的成立及各类多方办法的出台，信息化技术平台的运用实施，执业资格工作逐步进入规范阶段。《中华人民共和国注册建筑师条例》的出台，标志着我国建设执业资格制度管理已进入了深化阶段，具有了法律保证。其中，建设行业执业资格制度的法规体系大致可划分为基础性、综合性的法律法规，各类专业执业资格制度制定的专门法规以及有关考试、注册、管理等规范性文件三大类。同时，不同阶段执业资格管理的资格考试、资格注册及继续教育等方面的工作也存在一定的问题。

一、建设行业职业资格制度存在的问题

（1）重发证、轻监管等问题依然没有解决好。

可以说，目前这一问题仍比较严重。实际工作中，企业单位对执业资格证书越来越重视，执业资格证书作用的扩大必然导致监管难度加大。在一些项目的实施中，主管单位提出的门槛与实际需要不相称，唯证书第一，有无证书成为判断工作能力水平的唯一标准，执业证书因此成为生产单位中最重要的资本，这就导致执业人员疲于考试、执业能力不高等不良现象。

（2）挂靠现象泛滥。

目前，我国建设行业实行企业资质管理和个人执业资格管理制度并行的管理模式，证书数量作为确定企业资质的重要因素的现状还未明显改变，这也是导致人证分离的根本原因。同时我国很多地区社保还未全国联网，不同部门颁发的证书也未纳入统一管理，如建设部和水利部颁发的证书可以分别注册在两个单位，这为证书挂靠创造了条件。此外，很多工程单位的个人注册证书和印章被单位集中强行保管，使用时也不征得执业师本人的同意。同时，个人执业范围也受到所在企业资质的限制，这在一定程度上来说是对人才的浪费。

一些资质较低的施工单位或个人，为了承揽工程，以缴纳管理费的方式，“挂靠”到有合法资质的企业，参与工程投标，甚至围标、串标，由此产生一系列的工程腐败问题。“挂靠”已经成为工程建设领域的一个毒瘤，危害极大，必须引起重视，并采取有效措施加以防范。

目前，挂靠已成为一条较“成熟”的产业链，特别是在建筑行业中，部分持证人居其

位不谋其职，只靠一张证挣钱。很多没有真正从事项目施工管理的人员，都在积极报考一级、二级建造师，考试通过后，通过注册在公司或挂靠在其他企业获得几千到几万元的费用，公司则通过增加的建造师来满足企业资质升级和投标的需要。挂靠现象的泛滥，使得考取注册证书比实际拥有工程管理经验更容易来钱。

（3）执业人员违反职业道德、不讲诚信、执业行为不规范等现象多有发生，缺乏社会责任感。

首先是继续教育培训机构良莠不齐，继续教育管理混乱。目前建设部虽已明确不再指定继续教育培训机构，但又未对实施继续教育培训的机构的师资、硬件条件、课程设置、监督体系等作出明确要求，导致一些培训机构鱼目混珠、良莠不齐，对虚假学习经历也难以核实。其次，部分证书的有效性同继续教育学习记录和注册证书上标明的有效期之间的关系不明确，导致继续教育不规范，监督部门无从监管。

二、湖北省建设执业资格管理过程的现状及问题

在我国执业资格制度多年的发展历程中，湖北省也在执业资格改革进程中不断前行，其间有成就，在发展中也有若干不足。课题组通过大量调研问卷和访谈等方法，提炼目前执业资格管理过程中的不足的相关数据，为后续的改进策略提供数据支撑。

针对处于资格考试、执业注册和继续教育三个阶段的学生或从业人员进行的调研结果分析如图 3-10~图 3-12 所示。

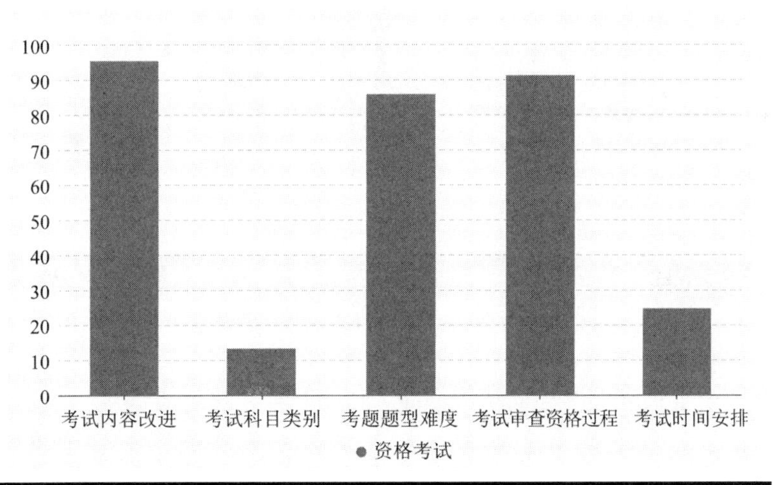

图 3-10

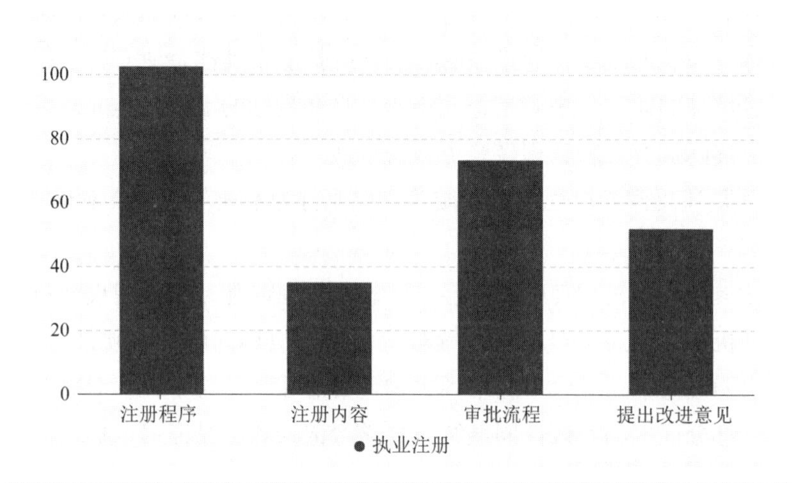

调研问卷对象：企业负责注册的工作人员、已通过执业资格注册人员、注册中心工作人员

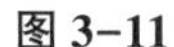
图 3-11

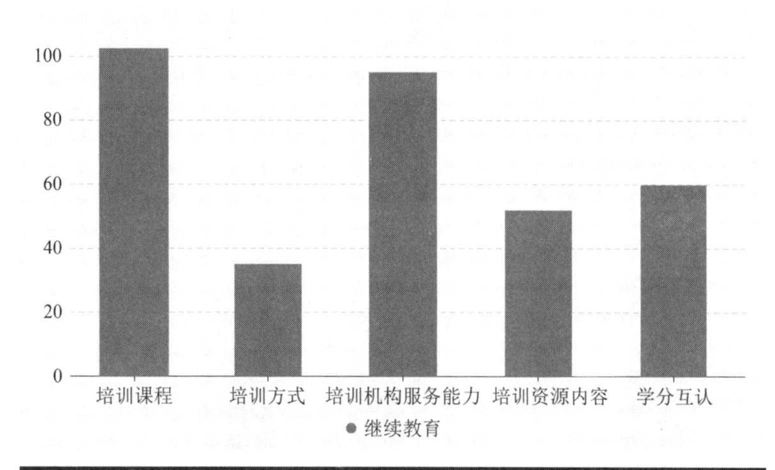

调研问卷对象：建设类本科院校、已通过执业资格注册人员、培训机构教师

图 3-12

课题组从调研数据和问题导向切入，深入梳理执业资格各类制度的问题。

1. 资格考试

资格考试是取得执业资格的主要方式，是衡量专业技术人员的专业水平和执业能力的一项重要考核评价机制。湖北省执业资格考试工作由湖北省住建厅执业资格注册中心与省人力资源和社会保障厅下属的湖北省人事考试院分工合作，具体包括考试报名、资格审核、考务管理和评卷工作。目前，注册建筑师、注册结构工程师等共计十多个项目的考试报名由湖北省人事考试院受理，所有考试报名信息都会在网站上发布，包括报考时间、报考条件等，考生通过网上报名并打印报名表，经单位同意并加盖公章。考生报名材料先由市报名点初审后，再由省住建厅执业资格注册中心和省人事考试院进行审核，对于未通过审核的报名人员，将退回其报名材料。通过审核之后，由省人事考试院制作信息化的准考证，考生在网上打印准考证后，按时参加考试。评卷专家由两个单位共同选派，组织全省评卷工作或参加全国统一的评卷。考试成绩将在网上公布，考试合格后，在报名点领取执业资格证书。目前，由湖北省人事考试院负责报名工作的执业资格类别采用网上缴费和考后审核。在资格考试方面，主要存在考试针对性不强，重理论轻实践，从而造成“能考的不能干，能干的考不过”的现象。此外，部分专业的考试命题太难，导致全省考试通过率太低。近几年湖北省注册一级建造师的通过率在5%左右。在调研中，很多考生觉得考试太难，没信心，有些考生多次参加考试也没能通过，就不敢考了。此现象间接导致全省注册执业资格人员的数量与湖北省建设经济指标年建设项目任务不匹配。

2. 执业注册

行政许可法实施后，湖北省二级注册结构工程师、二级注册建造师由省住房和城乡建设厅实施行政许可，二级注册建筑师由湖北省注册建筑师管理委员会实施行政许可，其余类别由住房和城乡建设部实施行政许可。湖北省住建厅执业资格注册中心负责申报材料的受理等具体工作。执业注册类型包括初始注册、变更注册、续期注册、注销注册、重新注册和增项注册。不同执业类别的注册类型有所不同，如仅监理工程师和建造师有增项注册。湖北省在进行执业注册时，根据其执业类别和注册类型，注册程序略有差别。以初始注册为例，由住房城乡建设部实施行政许可的项目，执业师登录相应的注册管理信息系统，填写注册资料，打印注册申请表，单位同意盖章后报省住建厅执业资格注册中心受理，再经省住房城乡建设厅审核后报住房城乡建设部委托的执业资格注册中心或学会、协会，待公示、公告后可在网上查询领取注册证书通知，并领取注册证书；由省住房城乡建设厅实施行政许可的项目，执业师登录相应的注册管理信息系统，填写注册资料，打印注册申请表，单位同意盖章后报所在地市建设行政主管部门初审，再提交省住建厅执业资格注册中心受理，经省住房城乡建设厅审核、公告后可在网上查询领取注册证书通知，并领取注册证书。

在近几年的管理制度建设中，我国虽然不断探索新路径和方法，但在执业注册管理方面，目前仍然存在重准入、轻清出的问题。管理机构普遍对注册资料的审核比较重视，但注册完成后，执业人员执业过程行为的监管和惩治几乎空白且形式化严重。此外，由于我国个人执业注册与企业资质相挂钩造成的注册证书随意挂靠、频繁变更问题也无有效的手段监管，虽然近年来信息化平台筛查功能有所提升，但由于各类执业师管理部门之间的独立和信息的独立，导致信息很难抓取，使得机构铤而走险，挂靠现象屡禁不止。

3. 继续教育

继续教育是执业资格管理制度的重要环节之一，是不断提高执业师执业水平的重要措施，是执业师办理续期注册、逾期初始注册的条件之一。通过开展继续教育，使执业师及时掌握工程建设领域相关的法律法规、标准规范和政策，熟悉相关领域的新理论、新方法，了解工程建设新技术、新材料、新设备及新工艺，及时更新业务知识。根据国家规定，执业师在注册有效期内必须完成一定学时的继续教育培训。继续教育分为必修课和选修课两种。必修课要求按照住房和城乡建设部有关部门指定的教材进行授课，内容主要有国家近期颁布的与工程相关的法律法规、标准规范和政策，以及旨在完善其知识结构的有关内容。选修课则可根据各省实际情况，由省里执行指定的学习课程。目前，湖北省已开展继续教育的执业类别包括注册建筑师、注册监理工程师、注册造价工程师、注册建造师以及勘察设计工程师系列中的注册结构工程师和注册土木工程师（岩土）等。不同执业类别对必修课和选修课的学时要求不同。湖北省继续教育的必修课形式以大量集中面授和局部网上授课为主。选修课在集中面授之余，辅以研讨会、参观考察、网络教育等多种形式。此外，国内外执业资格制度管理的经验对我国建设行业执业资格制度的建立具有推动作用。

建设行业执业资格管理制度的全国经验

一、我国建设行业执业资格制度建立的进展及特点

我国建设行业建立执业资格制度工作起步较早。1992 年，建设部以部令颁发了《监理工程师资格考试和注册施行办法》（建设部 1992 年 18 号令）；1994 年建立了注册建筑师执业资格制度；1995 年建立了房地产估价师制度；1996 年建立了造价工程师制度；1997 年建立了注册结构工程师制度；1998 年建立了注册城市规划师制度；2001 年建立了房地产经纪人制度；2002 年注册建造师制度建立；后相继分设了二级建造师、二级造价师等。建设行业执业资格制度建立工作进展较快且取得了显著的成绩，如图 3-13 所示。

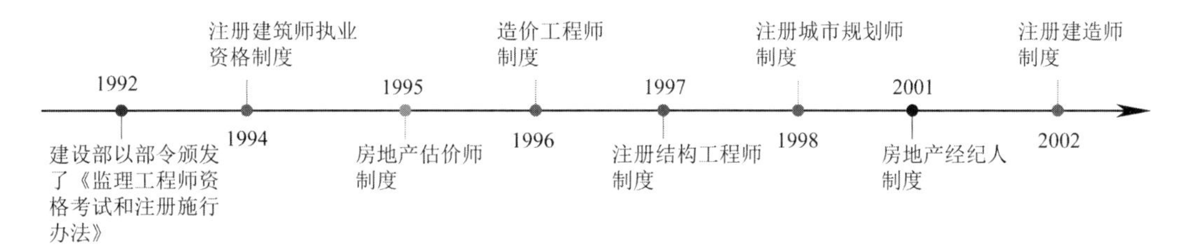

图 3-13

（1）建设领域执业资格制度框架已基本运行平稳。我国建设行业执业资格制度总体框架和实施规划建设行业的拟建的执业资格制度，目前已运行多年，平稳推进。

（2）选拔了一批业务素质较高的专业人才，提高了行业人才队伍素质。其中，注册建筑师、注册结构工程师、监理工程师、造价工程师等注册制度实施有序，执业人员的业务素质、职业道德水平和参与市场竞争能力等保证了专业技术岗位工作质量在建设行业市场的稳定。

（3）促进了有关行业管理体制改革。我国注册建筑师、结构工程师、监理工程师等执业资格制度建立后，逐步推行了单位资质管理与个人执业资格管理相结合的市场准入管理机制，规范了市场秩序。

（4）参考国际通行做法，坚持执业资格管理制度的高标准，为推动我国执业资格与国际接轨创造了条件。我国的注册建筑师专业与美国、英国等签订了合作协议，相继完成了教育标准、职业实践标准的评估，同时注册结构工程师、房地产估价师专业与中国香港地区的互认工作正在以点带面展开协商中。

二、国内各省份执业资格注册管理的先进做法

国内各省份的执业资格注册管理制度各有其特点，下文以山东省和江苏省为例，简要分析其先进经验，如图 3-14 所示。

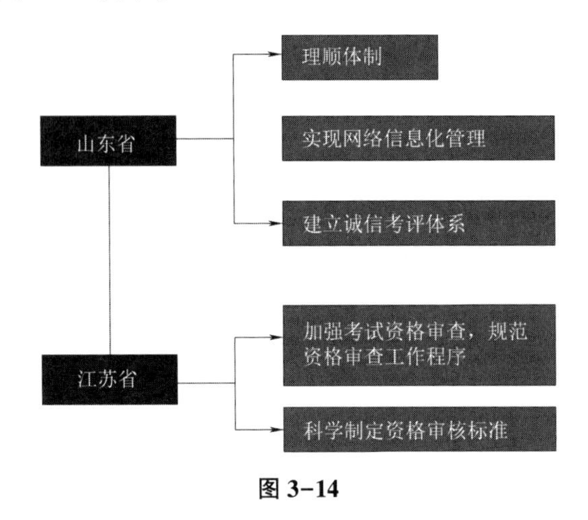

图 3-14

1. 山东省建设培训与执业资格注册中心的先进经验

山东省建设培训与执业资格注册中心成立于 1997 年，其主要职能是负责山东省建设行业正在实施和规划中将要实施的各类执业师的考核、考试、培训教育、注册等全过程管理工作；负责研究制定全省建设行业职业资格注册管理法规和发展规划；负责全省各类建设执业师的职业管理工作，指导、监督其依法开展业务，维护合法权益，查处违纪活动等。

山东省各项管理模式都走在全国执业资格注册管理机构的前列，得到了住建部执业资格注册中心的好评，具体有以下几个方面。

（1）理顺体制，住建厅党组高度重视。

2019 年政府机构改革后，全面重新理顺了管理体制，赋予山东省建设培训与执业资格注册中心涉及行政审批、审核事项等权限，以省住建厅名义行文部署、公告及上报等多项专属权限，有利于高效归口管理。

（2）实现网络信息化管理，提高管理效率。

山东省建设培训与执业资格注册中心依托注册管理信息系统和网站，实现了内部资源共享及局域管理网络化，衔接了考试报名、资格审查、工作业绩、执业注册、变更注册、继续教育等方面的信息设施建设、基础数据采集、信息共享等环节的工作，实现了内部资源共享及局域管理网络化，使注册管理工作更为科学化和规范化。

（3）建立诚信考评体系。

为加强执业师的信用建设和管理，规范个人的信用行为，确保为社会提供客观公正、准确可靠的个人信息和信用等级，维护建设各方的合法权益，山东省住建厅出台了《山东

省建设执业师诚信档案管理办法》。《山东省建设执业师诚信档案管理办法》将信用考评分为A、B、C三个等级，考评基本分为100分，实行加减分制，对获得各级各类表彰奖励的进行加分，对不良记录进行减分。在此基础上，还完成了建设执业师诚信档案管理软件的开发工作，并投入使用。考评结果在90分以上的为A级，70~90分的为B级，70分以下的为C级。截至2020年，《山东省建设执业师诚信档案管理办法》进行了进一步修订，完善评价体系和措施的信息化互通，使之更加便于操作，逐步实现将执业师信用管理与注册管理紧密结合，及时为社会各层面提供执业师信用信息，扩宽服务面。

2. 江苏省住建厅执业资格考试与注册中心的先进经验

江苏省住建厅执业资格考试与注册中心成立于2001年2月，为自收自支事业单位，负责具体组织实施江苏省建设工程各类专业执业资格的考试、资格审查、注册以及职称评审等工作。江苏省住建厅执业资格考试与注册中心的先进经验有以下几点。

（1）加强考试资格审查，规范资格审查工作程序。

该中心将个人承诺、单位审核、市级初审和省级终审有机结合起来，让个人、单位、市级部门和省级部门共同承担起审查考试资格的责任。该制度贯穿报名和资格审查全过程，对报考人员、所在单位、市级主管部门和省级主管部门的行为和工作进行规范。其具体做法是，建立本人承诺制、单位审核制、市级初审制和省级终审制。其中，单位审核制是考生工作单位对考生提供的报名材料进行审核的一项制度，充分利用单位与考生的管理与被管理关系，有效减少了报名行为的随意性，从一定程度上维护了报名工作的良好秩序。市级初审制，即报名和资格初审工作由各市建设主管部门和人事主管部门共同负责。本人承诺制、单位审核制、市级初审制和省级终审制这一套资格审查制度的实施，规范了资格审查工作的各项程序，最大限度上杜绝了报名和资格审查过程中各个行为主体发生不良或违纪行为，保证了报名工作的规范和有序。

（2）科学制定资格审核标准。

为保证资格审查快捷准确，必须要有一套科学的方法。该中心提出了普遍审查、专门审查、共同审查及最终结果公示的审查办法。专门审查是指在普遍审查中，对有疑问而不能立即确定真伪的毕业证书、职称证书、工作证明等材料进行专门审核。共同审查则是由于建设类执业资格考试专业类别较多，涉及的报考条件也有所不同，为了准确把好资格审查关，该中心和建设厅相关业务处室、江苏省人事厅有关部门对有一些难以把握的问题共同进行探讨，例如所学专业、工作年限如何掌握等，最终形成一个在遵循国家考务文件总体规定的前提下，符合建设行业实际情况的省级资格审核标准。实施力求做到尺度统一、科学合理。

三、湖北省执业资格制度管理的完善与改进研究

1. 资格对象的审查及考试管理办法改进

考试对象范围审查及考查方式是目前需改进的重点，现行的建设执业资格考试，各专业都需要考生具备一定的学历及从事相应工作一定年限之后才可以报考，目前只有勘察设

计类基础考试不需要考生提供专业工作实践证明。当前考试对象的专业设置与我国执业资格专业设置存在一定的冲突。在执业资格制度的建立过程中，由于缺乏对建设领域执业资格制度专业设置总体框架和资格认证体系的研究论证，导致各专业参照了不同国家的专业设置和管理模式。例如，业务范围相近的执业资格子专业的划分不一致，监理工程师、造价工程师、勘察设计注册工程师及建造师的专业涵盖面相近，都包含桥梁、水利、矿山、铁路及石油、化工等专业工程，勘察设计注册工程师分6个专业，6个专业下再细分为16个专业，一级建造师目前分10个子专业，二级建造师分6个子专业，造价工程师分土建、安装、交通运输、水利4个子专业，监理工程师分土建、交通运输、水利3个子专业，监理工程师与造价工程师及建造师在执业范围上严重交叉，之间存在一定程度的重叠。

针对我国执业资格专业划分现状，可以建议将考生对象范围在专业限制和学历限制上适当放宽，对从事达到一定工作年限的工程师，对其所学专业可以适当放开，只要从事建设行业相关工作，其学校学习经历的所学专业就可以适当放宽。同时，对于工作属性相近的注册资格，建议通过增加工作实践年限、个别专业理论考试等方式，实现多种注册资格的互认互通，促进湖北省专业技术人才培养的高效性。同时在方法改进中试点推行注册过程的承诺制，以实现注册的高效推进。

2. 考试命题与考核手段方法改进

考试命题、考试大纲与考试教材首先应关注的是“执业”，而不是停留在“研究”的层面上。从湖北省以及调研省份来看，目前每年考试通过率普遍不高，导致执业资格人数与社会进程不匹配。考试命题所遵循的大纲是否符合培养应用型与复合型建设行业人才的需求，是否顺应建设行业技术进步的要求，是至关重要的原则性问题，也是吸引人才的导向问题。目前建设执业资格考试的命题偏向理论知识的掌握与前沿问题的探索，而对考生基础知识、实际操作能力的考查不足，这对于研究型、理论型人才较有优势，但对于应用型人才与技能型人才来说，通过考试的难度较大。

建设执业资格考试大纲应在全面考察建设行业发展趋势的基础上，结合目前产业转型升级的普适性以及建设行业人才现状，其功能应定位在为建设行业提供应用型、创新性骨干技术支撑上，应重点考察考生成为执业师所必需的能力与知识，而不应当把研究建设行业的前沿技术放在执业考试中进行。考试难度偏高在一定程度上促使会读书的理论型考生更容易通过考试，而实用型人才、技能型人才更熟悉的是现场操作、技术创新，在现行的执业准入中较被动。必须增强考试大纲的指导性，才能把执业资格考试的导向转变到引导培养执业所需要的应用型、技能型人才上来。此外，每年度要根据建设行业技术进步的要求，适当调整考试大纲，从而引导考生的学习方向。考试命题应重点考察考生成为执业师的基本素质与分析解决执业问题的能力，贴近执业资格考试本意，选拔执业人才。

3. 教育评估与资格考试的改进研究

教育评估与资格考试的改进主要集中在衔接性，从执业资格与社会职称体制改革的角度来讲，在专业技术人员接受高等专业教育的时候，就可以开展专业教育评估与资格考试之间的衔接工作，参照国外发达因家的做法，积极改进大学人才培养方案，选取本科学校进行试点，融入执业资格考试理论内容和考核要求，让毕业就通过专业教育评估的院校的考生免试部分专业基础课；对于部分有能力的人员，按照“题目—作业—答辩”（中国香港地区的认证办法）的过程由建设部统一组织公开考核，或由中立的第三方评价机构组织鉴定。

4. 更新完善执业资格制度管理方法研究

提升注册中心的横向职能部门之间的工作导向的科学性，借鉴国内外先进经验，有效制定一套科学可行的全过程的执业资格制度管理细则，各类基本制度环节精心颗粒化推进，解决和完善不同环节下的各类工作流程，如完善建设行业相关法律法规、简化办事流程、注册审核流程简化、数字化工作升级优化等。

执业资格制度体系布局改革创建浅析

在工程建设领域新技术、新工艺、新材料不断涌现，法律法规和技术标准频繁更新的新形势下，执业资格继续教育的重要性也日益凸显。只有通过有效手段加强监管，共建继续教育平台和资源库等来完善继续教育这项制度，才能使其不流于形式，真正成为执业人员深入、系统地更新知识结构的重要途径。通过规定的继续教育学习了解国家的方针政策，掌握有关的技术标准规范，学习先进技术，增进职业道德观念，使业务能力和工作水平得到新的提升，是执业资格管理制度中不可或缺的重要内容。完善和强化继续教育工作与人才战略紧密相关，既是人才建设的一种主要方式，也是提升执业注册人员队伍素质的主要机制之一。

一、执业资格制度体系路径创建

1. 完善以行业协会和学会为主体，推进继续教育发展

设定继续教育监管的责任主体，各地市区建设行政主管部门或其委托的执业资格注册中心、行业协会、学会等负责执业资格注册工作，而继续教育的过程管理交由实施继续教育培训的机构，其师资、硬件条件、课程设置、资源库建设、监督体系必须有系统和明确的要求，杜绝一些培训机构鱼目混珠、良莠不齐。同时以信息化协同平台对虚假学习经历数据精心抓取和核实，使执业资格后续技术管理能够精确考量；要重视发挥各行业协会的作用，行业协会和学会掌握行业的发展动态，熟悉行业的实际情况、执业人员的执业状况等最新信息，是继续教育的评价内容之一。行业组织要围绕健全各项自律性管理制度，制定组织实施行业职业道德准则，规范市场秩序，大力推动行业诚信建设，规范会员行为，协调会员关系，指导执业资格人员群体，精心设计继续教育的指导方向，建立完善的行业自律性管理约束机制；要根据新形势的要求，参与制定行业职业标准、行业准入条件，积极参与相关法律法规、宏观调控、政策和产业政策的研究，制定继续教育教材体系，实施和完善教材建设层级和类型，建立会员准入制度建设机制，完善继续教育的全过程管理流程。

2. 建立“行校企”多主体平台，创新继续教育培训方式

为使执业注册人员的继续教育收到实效，满足行业发展和执业人员实际需求，需建立“行校企”多主体平台，创新继续教育培训方式，如图 3-15 所示。

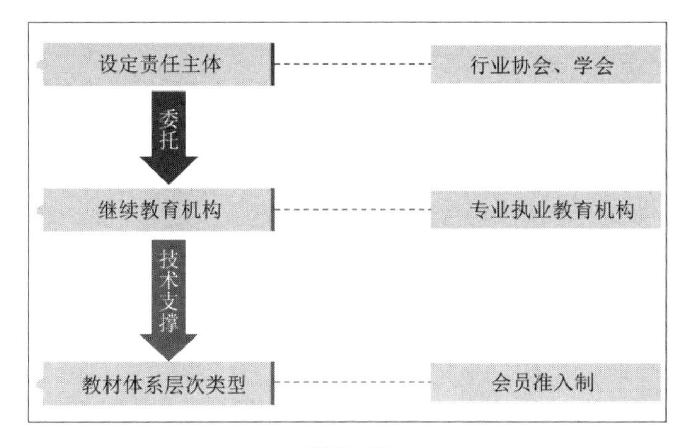

图 3-15

建议继续教育内容要定期更新，强化执业操守方面的教育内容。在对已获得多个执业资格的专业人士的继续教育管理上，要大胆创新，积极探索新型考核方法和考核方式。积极探索新型继续教育培训方式，加大发展线上和线下结合的模式，同时加大网上教育的监管。在课时安排上，除学习指定的必修课外，选修课要进一步多样化，如参加新标准规范宣传、技术交流会议、项目库内选定的参观等活动，执业人员经过一定的认可程序，均可按一定的学时计入继续教育。

同时，还可以将其实践能力、工作业绩的考核作为继续教育和延续注册资格的一个参考。例如，业绩资料由其所在的工作单位开具证明，个人档案应每隔一段时间进行补充。发达国家在建设执业资格管理体系中，除十分重视学历教育外，工程实践经验同样被放在关键的位置，如美国建造师的建造师资格认证条件中的实践经验要求，明确指出需要一定年限的实践经验，如注册建造师（CPC）资格认证需具有 7 年建造工作实践经验，其中 2 年为建造现场管理经验。在英国，NVQ4 考核标准则要求在业绩考核阶段，申请者为取得建造师资格，应提供建立工地现场的健康和安全体系计划并组织项目活动、项目资源，监督并控制项目管理、管理项目队伍和个人的工作，建立工作关系、管理信息检查、安排并执行维护等方面工作的证明材料。

3. 提升执业素养，探索合作一体化的考核评价标准

在执业资格制度继续教育及考评体系建设研究中，依托高校教育评估体系模式，有效对接具有执业资格的培训资源库建设类院校，合作开发一体化线上线下结合的继续教育考核评价体系和资源库。

二、执业资格制度个人信用体系创建

近年来，住房城乡建设领域积极探索推进建筑市场诚信体系建设，取得了一定成效，但仍然存在一些突出问题，如市场主体信用信息公开共享力度不够、信息孤岛问题突出、信用评价行为不规范、个别地区通过信用管理设置地方壁垒等。

改进这些问题可以从以下几个方面展开。

1. 完善信用制度法制环境

市场经济是信用经济、契约经济，也是法律经济。信用是市场经济的基础，法律是信用的保障。法律制度不健全、法制保障不力使信用秩序制度岌岌可危，是亟待解决的问题。健全的法律体系是正常的信用关系得以维系的保障，仅靠道德力量不可能有效约束建筑市场执业人员的行为，必须依靠法律力量，把一切信用活动纳入法制轨道，才能维护和培育良好的信用秩序，形成有法可依、执法必严、违法必究的法制环境，为建筑市场提供必要的法制基础。

（1）建立信用信息采集、整理、使用和发布渠道，建立对信用状况的评价、对征信机构的管理、对失信行为的惩处等方面的法律法规，有效地规范建筑市场信用体系。

（2）建立和完善市场经济信用法律制度，还需要建立开展信用管理的联合征信法律体系，要及早制定公平使用信息法，以法律规范信用的公共信息、数据的取得和使用程序。这一点与通过执业资格制度的法律制度保障建设的目标是一致的。

（3）加强执业人员信用自律机制。信用作为一种基本道德准则，是人们在日常交往中应当诚实无欺、遵守诺言的行为准则。“人无信不立”是我国传统道德的核心，一个人失去信用就意味着与之交往将面临不可预测的道德风险。信用关系的维系要靠两种机制，即道德约束与法律规范。信用问题首先表现为道德问题，信用关系的维系需要依靠道德力量。道德调节是市场交易活动中成本最低的调节方式，其成本远低于法律调节，而且许多市场行为的道德约束比法律规范更有效。经验研究表明，即使像美国这样法律制度比较健全的国家，大部分的交易活动也是通过非正式的合约安排进行的，商业纠纷的解决常常并不借助法律裁决。在一些法律不健全的发展中国家，非正式的合约则更为普遍。正是由于道德约束和法律规范具有各自的优势和局限性，两者互补就成为理想的选择。在建筑市场中，执业资格人员应以良好的道德行为赢得在执业中的信用。

2. 加强建设行业信用体系措施

一方面要改变目前由政府主导信用信息体系的现状，逐步建立市场化的信用体系，另一方面要完善现有的信用信息体系，改变评价标准单一、重罚不重奖、评价平台标准不一的现况，建立统一、客观、高质量的跨领域信用信息服务平台。

（1）信用信息公开改进。

设置湖北省个人执业资格信用体系专用平台，使用信息化采集，同时加强信用信息采集管理。依托湖北省建筑市场监管公共服务平台集中采集信用信息，明确信息采集责任，特别是要加强对工程项目信息的核查，规定通过公共服务平台集中公开信用信息。

（2）信用信息共享机制建设。

完善各省的信用信息归集、共享机制，充分发挥全国建筑市场监管公共服务平台的作用。同时，加强与有关部门的联系，推动信用信息系统互联互通，建立信息共享机制。

（3）分类完善监管措施。

加强政府及有关部门的监管力度，在建设和管理建筑市场执业人员信用体系时，政府应提供积极的动力来源。尤其是在培育和完善信用市场、创建和维护建筑市场的个人信用体系、促成良好的信用环境和规范的市场机制方面，政府应进行宏观控制和约束。特别是在我国经济转轨的过程中，市场办不到的事情，或市场相对不发达时，只能依靠政府的作用，没有政府的参加，信用环境不会自然形成。

在湖北省内制定省级的企业分类监管办法，明确具体的激励措施，对存在严重失信行为的企业依法采取惩戒措施。联通建立信用信息异议申诉和举报处理机制，并及时通过建筑市场监管公共服务平台做好信用信息变更。

应注意的是，在整个过程中，政府只是扮演监督的角色，执业人员信用管理的主体是各注册管理中心及建设协会。建设协会通过参与信用征信和评价，负责具体的事务性工作，建立行业内部监督和协调机制，建立以注册人员为基础的自律维权信息平台。加强对信用征信和评估机构的监督，对执业人员进行动态的监管，是信用有效管理的基础。

（4）规范信用评价行为准则。

开展信用评价，明确信用评价主体，规定信用评价的主要内容及评价结果的应用范围，并要求将信用评价办法、标准和结果在省级建筑市场监管一体化工作平台公开，接受社会监督。制定信用评价标准，制定行为准则标准，并在全省范围内推广。

（5）加大监督检查力度。

做好定期核查工作，对于落实不力的情况，沿用定期通报制度，由省住房城乡建设主管部门确定专人或委托专门机构负责信用信息的采集、发布和推送工作。同时建立建筑市场信用信息推送情况抽查和通报制度，定期核查市县级信用信息上报情况。

3. 加强事前、事中和事后的监督和服务

首先，在考试环节，对报名人员的学历、专业、年龄、毕业时间等报考基本条件严格把关，避免出现假学历取证的情况，从源头上保证职业资格取证人员的素质。

其次，在注册环节，可以从以下两个方面着手：第一，对所有注册人员均要求提供社保缴费记录信息；第二，限制执业资格的注册次数，如一个年度内只能注册一次。

最后，建立一个全国统一的监督网络平台。第一，鉴于目前各部委颁发的证书未联网，政府可以建立一个统一的执业资格平台，将各部委颁布的执业资格证书信息纳入平台的数据库中，并可以通过身份证号直接查询；第二，平台还需建立执业资格诚信档案，对提供虚假信息取证、注册或挂靠人员的信息在平台进行公示，并建立相应的惩罚措施。

三、执业资格制度信息化运维研究

1. 完善信息化多元运维协同平台

完善信息化多元运维协同平台，实现制度建设体系高效运转。通过对各自独立且信息化运维的动态链接，实现不同的管理部门之间进行的信息化数据互通。共建共享数字化运维协同平台，依托平台将执业资格制度建设中的五项基本制度（考试制度、注册制度、继续教育制度、教育评估制度、社会信用制度）等各类信息化数据资产进行高效利用和抓取，缩短数据的获取时间，减少烦琐的行政管理流程，同时分类进行各类功能的选取组合划分，实现执业资格建设体系高效运行，如图 3-16 所示。

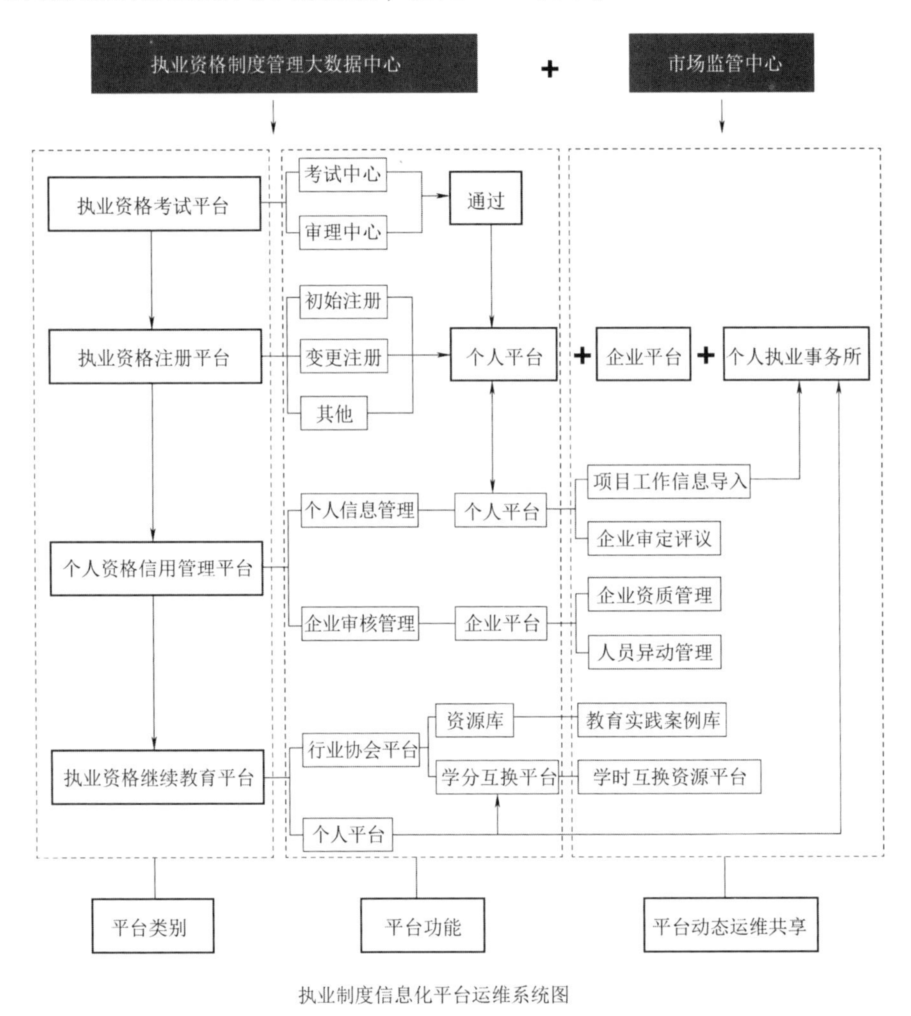

执业制度信息化平台运维系统图

图 3-16

2. 制定平台监管体系管理动态标准

在统一的运维平台中，统一建立大数据中心部，在省厅级主管部门的统一指导下，各注册主管部门划定各自职责和使用提取权限，在各平台设置主体机构，拟定一套监管体系动态实操准则和监控标准；进行常态化日常数据的下载和信息网络数据的更新，实现所有专业注册人员的数据库各功能关联查询，如一人多挂、企业执业动态人员变更、人员的各类不同用途筛查、信息抓取等。同时协同更新管理细则和处罚办法，保护执业人员的合法权益，规范执业行为，规范职业道德，规范市场秩序，同时建立清出机制，坚决把违反技术规范、人证分离、违反职业道德，扰乱行业正常工作秩序的人员清理出去，提高行业的社会公信程度。

总体上，未来我们将对执业资格制度建设进行重新布局，在如下方面进行重点建设：继续加强政府对执业资格制度的统筹管理，建立协同机制，成立专项研究团队；建设科学有效的继续教育考评体系，精准定位个人执业水平；持续推进信息化协同平台功能建设，建成建设行业数据大脑中心，实现数据共享和治理；纳入社会诚信建设系统，以个人信用体系分级，探索个人诚信档案管理并实施推进；深化推进个人执业事务所与国际接轨步伐，确定组织构架和归属，弱化企业资质管理，开展个人执业试点。

拓宽视野促成长

表观职业教育的火热升温

我国职业教育已迈入现代化建设新阶段，国家高度重视现代职业教育高质量发展，政策频出。修订《职业教育法》、出台《民办教育促进法实施条例》、建设高质量教育体系、启航技能型社会建设、实施“技能中国行动”、深化职普融通、成体系发布职业教育专业目录、稳步发展本科职业教育、探索中国特色学徒制、推动“岗课赛证融通”综合育人、增强职业教育适应性，职业教育迎来以质图强、增值赋能新拐点，职业教育招生渐盛、校企合作如火如荼、资本市场猛袭职业教育领域，可以说职业教育火热升温，势不可挡。

曾几何时，职业院校争相扯着招生横幅，“走村串户”抢生源形成恶性竞争，衍生出生源买卖“市场”，职业教育陷入招生泥潭，一定程度上使得职业教育被边缘化甚至被妖魔化。近年来，国家出台了一系列政策制度，职业教育改革和发展的环境得到了根本性的改善。随着国家招生政策的调控和职业教育质量的不断提升，职业教育的生源稳中有升，以下“表观”现象说明生源已不再是困扰职业院校生存和发展的关键问题。

（1）随着普职比政策的落地，普通高中录取政策缩紧，作为普及高中阶段教育和建设中国特色现代职业教育体系的中等职业教育逐渐受到重视，许多地区中等职业学校的学位趋紧，甚至出现“一位难求”现象。中等职业教育招生渐盛，未来的中等职业学校正向优质方向发展。

（2）作为普及高等教育的重要基础和建设中国特色现代职业教育体系主体性的高职专科教育，走出了曾经的招生泥潭。高等职业院校招生有序，加之连续三年扩招的实施，生源从不可选择到可选择，生源数量和质量稳中有升，未来的专科层次高等职业教育正向高水平方向发展。

（3）作为建设中国特色现代职业教育体系增长性的高职本科教育，正在稳定发展。自2019年6月首批职业技术大学获批以来，职业本科教育方兴未艾，一批职业本科院校如雨后春笋般发展起来，职业本科教育生源呈增长趋势，到2025年，职业本科教育招生规模将不低于高等职业教育招生规模的10%。未来的职业本科院校将向差异化、特色化方向发展。

（4）近年来，不少普通高等本科院校取消网络教育、成人教育招生，大有舍弃继续教育之势，使得很大一部分想通过继续教育获取普通本科院校本科毕业证书、学士学位证书的职业院校学生转向职业本科院校，通过职业本科教育获得本科学历与学位，既有学位在手又有技术压身，职业竞争力更强。未来的职业本科院校将成为承担本科层次继续教育的主力，生源将呈井喷之势。

（5）作为职业教育基本办学模式的校企合作、人才培养模式的工学结合、教学组织模式的工学交替，经过多年的试验、探寻和演进，形成了巨大的社会效益。越来越多的企业加盟人才培养，校企合作似乎成为企业谋远发展的一种“标配”，企业“傍”职业院校已成为一种社会现象；越来越多的学校通过深度校企合作取得了丰硕的成果，人才培养质量不断提升；越来越多的学生通过这一培养模式受益，成为高素质的匠心型技术技能人才，实现了人生价值，这一模式也得到越来越多的家长认同。未来的职业教育产教融合、校企合作必将走深走实，形成中国特色。

（6）伴随技能型社会建设的开启，在“技能中国行动”的实施、“双减”政策的不断推进以及中国产业转型升级等诸多因素的共同作用下，嗅觉灵敏的资本市场猛袭职业教育领域，职业教育资源成为各大上市企业争夺的核心标的，职业院校的收并购频繁发生，目前被收并购的院校不少于 50 家。职业教育的异军突起，职业教育培训的火热升温，与当下学科教育培训的水深火热形成冰火两重天现象。仅最近上线的“中国职业培训在线”平台一年的注册在读学员就突破 200 万人，累计访问量 5.6 亿人次，累计学习时长 3 100 余万小时。未来的职业技能培训或迎来爆发之势。

升温中的职业教育持续向好，必将不断提升社会对职业教育愿景的认同度，为职业教育融汇资源和拓展发展空间产生积极影响，有效激发职业教育蓬勃发展的活力，促进稳定和扩大就业，助推技能型、学习型社会建设。

高等职业院校“十四五”发展规划体系谱

在职业教育迈入现代化建设的新阶段，国家启航建设技能型社会，建设高质量职业教育体系，强力推进提质培优行动计划，增强职业技术教育适应性的背景下，职业院校必须全面贯彻落实党的教育方针，深化改革以彰显时代特征和职业教育类型特征。高等职业院校“十四五”事业发展规划，作为宏观性、全局性、综合性、引领性的指导文件，应形成有机的规划体系，其总体构架可由“总规划+专项规划+子规划”构成，总规划、专项规划和子规划之间对接协调，目标一致、相互支撑、相辅相成。各项规划可以按以下维度再归类细分。

平台发展规划：人才培养是高等职业院校的核心职能，学校和二级院系是人才培养的两级平台，需要编制学校“十四五”事业发展规划、二级院系“十四五”发展规划。

载体发展规划：专业和课程（含广义课程）是人才培养的核心载体，需要编制专业建设规划、课程建设规划。

人的发展规划：无论是“平台”建设，还是“载体”建设，落脚点在于“人”的发展，需要编制师资队伍建设发展规划、学生全面发展建设规划。

物的发展规划：人才培养有赖于场所、设施等硬件资源的支撑，需要编制校园基本建设规划、智慧校园建设规划。

开放发展规划：产教融合、校企合作是职业教育的基本办学模式，整合外部资源打造校企命运共同体，需要编制对外交流与合作发展规划、职业教育集团发展规划；职业教育以服务发展为宗旨，需要编制科研与社会服务发展规划、开放办学（继续教育）发展规划。

引擎发展规划：推进学校高质量发展，除“硬保障”外，“软保障”的效能更大，需要编制党建与思想政治教育规划、校园文化建设规划。

质量保证规划：推进学校持续发展，建立质量保证机制必不可少，需要编制内部质量保证体系诊断与改进（教学工作诊改）规划。

综上所述，高等职业院校“十四五”规划可按“总规划 1 个+专项规划 13 个+子规划 N 个”进行规划，其中 13 个专项规划是基于推进学校精细化发展和适应国家有关行政部门要求和申报有关项目要求而设计，N 取决于二级院系的数量，当然，各院校的专项规划还可以结合实际情况再扩展。

漫谈教师队伍建设

教师队伍是职业院校提高教育教学质量的一股决定性力量，对于教师队伍建设，部分职业院校存在重使用、轻培养、弱管理现象。在实际教育教学过程中，存在着一些教师仅凭有失偏颇的经验和与生俱来的感觉进行教学的现象，而且因为缺乏教学法知识，使其教学组织也不得法，这些通常会放大熟悉的学科知识而弱化职业能力培养和职业精神培育，最终造成教学效益低下，极端情况下可能为“负值”。因此，大力加强教师队伍建设，提升教师整体素质意义深远。

一、建设高质量的教师队伍，需要系统推进

（1）构建教师队伍建设治理体系。大格局、大思维、大手笔、大联动建立并形成“以党建为统领，建设有目标、项目要多元，制度有供给、措施要科学，培训有指向、使用要考量，考核有标准、监管要得力”的治理体系，改善教师队伍成长环境，促进教师发展。多措并举，强化教师职业精神、工匠精神和劳模精神的培育，持续推动教师“正向”发展。让教师能够常怀敬畏之心，敬畏教育事业，敬畏教师职业，敬畏教学活动，敬畏学生未来，成为心中有爱、胸中有志、眼中有人、口中有德、腹中有墨、手中有艺、行中有善的教师。

（2）建立教师培育内容体系。打造一支思想上有定力、人格上有魅力、学术上有实力、教学上有功力、实践上有能力、素质上有张力的师资队伍，需要在四个方面着力，第一是师德素养上，要做到政治站位做“高”人、思想三观做“正”人、道德行为做“规范”人、守纪守法做“规矩”人；第二是专业素养上，要做到专业知识扎实、专业能力过硬、专业作风硬朗；第三是职业知识上，要做到学科专业知识面广、教育教学知识充足、实践性经验知识丰富；第四是岗位履职上，要做到信息能力、教学能力、教科研能力、实践能力、德育能力、服务社会能力协调发展。

（3）提升教师教育教学基本功。职业院校教师在教育教学的过程中，需要具有非线性和逆向两种思维，具备专业、职业、教育教学三种知识，把控知识传授、能力训练、德育渗透和课堂安全，不断提升教育教学基本功，能以先进的教育教学思想和理论来指导教书育人实践，理念精微；善于课程的整体教学设计、单元教学设计和教学方案设计，设计精心；把准学校培养目标、专业培养目标、课程目标与课堂教学目标的逻辑关系，目标精确；有效处理好显性内容与隐性内容的内在关系，育德育人，有效处理好静态内容和动态

内容的衔接，对接市场，内容精当；调控教学组织过程中的状态和处理教育教学过程中的随机事件，组织精细；根据不同的教学内容选择匹配的教学以及考评的方式、方法和手段，匹配精准；善于教学情景的创设，营造互动氛围，艺术精湛；将素质教育贯穿于理论教学和实践教学的全过程，素质、知识和能力完美融合，“营养”精致。

二、建设高质量的教师队伍，需要静等花开

人的素质和能力不可能一夜之间突变，教师的职业化成长亦是如此。教师的职业化成长是渐变的过程，需要经过职业感觉期、理解期和超越期的历练，在历练过程中实现几个转换：从感性到理性，这是理念转换的过程；从模仿到创造，这是思维转换的过程；从借力到自力，这是动力转换的过程；从被动到主动，这是动能转换的过程；从现象到本源，这是视域转换的过程；从数量到质量，这是方式转换的过程；从开环到闭环，这是习惯转换的过程；从小题到大作，这是实力转换的过程；从谋点到谋域，这是格局转换的过程；从小我到大我，这是站位转换的过程。一名教师能完成理念、思维、动力、动能、视域、方式、习惯、实力、格局、站位的转换，在履职过程中，就一定能迭代衍生出纷繁多姿的职业“场景”和人生“美景”，成长为与世推移、驾轻就熟、得心应手的职业人。

总体来说，教育是慢生活，推进教师队伍职业化成长是一个渐变过程。在教师队伍的建设过程中，如果既做到“认识到位+理念到位+重视到位+文件到位+方案到位+经费到位”，也做到“机制到位+方法到位”，就能创新性地走深走实教师队伍建设工作，形成“事前建标+事中监控+事后改进”的闭环稳定系统，调适“时间常数”，缩短教师职业成长的时间，增加突变速度。

职业教育，特征鲜明，位置突出，重点发展。
发展职教，政策频出，喜事连连，大事多多。
职教大法，修订落定，职教大会，指日可待。
职教体系，日益完善，职普融通，交互发展。
职教高考，畅通渠道，扩招百万，调适结构。
职教本科，择优试点，普本转型，专本整合。
证书制度，大力推进，学徒制度，特色升级。
宣扬职教，形式多样，聚焦五入，提高地位。
推进诊改，强化督导，改革评价，多管齐下。
提质培优，拉开大幕，千帆竞渡，百舸争流。
笃定方向，立德树人，适应发展，主动跟随。
三全育人，五育并举，两轮驱动，四链协同。
产教融合，纵深推进，合作规划，协作治理。
校企合作，育人铸魂，双元互动，双线融合。
党建统领，研究先行，理性思考，有效实践。
高维发展，打造品牌，高位爬坡，争创双高。
目标高阶，定向导航，纵向衔接，横向贯通。
标准适配，尺度精当，层级精微，成果可测。
平台高端，载体坚实，活动前瞻，迭代升级。
协同创新，提升三力，增值赋能，服务发展。
专业集群，支撑协同，资源共享，一体发展。
课程体系，模块结构，三层架构，两种变式。
打造金课，双元开发，丰富资源，教之有材。
教师双师，专兼结合，双岗三能，培育名师。
多点教学，活页支撑，目标多样，考核多元。
把控学情，因材施策，模块教学，教之有法。
教法改革，融入科技，再造流程，创新形态。
放大视野，博采众长，国际合作，双向输出。

数据治理，精细管理，培育文化，优化环境。
深耕不辍，行稳致远，以质图强，梦圆理想。

“双师型”教师的升级版浅析

“双师型”教师是世界职业教育领域的“中国造”职业教育名词，没有统一的定义，仁者见仁，智者见智。

1995年，基于我国职业教育重理论、轻实践而且技术技能型教师十分短缺这一背景，《关于开展建设示范性职业大学工作的原则意见》首次提出“双师型”教师概念；1999年，《关于深化教育改革全面推进素质教育的决定》对“双师型教师”进行了描述；2004年，《关于全面开展高职高专人才培养工作水平评估的通知》提出“双师素质”并进行了描述；2006年，《关于全面提高高等职业教育教学质量的若干意见》提出“双师结构”并进行了描述；2015年，教育部、国家发展改革委、财政部联合发布《关于引导部分地方普通本科高校向应用型转变的指导意见》首次提出“双师双能型”教师，并进行了描述；2019年，《国务院关于印发国家职业教育改革实施方案的通知》对“双师型教师”进行了界定，即“双教学能力”。

在探索双师型教师队伍建设的过程中，“双师型”教师内涵不断丰富，概括来说，先后经历了体现双师素质的“标签式”双师，体现双师结构的“专兼结合式”双师，体现双师能力的“能力式”双师，体现双师素质和能力的“混合式”双师。其中，关于“双能力”的内涵，无非就是将理论能力、理论教学能力与实践能力、实践教学能力进行交叉组合，但无论是哪一种组合形成的“双师双能型”，都未能反映职业技术教育对教师的全部要求，也没有能覆盖全体教师。

职业教育全面贯彻党的教育方针，落实立德树人根本任务，必须打造一支高素质的“双师型”教师队伍：能驾驭理论教学、实践教学和素质教育“三驾马车”，做到并驾齐驱，将碎片化的知识、能力、素质有机融为一体，形成“有机营养餐”，始终贯穿在教育教学全过程中，做到德技兼修、育训结合、知行合一、身心和谐。这就要求职业院校教师具备理论教学能力、实践教学能力，能传授知识、能从事和指导实践、能育德育人。

当今，职业教育功利化现象仍然存在，为强化职业教育本源，将“双师型”教师由“双证”变“双能”、“双能”变“三能”，“双师双能型”教师升级为“双师三能型”教师，或许更有利于职业院校把牢为党育人、为国育才的使命，打造德才兼备、素质过硬、技术精良的教师队伍，强化教师教导学生“做事”和“做人”并举，育德育才，更好地服务人的全面发展，培养德智体美劳全面发展的社会主义建设者和接班人、高素质的劳动者和技术技能人才。

再谈高等职业院校教师分类及其发展变化

教师是高等职业教育教书育人、教课育人的关键主体，是高等职业院校学生成长与发展的关键。教师个体素能结构性协同、教师队伍结构性发展是推进高等职业院校人才培养质量整体提高的基础性、战略性支撑，国家推动高素质“双师型”教师队伍建设，一直在路上。

一、高等职业院校教师分类变化

2004 年，《关于全面开展高职高专人才培养工作水平评估的通知》（教高〔2004〕16 号）将教师分为“专任教师、校内‘双肩挑’教学行政人员、校外聘请的兼职教师及返聘教师”。其中，兼职教师被界定为校外企业及社会中实践经验丰富的名师专家、高级技术人员或技师和能工巧匠，校外兼课教师从属于校外兼职教师。同时，提出了“双师素质”教师并进行了解释（以下简称教师分类 2004 版）。

2008 年，《关于印发〈高等职业院校人才培养工作评估方案〉的通知》（教高〔2008〕5 号），将教师分为“专任教师、校内兼课人员、校外兼课教师和校外兼职教师”。其中，将校外兼职教师界定为来校兼课的一线管理、技术人员和能工巧匠，同时对“双师素质”教师进行了新的解释（以下简称教师分类 2008 版）。

2022 年，教育部等五部门发布《关于印发〈职业学校办学条件达标工程实施方案〉的通知》（教职成〔2022〕5 号），将教师分为“专任教师、校外教师、行业导师、外籍教师”，其中，将行业导师界定为高技能人才，按新学徒工、初级工、中级工、高级工、技师、高级技师、特级技师、首席技师的“新八级工”职业技能等级序列，高技能人才指高级工及以上的技能人才。2022 年，教育部职业教育与成人教育司发布的《关于做好 2023 年职业教育质量年度报告编制、发布和报送工作的通知》对“双师素质”教师进行了新的解释（以下简称教师分类 2022 版）。

经过对比分析，教师分类 2008 版在 2004 版基础上，将校内“双肩挑”教学行政人员更名为校内兼课人员，将校外聘请的兼职教师分为兼职教师、校外兼课教师，返聘教师纳入校外兼课教师中；教师分类 2022 版在 2004 版、2008 版基础上，将校外兼课教师更名为校外教师，并明确为具有高校教师资格证的人员；校外兼职教师更名为行业导师，内涵更加深刻；增加了外籍教师，适切高等职业院校国际化发展。教师分类 2022 版表述缺少省校内兼课教师群体，在填报高等职业院校人才培养工作状态数据采集与管理平台的过程中，校内有教师资格证的兼课教师群体似乎可以纳入专任教师序列。对比教师分类2004版、2008版和2022版的表述，教师分类2004版对校外兼课和兼职教师要求较高，教师分类2008版降低了兼职教师的门槛和资格，教师分类2022版中兼职教师的门槛和资格介于教师分类2004版和 2008版之间。

二、高等职业院校“双师素质”教师内涵变化

教师分类2004版将“双师素质”教师界定为具有讲师（或以上）教师职称，同时具备下列条件之一的专任教师：有本专业实际工作的中级（或以上）技术职称（含行业特许的资格证书）；近五年中有两年以上（可累计计算）在企业第一线本专业实际工作经历，或参加教育部组织的教师专业技能培训获得合格证书，能全面指导学生专业实践实训活动；近五年主持（或主要参与）2项应用技术研究，成果已被企业使用，效益良好；近五年主持（或主要参与）2项校内实践教学设施建设或提升技术水平的设计安装工作，使用效果好，在省内同类院校中居先进水平。可概括为教师职称说（讲师+），涵盖了“双职称”“一职一证”“一职一经历”“一职一能力”等组合形式。

教师分类2008版将“双师素质”教师界定为具有教师资格，又具备下列条件之一的校内专任教师和校内兼课人员：具有本专业中级（或以上）技术职称及职业资格（含持有行业特许的资格证书及具有专业资格或专业技能考评员资格者），并在近五年主持（或主要参与）过校内实践教学设施建设或提升技术水平的设计安装工作，使用效果好，在省内同类院校中居先进水平；近五年中有两年以上（可累计计算）在企业第一线本专业实际工作经历，能全面指导学生专业实践实训活动；近五年主持（或主要参与）过应用技术研究，成果已被企业使用，效益良好。可概括为教师资格说（教师资格+），涵盖“双资格”“一资一职”“一资一经历”“一资一能力”等组合形式。

教师分类2022版将“双师素质”教师界定为经省级教育行政部门认定或备案，由学校按照聘任程序聘用的，同时具有教师资格证书和国家职业技能等级证书（或职业资格证书或专业技术职务或五年企业实践时长6个月以上）的双师型教师。可概括为“1+X”说（教师资证+），涵盖“双证书”“一资一证”“一资一职”“一资一经历”等组合形式。

对比教师分类2004版、2008版和2022版关于“双师素质”教师的“职称说”“资格说”和“‘1+X’说”，教师分类2004版对“双师素质”教师要求较高，教师具有教师职称或具有两类不同的职称，既需要一定学位，还有从业经历和从业绩效要求，谈何容易。教师分类2008版、2022版均不同程度降低了“双师素质”教师门槛，适切现实教师队伍建设实际。

三、高等职业院校“双师型”教师发展变化

“双师型”教师是世界职业教育领域的“中国造”职业教育名词。从文献来看，20世纪80年代末90年代初，学者潘道才、王义澄较早提出“双师型”这一概念，“双师型”

于90年代进入国家政策话语体系。其内涵发展过程中先后有“双师素质”教师、“双师型”教师之称，从诸多文件表述来看，“双师素质”教师通常是指教师个体，“双师型”教师后面经常搭配“队伍”词组，可以理解为“双师型”教师可以是教师个体，也可以是教师集体（含双师素质、专兼结构），两者之间的内涵不尽相同。“双师型”教师可以兼容“双师素质”教师，其要义重在教师的行动层面，关于“双师型”教师内涵的政策话语演进过程如图4-1和图4-2所示。

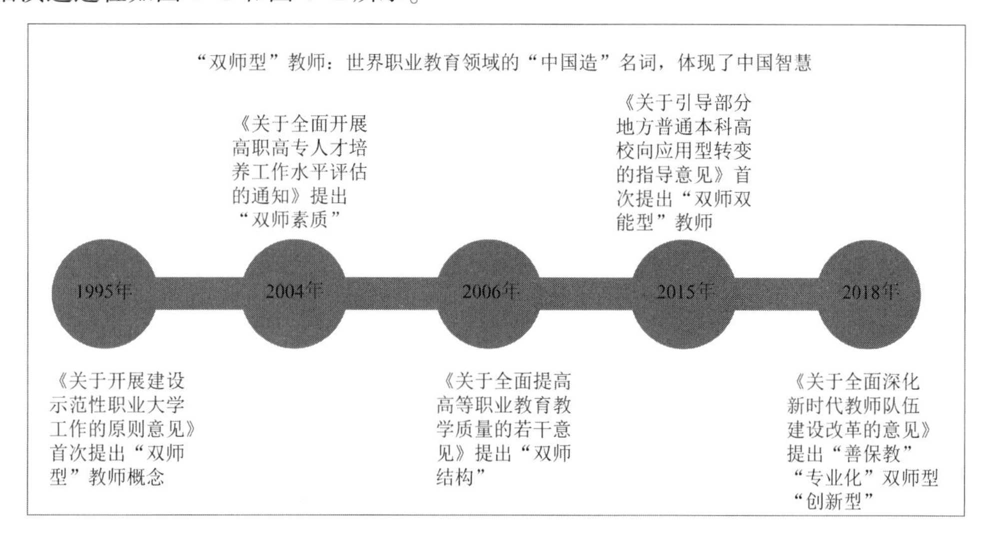

图 4-1

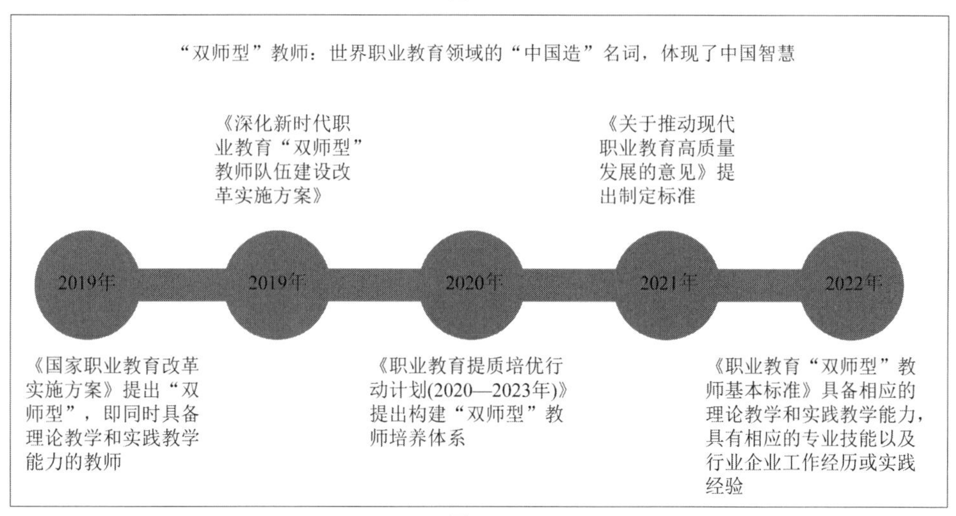

图 4-2

在“双师型”教师内涵的发展过程中，《关于引导部分地方普通本科高校向应用型转变的指导意见》（教发〔2015〕7号）提出了“既能传授专业理论知识又能从事和指导专业实践”的“双师双能型”教师这一概念；《国务院关于印发国家职业教育改革实施方案的通知》（国发〔2019〕4号）对“双师型教师”进行了界定，即具有理论教学能力和实践教学能力（“双教学能力”）；《教育部关于印发〈本科层次职业学校设置标准（试行)〉的通知》(教发〔2021〕1号)强调了“双师型”教师的企业经历，即具有三年以上企业工作经历，或近五年累计不低于6个月到企业或生产服务一线的实践经历；《关于做好职业教育“双师型”教师认定工作的通知》(教师厅〔2022〕2号)，明确了“双师型”教师既要具备相应的理论教学和实践教学能力，又要具有相应的专业技能以及行业企业工作经历或实践经验，并分三级管理和考核。

在双师型教师队伍建设的探索过程中，其内涵不断丰富，概括来说，在“双师素质”教师的组合方式基础上增加了“双经历”“双能力”“双元结构”“双师教学”“双师队伍”等标签，先后经历了体现双师素质的“标签式”双师，体现双师结构的“专兼结合式”双师，体现双师能力的“能力式”双师，体现双师素质和能力的“混合式”双师。纵观职业教育发展历史，“双师型”教师概念的内涵在不断“演绎”，从组成来看，专任教师个体双师型、兼职教师个体双师型以及专职兼职教师组合、单一执教能力和单一实践能力的专任教师组合构成双师型教师教学团队；从内容来看，将理论功底、理论教学功底与实践功底、实践教学功底交叉组合进行演绎，既具有理论功底又具有实践功底，既具有理论教学功底又具有实践功底，既具有理论功底又具有实践教学功底，既具有理论教学功底又具有实践教学功底。

职业教育不仅仅是专业教育，更应该是一种职业素质养成的教育，这可能是从根本上提高职业教育质量的逻辑起点，也是落脚点。为强化教育本源，打造具备“理论教学能力+实践教学能力+育德育人能力”的“双师三能型”教师(可详见微信公众号“湖北建院王佑华笔名珂历王”的文章《“双师三能型”：“双师型”教师的升级版》，2019-5-4)，更有利于职业院校把牢为党育人、为国育才的使命，强化教师教学生“做事”和“做人”并举，育德育才，落实立德树人根本任务。

四、高等职业院校“双师型”教师队伍达标建设变化

在“双师型”教师队伍达标建设的过程中，先后经历了从理想到适切现实的变化，自1997年以来，职业教育领域曾先后在某些口径上提出“双师型”教师达到50%、70%、80%、85%、90%等量化的占比目标，目标值设置过高。2019年1月24日，《国务院关于印发国家职业教育改革实施方案的通知》(国发〔2019〕4号)提出：2022年双师型教师占专业课教师总数超过一半；2019年9月23日，教育部、国家发展改革委、财政部、人力资源和社会保障部联合发布《深化新时代职业教育“双师型”教师队伍建设改革实施方案》(教师〔2019〕6号)，提出到2022年，职业院校“双师型”教师占专业课教师的比例超过一半；2021年1月29日，《教育部关于印发〈本科层次职业学校设置标准(试行)〉的通知》(教发〔2021〕1号)，提出“双师型”教师比例不低于50%。这种提法切合职业教育发展的实际，有利于职业院校在建设高质量“双师型”教师队伍的过程中务实推进“双师型”教师的扩面提质，不断提高“双师型”教师的比例和“双师型”教师队伍的整体结构性质量。

职业院校教学改革与建设中值得关注的现象

方今之时，我国职业教育发展环境、发展规模、院校设施设备等有较快、较大变化，职业教育发展总趋势一路向好。然而，有关职业院校教情的小抽样调研结果表明，在教学改革与建设过程中，职业院校依然存在着专业建设和改革不充分、课堂教学组织和教师行为存在偏差的现象，这个问题值得关注。

一、专业建设和改革不充分

面对职业教育的回归、现代科技的发展、产业结构调整和升级速度加快的现状，职业院校的专业改革与建设还存在不匹配和发展不充分现象：前瞻性对接经济社会发展需求和科技发展趋势不充分，培养的专业人才在产业高端、高端产业区块对新技术、新工艺等方面的引领性不够；学历教育和培训融合的系统设计不充分，人才培养方案的适应性不够；促进学生全面发展的措施系统性不充分，学生素质结构协同发展力度不够；学校和合作企业资源融合不充分，协同育人力度不够；教科研与教学结合不充分，科研反哺人才培养的力度不够；理论教学与实践能力融合培养不充分，知行合一的实施力度不够；工学交替教学组织不充分，专业课教学质量发展力度不够；专业教育和创新创业教育融合不充分，师生创意创新力度不够；课程教学和思政教育融合不充分，润无声育人力度不够；学习情景与未来职业场景结合不充分，学生体悟职业不彻底；学校功能空间与学生多样化学习方式匹配不充分，多样化满足学生学习需求不够；教育者学情分析与因材施教融合不充分，个性化培养不够；线上与线下教育有机融合不充分，混合式教学把握不够；信息技术与教育教学融合不充分，教学效度提高不够；知识与能力、素质的合成与验证不充分，教学过程中“营养”供给不够。

由于专业建设和改革的不充分，岗课赛证融通不够，培养的技术技能人才职业素养结构不能完全对接和适应社会高质量发展需要，职业教育的社会价值凸显不充分，一定程度上影响了社会对职业教育的认可度。职业院校必须对接未来科技发展趋势和市场需求，遵循教育规律，借鉴市场规律，建立彰显时代特征和职业教育类型特征的新理念、新形态、新学习、新场景、新课程和新流程，从理论、机制上供给，加大教育供给侧结构性改革，实现教育教学高质量发展。

二、课堂教学组织存在偏差

课程是人才培养的核心要素，也是质量生成的关键层面，课堂是质量生成的关键环节。从课程教学层面看，增强人才培养的适应性，需要普遍开展项目教学、情境教学、模块化教学，推行工学交替的教学组织模式。当下，职业院校的专业课程以学科知识为主要目标，以逻辑为主要载体、以传统教室为主要教学场所来组织教育教学活动的面向“考场”的“普教化”教学场景还时常可见；而以专业知识（学科知识）、职业知识和职业素质为主要目标，以项目或任务为主要载体、以多形态教室为多元场所来组织教育教学活动的面向“职场”的“职教化”教学场景还未形成燎原之势。

由于职业院校课堂上“普教化”现象的大量存在，造成课堂教学组织偏差，需要从教学理念到教学形态再到教学组织予以校正。课堂教学需以职场职业竞争力为导向，以全过程供给学生职业成长“营养餐”来组织，强化逆向思维和非线性思维、育训结合和德技兼修、工学交替和知行合一，将思政教育、劳动教育、美育教育、创新创业教育、优秀传统文化传承以及职业精神、工匠精神培育等综合融入教学内容，并通过多元化的路径渗透教育教学全过程，育德与育才并行，育训结合、德技兼修，为经济社会发展提供高素质技术技能人才支持，增强社会对职业教育的认同度。

三、教师行为存在偏差

职业院校教师是培养高素质技术技能人才的关键，是职业院校改革与发展的第一资源。时下，我国职业教育教学改革力度空前，教师凭借扎实的专业知识、丰富的职业知识、足够的社会知识和能力，谱写了一幕幕精彩的教育教学改革的篇章，推进了职业教育的大改革大发展，成为建设职业教育现代化强国的强大力量。但是，对照“四有”好教师标准，职业院校教师队伍中仍存在个别教师在执教过程中的某个环节或阶段存在行为偏差现象，可概括如下。

工作定位：教学副业，兼职主业；
职业知识：无知无畏，行为失敬；
教学策略：模仿为主，感觉行事；
教学理念：经验主导，完成任务；
教学内容：放大知识，弱化能力；
教学组织：偷工减料，短斤少两；
教学方法：单调单一，照本宣科；
教学手段：形式匮乏，匹配不够；
教学管控：视而不见，刀枪不入；
教书育人：只见说书，不见育人；
教学技术：机器灌输，播放“电影”。

教师行为偏差现象虽然比例极低，但是其负作用较大。因为教师职业的特殊性，所以学校治理应高度关注，需要建立教师培养培训体系和考核评价体系，建设教师发展平台，完善教师发展机制，强化教师职业精神、工匠精神和劳模精神培育，并从师德师风、教学理念、教学思维、科研素质、信息素养、课程建设、教学模式、教学组织模式、教学设计、教学组织、教学方法、教学手段、教学方式、教材建设、教学评价等中观和微观层面加强培育和训练，提高教师执教素养和能力。

职业教育改革已进入攻坚克难深水期，特别需要从行动领域创新突破，赋能教师，破解专业建设与改革的不充分，推进课堂教学组织和教师行为正向发展，从而促进职业院校的整体转型、提档和升级，实现学生发展倍增效应。新的阶段，在深入推进“岗课赛证融通”综合育人的过程中，产业生态、行业业态、教育形态、工作状态、个人心态的变化使凭经验、感觉和模仿来做事的时代渐行渐远。职业院校深化改革的实践已在路上，只有心存敬畏才能行之高远。面对上述现象，我们的改革思想、思维、路径和方法都需要与时俱进，以往的经验可能过时，感觉可能带偏，模仿缺乏案例，研究需要跟上，创新才能引领未来。

“共融·共生·共享”，校企合作命运共同体建设的三个向度

深化职业教育供给侧结构性改革，必须对接市场需求和未来科技发展趋势，通过深度校企合作实现在多情景和多场景中组织教育教学，职业教育既需要在传统的教学环境中传授知识，又要考虑其职业属性及其岗位适应性；既需要在真实的工作环境中真题实做，又要考虑其教育属性及其时间有限性；既要在虚拟的仿真环境中模拟实训，又要考虑其生产属性及其要素完备性。增强职业教育适应性，必须发挥教育的主导作用和市场在资源配置中的决定性作用，思辨教育规律、市场规律、产教融合规律，从“消费思维”向“生产思维”转变，不断创新机制，主动作为，彼此融入对方，形成资源“集合体”，达成文化认同，形成文化“融合体”，共享发展成果，形成效益“综合体”，打造“共融·共生·共享”命运共同体，使供需两侧同频共振，产生最大效应。

共融：“异质化”组建跨界朋友圈，形成资源“集合体”。从物理组成看，异质结构半导体比同质结构半导体的器件性能优越许多，成就了现代科技的高阶发展。深化教育教学改革，整合不同性质的校企资源形成异质结构的资源“集合体”，能形成结构性集合优势。职业教育是跨界的教育，学校基于人才培养或专业群结构发展所需，并结合企业生产或岗位群发展所需的结构性资源，组建由政、校、行、企组成的专门性组织，组建跨界朋友圈，形成集聚优势。职业教育在一定程度上可以说是“事业教育”，是源于“服务发展”的共同事业目标，将分属于政、校、行、企各自的、不同质的独立资源联合起来，形成独联体，错位发展，有效响应或前瞻性对接产业结构调整和行业转型升级周期加快带来的市场“扰动”，有利于增强职业院校适应能力，提高竞争力和风险防范能力。

共生：“同质化”构建内生强磁场，形成文化“融合体”。本着“合作规划、合作治理、合作培养、合作发展”理念，建立共同的校企发展战略、文化理念、组织愿景，完善“产学研转创用”协同创新机制，建设形式多样、功能多元的运行机构或组织，对接产业发展需求，构建特色专业群体系，协同开展技术研发和技术推广，文化传承与创新，培养复合型、创新型、匠心型人才。在合作培养及生产运营中产生共同的理念、精神价值、行为准则和规范标准，达成精神统一、规则统一、标准统一，形成浓郁的正能量文化氛围。建立资源共享组织愿景，加大活动载体建设力度，推进校企成员间的文化认同，强化学校文化与企业文化、专业文化与职业文化、学习文化与职场文化、劳动文化与劳模文化等的一体化，促进文化同质化形成“强磁场”，提升内聚力，实现同舟共济，共同应对未来挑战，为校企合作的长治久安锻造可持续合作发展的共生环境。

共享："一体化"建设共赢新机制，形成效益"综合体"。校企合作的根本目标就是解决企业与职业院校脱节的问题，这就需要建设具有更多资源、更多功能和更具组织张力的产教融合性组织来承载新的使命和任务。成立产业学院（企业学院）或"产学研转创用"综合平台，实施董事会或理事会治理架构，制定校企合作管理办法、意见、规定、方案、细则、协议等，建立一体化运行体系，充分应用信息技术开展共同治理，以大数据分析平台支撑评价与反馈，形成内部决策、执行、协商、考核、监测、奖惩、改进、共享机制，从柔性"推进"到刚性，"实现"校企双方合作规划、合作治理、合作发展、合作培养，特别是在人才培养培训方面，开展创新模式、开发课程体系、建设教学资源库、建设团队、建设基地、组织课程教学、举办技能大赛、研究课题、研发技术、制定标准、传承文化、考核评价、国际合作、信息共享、成果分享等多点合作，实现人才、技术、文化、资金等方面的高频互动、高位互融，实现良性治理，使供需诸要素关系全面深度融合，促进教育链、人才链、产业链、创新链有机衔接和贯通，形成教育效应、生产效应和社会效应最大化的效益"综合体"，合作共赢、成果共享，在错位发展中形成命运共同体，高质量服务经济社会发展和人的全面发展，成就"服务"价值。

基于品质建造背景下专业群人才培养初探

新时代建筑行业发展的诸多政策出台，有效推进了建筑产业迈向高品质建造时代。职业教育的生命力在于同步社会发展，精准对接产业链和岗位群，提升专业群建设品质，为高品质建造的发展提供高素质的技术技能人才支撑和技术支撑。

一、新时代建筑行业发展的政策导向

城市更新行动政策导向。党的十九届五中全会通过的《中共中央关于制定国民经济和社会发展第十四个五年规划和二〇三五年远景目标的建议》明确提出实施城市更新行动，这是以习近平同志为核心的党中央站在全面建设社会主义现代化国家、实现中华民族伟大复兴中国梦的战略高度制定的政策。实施城市更新行动，是推动城市开发建设方式转型、促进经济发展方式转变的有效途径，是推动解决城市发展中的突出问题和短板、提升人民群众获得感、幸福感、安全感的重大举措。解决“碎片化”问题，顺应城市的整体性、系统性、宜居性、包容性和生长性。

乡村振兴战略要求。习近平总书记在党的十九大报告中提出“乡村振兴战略”，将关系国计民生根本问题的农业、农村、农民“三农”问题作为全党工作的重中之重。随后，2018 年 2 月，中共中央颁布了一号文件《中共中央国务院关于实施乡村振兴战略的意见》，进一步加大了乡村振兴的实施力度；同年 9 月，中共中央、国务院又印发了《乡村振兴战略规划（2018—2022 年）》，并要求各地区、各部门结合实际认真贯彻落实。“乡村振兴战略”全面覆盖了乡村建设与发展的各个方面，包括新时代必须重视的乡村建筑、景观、人居环境、空间布局、室内等各种环境改善的问题。

住建部工作会议导引。2020 年 12 月 21 日，全国住房和城乡建设工作会议在京召开，会议提出：全面开展城市体检工作，有序实施城镇老旧小区改造，开展乡村建设评价试点，推进装配式结构新型农房建设的大力普及，开展绿色建筑创建行动，推动智能建造与建筑工业化协同发展。

区域产业集群发展态势。2020 年 9 月，中共湖北省人民政府办公厅印发《湖北省“擦亮小城镇”建设美丽城镇三年行动实施方案（2020—2022 年）的通知》，提出深入实施美丽城镇三年行动，小城镇是联系城市与乡村的纽带，是实施新型城镇化和乡村振兴战略的重要支点。具体需要解决：加强规划设计引领，传承历史风貌和建筑风格，打造街区内外节点景观，鼓励开展绿色建筑改造，积极引入装配式建筑等现代技术手段，提升房屋功能及风貌。

建筑类职业教育专业群建设需要快速提升品质以同步于品质建造时代的到来，实现建筑产业链、教育链、创新链和人才链融合发展。

二、基于品质建造的建筑装饰工程技术专业群建设思路

高水平的设计、高品质的施工、高端智能的用户体验、养眼养心的人文底蕴和健康宜居的空间环境，是社会对美好人居环境的需求。随着建筑业全面转型升级，建筑装饰行业迈入了高品质发展期。打造建筑装饰工程技术专业群的品质，需以“品+质”来释义，“品”是一种口碑，代表公众之口；“质”是质量，代表学生之口和用户之口，深化教育教学改革旨在培养的人才与用人单位和社会转型升级高度匹配，提升专业群品质需靠创新驱动，有效的做法是盘活存量、挖掘储量，应对变量、补充增量，提升质量。具体思路有以下几点。

（1）优化专业群结构。对接产业集群发展，制定专业群建设规划，完善专业建设目标和专业建设标准，基于装饰行业“设计+施工+管理+运维+信息”全过程，形成“桥、隧、路、轨、房”立体化专业群体系，提升现有专业群品质构架。

（2）优化课程设置。对接科技发展趋势和产业转型升级，将信息技术、装配式以及标准规范引入各专业课程，提高课程品质。

（3）改造升级实训基地。新建虚拟仿真实训基地和 BIM、装配式实训基地，信息化、智能化改造实训基地，提高实训基地品质。

（4）迭代升级平台。升级或成立研发和推广、成果转化、标准制定等多功能优势平台，推进产业技术品质革命，提升运行品质。

（5）建设师资队伍。建立教师培养培育体系，提升教师队伍的双师、双岗、双能品质。

三、基于品质建造的建筑装饰工程技术专业群人才培养实践

以服务发展为宗旨，以全面提升品质为切入点，顺应政策导向，融入区域发展，打造宜居宜业宜游的优质智慧生态圈，促进美丽乡村、宜居城市建设。对接新型装配化产业链中建筑设计、装配化施工、景观及园林工程技术的应用，解决人居生态环境、美丽乡村及城镇改造建设中的生态设计、空间布局、工业化生产、智能化运维等问题。

对接产业链和岗位群，构建模块课程体系。深度产教融合，借力校企深度合作，以建筑装饰业工作过程为导向，突出立德树人，深化课程体系内涵，打造全方位新形式的专业群共享教材体系。对接产业链、岗位群，开发岗位能力模块包和拓展能力模块包课程。对接工作过程及其生产要素，校企合作开发工作手册或教材及微课、视频、交互动画、互动游戏、虚拟现实、仿真模型等以现代信息化形式呈现的新形态教学资源。

育训结合高频循环，创新教学组织模式。以岗位模块化项目资源为依托，持续增强集

群互融互通。以职业能力为本位，创新能力岗位为目标，创新“教→学→做→评→研→管”全过程“育训结合高频循环”有机循环的教育教学新模式，如图4-3所示。以“树德、树人、树信”的课堂思政理念，落实落地“精心、精准、精细、精致”的工匠精神。

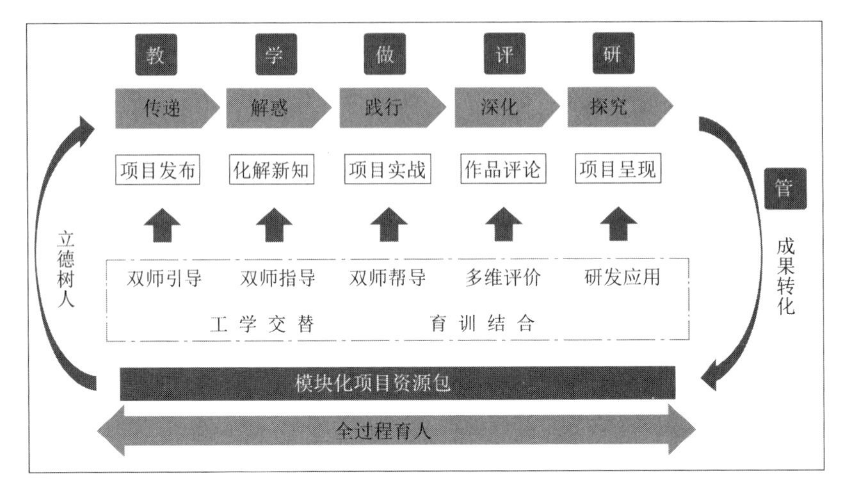

图 4-3

紧扣职业能力培养，重构实训资源配置体系。紧扣职业能力培养，重构通用技能、专项技能与专创融合“三层递进”的实训资源配置，创新新型产业链下的实践教学体系全过程，如表4-1所示。

表 4-1

能力进阶	建筑装饰工程技术专业群实训基地配置					分配原则
	建筑装饰工程技术	建筑设计	园林工程技术	古建筑工程技术	物联网应用技术	
专创融合	BIM技术中心、校企共建装配化装修技术研发中心、空间数字设计产学中心、古建大师工作室					高层互选
专项技能	世界技能大赛湖北省集训基地	PKPM绿色节能实训室、职业技能培训流动站	风景园林体验中心	古建彩画文化传承基地	传感网应用开发“1+X”考培基地及虚拟仿真实训室	中层分立
基础技能	古建筑模型展示室、CAD实训室、SU建模实训室、建筑构造展示实训室					底层共享

强化“产学研转创用”，支撑区域产业链高位发展。以区域头部企业“产学研转创用”全方位联动，助力建筑装饰企业产品及服务的“智慧+”“生态+”创新升级。如启用装饰工程全项目BIM应用，干法施工工艺推广、“物联网+”智能家居应用等，融合行业新技术、新工艺、新材料和新规范，开发及推广装配化装修施工工艺，实现“产学研转创

用”循环运行，共建工作室，实现科技升级。对标行业、企业需求和市场需求，对接职业资格证书标准，探索校企职级绩效互转机制和培养质量联动机制，探索产业学院。

丰富培养路径，打造高品质创新团队；精准定位培养，形成分层培育体系。全面落实轮训制度，制定高水平专业群带头人，行业领军技能大师，专业带头人，骨干教师，企业教师，中高职、高本衔接“双师”教师初选及分层培训计划。形成从新进教师“影子工程”培养、专业教师团队“双导师制”培养、骨干教师项目培养、企业教师专项培养、专业带头人重点质量工程培养、专业群带头人国际化联合培养的装饰专业群分层“双师型”教师培养培育体系。

培育领军人物，创建模块教学团队。以产业链的技术骨干综合素质高速提升为契机，以行业领军人物引领，校企教师分工协同，组建专业群专业平台模块教师、核心岗位能力模块教师、拓展能力模块双师团队。定点强化集群教师信息化能力、装配化教学能力、BIM 实操能力、思政教学能力、社会服务能力、科技创新能力、产研转化质量能力等专项能力。建成“名师引领、双元结构、分工协作”模块化教师教学创新团队。

在科技创新高速发展的时代，以对接产业链、职业岗位群重新“洗牌”，推进教育链中高等职业院校专业群的高品质构架；以产业链中的职业素养提升，高水平打造教育链中教师团队双师素质品牌；以产业链高品质建造路径推进创新链“产学研转创用”高质量发展；以创新链平台的搭建打通专业群“成长路径”，提升人才链品质；又以高质量人才链来推进未来高品质建造的产业链发展。以“四链融合”系统化设计和布局，精准定位人才培养目标及方向，以产业链和创新链来推进教育链和人才链，齿轮循环，精准咬合，高效推动课程体系构建、科学教学组织落实落地实施，实现高品质育人。

学习《关于加强新时代高技能人才队伍建设的意见》体会（一）

2022年10月，中共中央办公厅、国务院办公厅印发《关于加强新时代高技能人才队伍建设的意见》，文件开篇引用习近平总书记致我国第一届职业技能大赛贺信和致首届大国工匠创新交流大会的贺信“技能人才是支撑中国制造、中国创造的重要力量”，强化技能人才的重要地位，加强高级工以上的高技能人才队伍建设，意义重大。对此，笔者谈点学习体会。

一、文件聚焦高技能人才队伍建设

党中央历来高度重视产业工人队伍建设，特别是党的十八大以来，习近平总书记就产业工人队伍建设作出了一系列重要论述。2017年6月，中共中央、国务院首次就产业工人队伍建设改革印发了《新时期产业工人队伍建设改革方案》，明确提出要把产业工人队伍建设作为实施科教兴国战略、人才强国战略、创新驱动发展战略的重要支撑和基础保障，纳入国家和地方经济社会发展规划，造就一支有理想守信念、懂技术会创新、敢担当讲奉献的宏大的产业工人队伍。新的时代，新的阶段，新的征程，国际风云变幻，以美国为代表的西方国家逆全球化发展，大搞庭院高墙经济，产业生态、行业业态、教育形态发生深刻变化。高技能人才队伍建设需要动态跟随国家战略、维护国家安全、适应民生，聚焦先进制造、集成电路、人工智能、智慧农业等战略性新兴产业，加大供给侧结构性改革力度，缓解就业结构性矛盾，前瞻性培养高端产业、产业高端所需要的高技能人才，增强国家的核心竞争力和科技创新能力。《关于加强新时代高技能人才队伍建设的意见》是对走深走实《新时期产业工人队伍建设改革方案》，进一步健全高技能人才培养、使用、评价、激励的设计指导。

二、文件中的首次提法

习近平总书记关于做好新时代人才工作的重要思想是这样表述的：“以习近平新时代中国特色社会主义思想为指导，深入贯彻党的十九大和十九届历次全会精神，全面贯彻习近平总书记关于做好新时代人才工作的重要思想，坚持党管人才。”“关于做好新时代人才工作的重要思想”的表述还是首次，跟以往表述“重要指示精神”“重要论述”相比有变化。在有关教育的文件中，如文件表述“贯彻落实习近平总书记关于教育的重要论述”，关于教育的表述是“重要论述”，本文件关于人才工作的表述是“重要思想”，两个词之间有递进关系；“习近平总书记关于教育的重要论述”是对马克思主义教育思想的继承和发展，是中国特色社会主义教育事业发展实践的最新理论成果，是习近平新时代中国特色社会主义思想的重要组成部分。

高技能人才队伍建设“画像”。首次对建设高技能人才队伍进行了“画像”，即打造一支爱党报国、敬业奉献、技艺精湛、素质优良、规模宏大、结构合理的高技能人才队伍。

新“八级工”。形成由学徒工、初级工、中级工、高级工、技师、高级技师、特级技师、首席技师构成的“八级工”职业技能等级（岗位）序列；并对高技能人才进行了界定，即高级工以上的技能人才。

“工匠园区”。围绕乡村振兴战略，实施乡村工匠培育计划，挖掘、保护和传承民间传统技艺，打造“工匠园区”。

技高者多得。引导企业建立健全基于岗位价值、能力素质和业绩贡献的技能人才薪酬分配制度，实现多劳者多得、技高者多得，促进人力资源的优化配置。

“揭榜领题”。鼓励企业根据需要，建立高技能领军人才“揭榜领题”以及参与重大生产决策、重大技术革新和技术攻关项目的制度。加强对技能人才的政治引领和政治吸纳，注重做好党委（党组）联系服务高技能人才的工作。

从技能人才中培养选拔党政干部。支持各地面向符合条件的技能人才招聘事业单位工作人员，重视从技能人才中培养选拔党政干部。这是新时代强化工人阶级领导地位的重大突破。

三、文件中的体系建设

高技能人才工作体系。构建党委领导、政府主导、政策支持、企业主体、社会参与的高技能人才工作体系。

高技能人才培养体系。构建以行业企业为主体、职业学校（含技工院校，下同）为基础，政府推动与社会支持相结合的高技能人才培养体系。行业企业被提到第一责任主体位置。

质量监督体系。构建政府监管、机构自律、社会监督的质量监督体系。

职业标准体系。完善由国家职业标准、行业企业评价规范、专项职业能力考核规范等构成的多层次、相互衔接的职业标准体系。

技能人才评价体系。完善以职业能力为导向、以工作业绩为重点，注重工匠精神培育和职业道德养成的技能人才评价体系。

中国特色职业技能竞赛体系。完善以世界技能大赛为引领、全国职业技能大赛为龙头、全国行业和地方各级职业技能竞赛以及专项赛为主体、企业和院校职业技能比赛为基础的中国特色职业技能竞赛体系。

高技能人才表彰奖励体系。建立以国家表彰为引领、行业企业奖励为主体、社会奖励为补充的高技能人才表彰奖励体系。

此外，文件中还提及了“国有企业要结合实际将高技能人才培养规划的制定和实施情况纳入考核评价体系”“健全公共职业技能培训体系，实施职业技能培训共建共享行动，开展县域职业技能培训共建共享试点”“健全人才服务体系，促进技能人才合理流动，提高技能人才配置效率”。

学习《关于加强新时代高技能人才队伍建设的意见》体会（二）

当今社会，科学技术深刻影响着国家前途命运和人民生活福祉。“技能人才是支撑中国制造、中国创造的重要力量”，营造“尊重技能、尊重劳动的社会氛围更加浓厚”的社会环境，让更多的劳动者愿意走技能成才、技能报国之路，对巩固和发展工人阶级先进性，增强国家核心竞争力和科技创新能力，缓解就业结构性矛盾，推动各方面高质量发展具有重要意义。《关于加强新时代高技能人才队伍建设的意见》（以下简称《意见》）提出的“加大高技能人才表彰奖励力度”“健全高技能人才激励机制”，是不断提升技能人才的政治、社会、经济待遇的进一步设计。

一、“数”说技能人才的激励

党和国家历来重视提高技能人才队伍建设水平，不断拓宽技能人才政治待遇、提高技能人才经济待遇、提升技能人才社会地位，增强技能人才的成就感、获得感和自豪感，激发技能人才的爱国之情、奋斗之志、奉献之力。

党的十九大、二十大代表中，奋斗在生产和工作第一线的党员有 771 名，占比均在 33%以上。其中，党的二十大代表中，工人党员 192 名，占比 8. 4%；农民党员 85 名，占比 3. 7%；专业技术人员党员 266 名，占比 11. 6%。

第十三届全国人大代表共 2 980 名，其中，一线工人、农民代表 468 名，占代表总数的 15. 70%；专业技术人员 613 名，占比 20. 57%。第十四届全国人民代表大会代表中的基层代表，特别是一线工人、农民和专业技术人员代表的比例还将有所上升。

各级工会实行产业工人在群团组织挂职和兼职，截至 2021 年 9 月，31 个省级地方工会配备挂职兼职副主席 132 名，其中，劳模和一线职工兼职副主席 62 名。

全国劳动模范每 5 年表彰一次，1950—2015 年，党中央、国务院先后召开 15 次表彰大会，表彰全国劳动模范和先进工作者 31 515 人次。1989 年以来，表彰大会基本形成了每五年一次的固定届次，每次评选表彰先进个人 3 000 名左右。2020 年，党中央、国务院授予 1 689 人全国劳动模范称号，授予 804 人全国先进工作者称号。其中，企业职工和其他劳动者 1 192 人，占总人数的 47. 8%；农民 500 人，占比 20. 1%；机关事业单位人员 801 人，占比 32. 1%。可以看出，来自基层一线的比例较高，其中一线工人和企业技术人员 847 人，占企业职工和其他劳动者的 71. 1%，相比 2019 年提升了 14. 1%。

全国五一劳动奖和全国工人先锋号每年表彰一次，近年来，表彰人员坚持注重向基层一线的普通劳动者倾斜，注重产业工人所占的比例并实行单列，且设定比例不得低于35%，农民工人比例不得低于10%，释放劳动光荣、劳模光荣，实干兴邦、创新发展，爱岗敬业、甘于奉献的正能量。2022年，中华全国总工会授予全国五一劳动奖状200个、全国五一劳动奖章966个、全国工人先锋号956个，其中单列35个奖章、3个先锋号名额以表彰全国职工职业技能大赛优胜者（31个）和国家重大工程项目的建设者（“一带一路”标志性工程中老铁路建设中单列奖章4个、先锋号3个）。产业工人共计373名，占比40.1%，基层一线的劳动者共计613人，占比65.9%，其中农民工149人，占比16.0%，科教人员204名，占比21.9%。表彰对象覆盖了国民经济行业分类中除“国际组织”之外的所有19个行业大类，其中，表彰对象最多的是制造业，占比34.1%。

1992年，全国总工会会同中组部、教育部，在中国劳动关系学院（原中国工运学院）创办了首批共48名学员的劳模本科班。1996年起，符合入学条件的全国劳模、全国先进工作者和全国五一劳动奖章获得者，由省（自治区、直辖市）总工会推荐，全国总工会审定，报教育部批准，可免试入学。2019年，中国劳动关系学院在劳模本科班基础上成立劳模学院，培养知识型、技能型、创新型劳模人才。

1995年，国家开启高技能人才评选表彰工作，建立高层级的技能人才表彰奖励制度，每两年开展一次。截至2021年，人社部共评选表彰了290名中华技能大奖获得者、3 321名全国技术能手，706家国家技能人才培养突出贡献单位、394名突出贡献个人。

2006年，国家科技进步奖首次设立“工人农民创新奖”，截至2021年，共有20名技术工人获国家科技进步二等奖。

2008年，国家调整享受国务院政府特殊津贴专家的评选对象，从只表彰专业技术人员变为表彰专业技术人员和高技能人才，并且高技能人才占比10%。截至2017年，共有2 250名高技能人才获此殊荣。

始于1960年由全国妇联每年表彰一次的三八红旗手，始于1991年由全国妇联每年表彰一次的巾帼建功标兵，始于1994年由团中央每年表彰一次的全国青年岗位能手，始于1997年由中国共产主义青年团中央、中华全国青年联合会共同每年表彰一次的青年五四奖章的评选，以及每年组织的专家休假疗养、各项活动中的技能人才的比例逐渐增加，有的地方占比达25%以上。

2018年，中共中央办公厅、国务院办公厅印发了《关于提高技术工人待遇的意见》，要求提高技术工人待遇。2021年，人社部印发《技能人才薪酬分配指引》，推动企业建立健全符合技能人才特点的工资分配制度，提高技能人才薪资待遇，“技高者多得、多劳者多得”。部分省份还对高技能人才表彰奖励、升学、职业技能等级晋升等出台了具化的政策，例如，2022年7月，湖北省人民政府办公厅印发《实施“技兴荆楚”工程服务现代产业高质量发展若干措施》，让技能人才有甜头、有奔头。

二、高技能人才激励制度的新设计

《意见》对高技能人才激励制度进行了系统化设计，提出“加强对技能人才的政治引领和政治吸纳，注重做好党委（党组）联系服务高技能人才工作。注重依法依章程推荐高技能人才为人民代表大会代表候选人、政治协商会议委员人选、群团组织代表大会代表或委员会委员候选人。进一步提高高技能人才在职工代表大会中的比例，支持高技能人才参与企业管理。按照有关规定，选拔推荐优秀高技能人才到工会、共青团、妇联等群团组织挂职或兼职”“支持各地面向符合条件的技能人才招聘事业单位工作人员，重视从技能人才中培养选拔党政干部”。

《意见》提出“完善评选表彰中华技能大奖获得者和全国技术能手制度。国家级荣誉适当向高技能人才倾斜。加大高技能人才在全国劳动模范和先进工作者、国家科学技术奖等相关表彰中的评选力度，积极推荐高技能人才享受政府特殊津贴，对符合条件的高技能人才按规定授予五一劳动奖章、青年五四奖章、青年岗位能手、三八红旗手、巾帼建功标兵等荣誉，提高全社会对技能人才的认可认同”“建立高技能人才休假疗养制度，鼓励支持分级开展高技能人才休假疗养、研修交流和节日慰问等活动”。

《意见》提出“引导企业建立健全基于岗位价值、能力素质和业绩贡献的技能人才薪酬分配制度，实现多劳者多得、技高者多得，促进人力资源优化配置。国有企业在工资分配上要发挥向技能人才倾斜的示范作用。完善企业薪酬调查和信息发布制度，鼓励有条件的地区发布分职业（工种、岗位）、分技能等级的工资价位信息，为企业与技能人才协商确定工资水平提供信息参考。用人单位在聘的高技能人才在学习进修、岗位聘任、职务晋升、工资福利等方面，分别比照相应层级专业技术人员享受同等待遇。完善科技成果转化收益分享机制，对在技术革新或技术攻关中作出突出贡献的高技能人才给予奖励。高技能人才可实行年薪制、协议工资制，企业可对作出突出贡献的优秀高技能人才实行特岗特酬，鼓励符合条件的企业积极运用中长期激励工具，加大对高技能人才的激励力度。畅通为高技能人才建立企业年金的机制，鼓励和引导企业为包括高技能人才在内的职工建立企业年金。完善高技能特殊人才特殊待遇政策”。

《意见》提出了由学徒工、初级工、中级工、高级工、技师、高级技师、特级技师、首席技师构成的“八级工”职业技能等级（岗位）序列，并明确了高级工以上的技能人才为高技能人才，《意见》提出了高技能领军人才，但未做具体界定，我们或许可以将中华技能大奖获得者、全国技术能手、工人农民创新奖获得者、享受国务院政府特殊津贴的技能人才以及受表彰的全国劳动模范、先进工作者和全国“五一”劳动奖章获得者中的技能人才纳入高技能领军人才队伍。

学习《关于推动现代职业教育高质量发展的意见》体会（一）

2021年10月12日，中共中央办公厅、国务院办公厅印发《关于推动现代职业教育高质量发展的意见》（以下简称《意见》），全文22条，此文件当属于2021年4月12日召开的第八次全国职业教育大会的纲领性文件。

党的十八大以来，习近平总书记在治国理政过程中，高度重视职业教育在社会主义现代化建设中的地位和作用，高度重视职业教育在实现中华民族伟大复兴中国梦中所承载的责任和使命。习近平总书记在报告、讲话、谈话、演讲、考察、批示、贺信中发表了一系列关于职业教育改革和发展的重大理论问题和实践问题的重要论述，为我国新时期职业教育改革与发展指明了方向。

《意见》开篇引用习近平总书记关于职业教育的重要论述“职业教育是国民教育体系和人力资源开发的重要组成部分，肩负着培养多样化人才、传承技术技能、促进就业创业的重要职责。在全面建设社会主义现代化国家新征程中，职业教育前途广阔、大有可为”。强调了职业教育的重要性，职业教育的职责与使命，职业教育在党和国家工作全局中具有重要位置。

第一条，“指导思想”。强调深入贯彻落实习近平新时代中国特色社会主义思想和党的十九大精神，贯彻落实习近平总书记关于职业教育的重要论述，全面贯彻党的教育方针，进一步明确“优化类型定位，深入推进育人方式、办学模式、管理体制、保障机制改革，切实增强职业教育适应性，加快构建现代职业教育体系，建设技能型社会，弘扬工匠精神，培养更多高素质技术技能人才、能工巧匠、大国工匠”的职业教育发展与改革的行动指南。

第二条，“工作要求”。提出了“五坚持三推动一实现一营造”要求，即“坚持立德树人、德技并修，推动思想政治教育与技术技能培养融合统一；坚持产教融合、校企合作，推动形成产教良性互动、校企优势互补的发展格局；坚持面向市场、促进就业，推动学校布局、专业设置、人才培养与市场需求相对接；坚持面向实践、强化能力，让更多青年凭借一技之长实现人生价值；坚持面向人人、因材施教，营造人人努力成才、人人皆可成才、人人尽展其才的良好环境”。

第三条，“主要目标”。“到2025年，职业教育类型特色更加鲜明，现代职业教育体系基本建成，技能型社会建设全面推进。办学格局更加优化，办学条件大幅改善，职业本科教育招生规模不低于高等职业教育招生规模的 10%，职业教育吸引力和培养质量显著提高。到 2035 年，职业教育整体水平进入世界前列，技能型社会基本建成。技术技能人才社会地位大幅提升，职业教育供给与经济社会发展需求高度匹配，在全面建设社会主义现代化国家中的作用显著增强。”与以往描述 2025 年、2035 年职业教育发展目标相比较，《意见》的内涵更为丰富，意蕴更为深刻。用“技能型社会建设”统揽“职业教育发展环境”，用“职业教育整体水平进入世界前列”替代“职业教育总体发展水平进入发达国家中上水平，成为世界职业教育有重要影响力的国家”，将受多变量影响的“职业教育吸引力”纳入发展目标。

第四条，“巩固职业教育类型定位”。多年来，我国在学习国外职业教育经验的基础上，根据我国发展环境及自身条件变化，重点在职业教育类型定位行动领域进行创新，中国特色日益彰显。省级统筹，因地制宜、统筹推进职业教育与普通教育协调发展，加快建立“职教高考”制度，完善“文化素质+职业技能”考试招生办法。《意见》强调“加强职业教育理论研究，及时总结中国特色职业教育办学规律和制度模式”。旨在形成丰富的职业教育理论和实践成果，彰显职业教育“中国方案”特色，增强话语权。

第五条、第六条，“推进不同层次职业教育纵向贯通”“促进不同类型教育横向融通”。从《意见》的描述可以领悟中职基础性、高职专科引领性、高职本科发展性、职业教育与普通教育的融通性、继续教育开放性。“一体化设计职业教育人才培养体系，推动各层次职业教育专业设置、培养目标、课程体系、培养方案衔接，支持在培养周期长、技能要求高的专业领域实施长学制培养”。形成职普并行、纵向贯通、横向融通的培养体系，建成以法制为基础的，机制更加成熟定型，“直通车”“立交桥”“旋转门”运行更加灵活畅通的现代职业教育体系。

学习《关于推动现代职业教育高质量发展的意见》体会（二）

2021年4月12日召开了第八次全国职业教育大会，2021年10月12日，中共中央办公厅、国务院办公厅印发纲领性文件《关于推动现代职业教育高质量发展的意见》，强调“积极推动‘岗课赛证融通’综合育人”。对此，笔者谈点学习体会。

第一，对整个句子的理解。要将此句置于职业教育“以服务发展为宗旨，以促进就业为导向”的办学指针下来理解。职业教育要服务人的全面发展，其教学服务特征是专业理论教学、实践教学和职业素质教育并驾齐驱，促进职业知识、能力和素质融合，达成全面职业素质的养成；职业教育是服务经济社会发展的一种类型，其社会服务特征是同步于社会发展，专业设置与产业需求对接、课程内容与职业标准对接、教学过程与生产过程对接，承载技术技能人才培养、社会服务、技术传承与研发、文化传承与创新、国际交流与合作等职能，动态匹配产业结构调整转型升级。理解整句话须把握服务“两个发展”的要义。

第二，对词语“积极推动”的理解。“积极推动”意味着倡导鼓励，“岗课赛证融通”是今后一个时期职业教育的改革导向。“积极推动‘岗课赛证融通’综合育人”旨在通过“岗课赛证融通”深化教育教学改革，落实立德树人根本任务。职业教育，尤其是高等职业教育经过二十余年发展，在人才培养模式的改革与创新上，借鉴国际先进职业教育理念和经验进行了丰富而卓有成效的探索，也取得了显著成效，推进了职业教育的发展，为职业教育的大发展大改革奠定了坚实的基础。在新的时代，深化创新技术技能人才培养模式改革，以推进“岗课赛证融通”综合育人引领三教改革，促进职业教育高质量发展，成为新阶段探索中国职业教育特色的重要目标导向、改革导向。职业院校必须以改革创新精神作为根本动力，笃定立德树人作为根本任务，遵循教育规律，发挥市场在资源配置中的决定性作用，狠抓落实。

第三，对词语“岗课赛证融通”的理解。“岗课赛证”跨界于岗位工作、课程教学、技能赛事及社会评价等领域，推进“岗课赛证融通”，必须基于职业岗位群要求，设置结构化课程体系，基于系列技能大赛标准开展普适性训练和选拔性训练。推进“岗课赛证融通”需要做到“六融”，即融职业标准、教学标准、技能大赛标准（技术标准、评价标准）、技能等级标准于一体；融职业岗位群模块、课程模块、技能大赛模块与职业技能训练模块于一体；融职业岗位工作过程、课程教学过程、备赛过程与证书获取过程于一体；

融生产方法、教学方法、大赛训练方法与实践训练方法于一体；融学校文化、企业文化和职业文化于一体；融思想政治教育与技术技能培养于一体，培养德智体美劳全面发展的匠心型技术技能人才。

第四，对词语“综合育人”的理解。职业教育要推进“岗课赛证融通”综合育人，需要校企融合形成命运共同体，深度推进产教融合、校企合作办学模式，深入实施工学结合、知行合一的人才培养模式，全面实现育训结合、工学交替教学组织模式。校企双元互动、协同育人，融知识点、技能点、素养点、思政点于一体，有效深化教育教学改革，开启“岗课赛证”并驾齐驱的新时代，促进学生知识、能力和素质协调发展，成为中国特色社会主义建设者和可靠接班人。

#《实施“技兴荆楚”工程服务现代产业高质量发展若干措施》的学习体会

技能人才是支撑中国制造、中国创造的重要基础，对推动经济社会高质量发展具有重要作用。2022年7月，湖北省人民政府办公厅印发《实施“技兴荆楚”工程服务现代产业高质量发展若干措施》（以下简称《若干措施》），这是湖北省深入贯彻落实习近平总书记关于技能人才工作的重要指示精神，学习贯彻落实新《职业教育法》，扎实推进“技能中国行动”在湖北省落地见效的务实之举。对此，笔者谈点学习体会。

一、内涵丰富，协同联动有力度

《若干措施》开篇立足于社稷民生和未来科技发展，服务现代产业高质量发展，提出“更大力度援企稳岗促就业，加快推进全国科技创新高地、制造强国高地、全国数字经济发展高地、全国现代农业基地、全国现代服务业基地建设”。《若干措施》正文部分从职业技能培训、产教融合、评价激励、竞赛引领、能力建设、组织领导六个方面，就技能人才的培养、使用、评价、激励等环节，提出了20条具体举措。为使“技兴荆楚”工程落实落地，《若干措施》明晰了行动层面的牵头单位和责任单位，其中，省人社厅牵头11条，省人社厅、省教育厅共同牵头4条，省发改委牵头2条，责任单位除省发改委、省人社厅、省教育厅外，还有省经信厅、省科技厅、省自然资源厅、省财政厅、省政府国资委、省住建厅、省医保局、省地方金融监管局、省税务局、中国人民银行武汉分行、湖北银保监局、省总工会、省妇联、团省委、各市州县人民政府，既各司其职又协同推进形成联动机制。《若干措施》内容丰富、内涵深刻，引导职业院校、企业和个人内涵建设，有看头、有品头、有嚼头；《若干措施》的政策红利使得学校、企业和个人的获得感更强，有搞头、有奔头、有甜头。《若干措施》的出台必将增强湖北省发展职业教育的新活力，加快技能型社会建设。

二、项目明确，经费支持有力度

《若干措施》明晰的企业、学校和个人有关经费支持项目及标准如下。

重点企业开展新型学徒制培训，培训补贴标准可相应提高20%。对完成培训并取得国家职业资格证书或职业技能等级证书的，按技师（二级）3 500元/人、高级技师（一级）5 000元/人的标准，给予企业技能培训补贴。

对纳入省产教融合型企业认证目录的企业，给予“金融+财政+土地+信用”的组合式激励，在结构性减税、用地保障、财政投入与抵免、专项资金奖补、金融等方面予以支持。

企业围绕主营业务开展的技能竞赛、岗位练兵、技术比武，按规定给予竞赛培训补贴。

职业院校面向社会承接各类技能培训所得扣除必要成本后的剩余部分，按照最高不超过40%的比例核增单位绩效工资总量。

对在本地重点企业就业的中职院校、技工院校毕业生，与企业签订1年及以上期限劳动合同，并由企业为其依法办理社会保险且连续缴费满12个月的，按照中级工3 000元/生、高级工5 000元/生、预备技师6 000元/生的标准，给予其所在院校一次性培养补助。

立足本职岗位提升技能，对取得初级工（五级）、中级工（四级）、高级工（三级）职业资格证书或技能等级证书的，分别按1 000元、1 500元、2 000元的标准，按规定给予技能提升补贴。

对省级高技能人才培训基地、技能大师工作室、职工（劳模、工匠）创新工作室分别给予200万元、10万元、5万元建设补助资金支持。各地可根据职业技能提升行动专账资金支撑能力，支持企业、职业院校、就业训练中心和培训机构购置培训教学仪器设备。

三、分类评价，多维激励有力度

《若干措施》对技能人才职业化成长及其待遇给予的具体意见如下。

全面推行高技能人才与专业技术人才职业发展贯通，完善有突出贡献的高技能人才破格评定高级专业技术职称政策。支持重点企业开展首席技师、特级技师评聘工作，提升技能人才职业发展空间。

评选“劳动模范”“五一劳动奖章”“青年五四奖章”“三八红旗手”，向一线高技能人才倾斜。在“湖北工匠”“湖北省技能大师”“湖北省技术能手”等高技能人才评选中，对重点企业单列指标。

落实技工院校高级工班、预备技师（技师）班毕业生分别按照大学专科、本科学历毕业生享受同等待遇政策。鼓励企业对关键技术岗位实行协议工资、项目工资、年薪制等分配形式。有条件的企业可建立企业年金和补充医疗保险，并向所聘的生产一线的高级工、技师、高级技师、特级技师、首席技师倾斜。将高技能人才纳入各地人才优惠政策保障范围，按规定给予租房和生活补贴，享受落户、住房、配偶就业、子女教育等保障服务。

国际比赛参赛选手（含入围国家集训队选手）、获得国家级比赛优胜奖及以上奖项的学生，参加湖北省与大赛赛项对应或相近专业类别的技能高考，经考生本人申请、省教育厅审核，可直接认定其技能考试部分满分。各相关院校可出台学生参加竞赛集训课程置换、学分置换政策等具体措施。

对参加纳入各级人社部门年度技能竞赛计划并按国家职业技能中级工、高级工标准设置比赛内容技能竞赛的选手，进入决赛且考核合格的可直接授予中级工、高级工技能等级证书；对优胜选手按规定晋升技能等级、授予相应级别的“技术能手”称号。

高等院校、职业院校教师指导学生参加国际比赛、国家级比赛以及省内技能竞赛相关工作的，训练时间视同教学课时。指导学生在国际比赛、国家级比赛获得优异成绩的，可直接申报相应专业技术职称，在同等条件下优先支持申报“湖北省技能大师”“湖北省技术能手”等荣誉称号。

对获得“中华技能大奖”“湖北工匠”等省部级及以上荣誉称号的高技能人才和国际比赛参赛选手（含国家集训队入围选手）、国家级比赛优胜选手，可按国家有关规定直接通过考察，公开招聘到各类院校的相关专业岗位任教。

现代职业教育发展改革策略理念浅析

我国现代职业教育已进入大改革大发展的新阶段，必须从各个层面全面推进，不断更新理念，深化职业教育产教融合发展模式、完善校企合作办学模式、创新工学结合人才培养模式，推行知行合一教学模式、优化工学交替教学组织模式，建设高水平的人才培养体系，办高质量的职业教育。

一、实施职业教育大改革大发展的基本理念

从2005年《国务院关于大力发展职业教育的决定》提出“以服务为宗旨、以就业为导向”，到2014年《国务院关于加快发展现代职业教育的决定》指出“以服务发展为宗旨，以促进就业为导向”，再到2019年国务院印发的《职业教育改革实施方案》，职业教育的办学内涵更加丰富，办学方向更加明确。职业教育要以立德树人为根本任务，服务经济社会发展和人的全面发展。

2019年3月5日，李克强总理在第十三届全国人民代表大会第二次会议上做政府工作报告，首次将就业优先政策置于宏观政策层面，将职业教育“纳入多管齐下稳定和扩大就业”中阐述，提出“加快发展现代职业教育，既有利于缓解当前就业压力，也是解决高技能人才短缺的战略之举”，“让更多青年凭借一技之长实现人生价值，让三百六十行人才荟萃、繁星璀璨”。

当今社会日新月异，产业结构调整和转型升级步伐不断加快，职业院校应更加凸显把学校办成对接社会或前瞻性引领社会进步的多功能“充电”中心的作用，满足个人从学生到社会职业人不断成长与发展的需要，既能为促进适龄人群职业认识和初次就业创业提供优质职前教育和培训服务，也能为职业转换人群提供优质职后教育和培训服务，应致力于服务人的全生命周期发展、服务经济社会的全生命周期发展，促进全社会就业稳定和扩大。

新时代，职业院校应深刻领悟职业教育办学方针内涵和李克强总理讲话精神，对接市场发展，基于职业教育“以服务发展为宗旨、以促进就业为导向”的职业教育办学方针，形成“现代职业教育服务全生命周期发展，促进就业稳定和扩大”的职业教育理念，真正彰显现代职业教育的全部内涵。

二、实施职业教育大改革大发展的基本原则及思路

现代职业教育是工业化的产物，一个社会的工业化程度越高，对职业教育的要求就越高。

1. 实施职业教育大改革大发展的基本原则

第一，职业教育的发展必须同步于社会变化。过去，社会科技不发达，劳动密集型企业多，对劳动者的技能水平依赖程度高，而且由于产业结构调整和转型升级步伐较慢，一个人在职业上可能从一而终，靠传统职业教育或传统学徒制就可以满足职业需求。当今，社会科技越来越发达，知识密集型企业越来越多，工业机器人替代人工技能，对劳动者技能水平的依赖程度大大降低，但对劳动者的技术技能创新的依赖程度越来越高，靠传统的职业教育与学徒制已不能满足和适应其需求。因此，需要加快现代职业教育发展，加快推进现代学徒制和企业新型学徒制制度实施，动态刷新理念引导发展、供给政策改善环境、创新治理体系形成机制、优化专业群结构布局对接产业发展战略、集约资源推进校企共同体“双主体”育人，加大人、财、物投入保障发展，同步适应于工业化 4.0 时代的新变化，彰显职业教育的生命力。

第二，职业教育教学改革必须适应市场变化。随着国家发展战略的进一步实施，产业水平正在不断升级，产业结构调整和转型升级正向高端方向发展，带来产品结构和就业结构的不断变化，需要劳动力素质结构同步提升。在此背景下，需要以高质量的职业教育为支撑，作为培养把“图纸”变成“产品”的技术技能人才的职业院校，要以服务“两个发展”为宗旨，前瞻性思考，换挡提速，动态刷新办学理念、创新办学模式、加大专业集群建设力度、推进课程开发、整合集成校企资源，加大人、财、物保障力度，常态化运行内部质量保证体系的诊断与改进，前瞻性对接和主动适应社会发展，彰显职业院校的活力。

2. 实施职业教育大改革大发展的基本思路

面对国家教育方针的新主张、国家战略布局的新变化、未来科技发展的新趋势、产业行业企业职业的新要求、生源主体结构的新特点、教育教学生态的新建设，职业教育必须全面深化产教融合、校企合作、育训结合，实施三全育人，推进三教改革，落实立德树人根本任务，优质供给“跟随”行业企业发展的“现代工匠”，做到职业院校供给和市场需求两侧同频共振，助推经济社会高质量发展。

第一，适应促进学生全面发展要求，强力落实立德树人根本任务。职业教育培养德智体美劳全面发展的社会主义建设的技术技能人才和社会主义接班人，要抓实政治教育、思想教育、职业道德教育、工匠精神教育，让正心、正念、正能量占据学生大脑，德行天下。传授科学知识，训练技能，发展能力，让知识和技能武装学生，智行天下。促进学生养成体育锻炼的习惯，锻造良好意志、品质，增强适应自然环境的能力，让良好的身体素质伴随学生，健行天下。培养学生感受美、鉴赏美、表现美、创造美，提高审美情趣，让真善美占据心灵，美行天下。组织学生进行技能练习、工艺制作、创意设计、技术试验、职业体验、顶岗实习等劳动实践，让创意、创新、创造充盈大脑，创行天下，开启职业教育“育人全面”的新时代。

第二，适应职业院校发展新定位，刷新理念。教育与培训是职业教育的法定职责，职业院校在做强教育的同时，必须做强培训。当今社会日新月异，当代人特别是新生代所从事的职业可能不再从一而终，新时代职业院校应顺势而为，更加突显把学校办成对接社会或前瞻性引领社会进步的多功能的“充电”中心，满足个人从学生到社会职业人不断成长与发展的需要，提供全生命周期的教育和培训，促进各类群体就业的稳定和扩大，开启职业教育“服务全生命周期发展”的新时代。

第三，适应产教融合，推进校企系统化合作。没有高质量的校企合作，就没有高质量的职业教育，推进校企系统化合作，必须制定政策形成制度链，建立机构搭建平台（载体）形成组织链，建设物理环境及网络技术支持系统形成保障链，加大培训、改变理念、提高能力形成执行链，加强数据采集与分析形成反馈链，推进教育链、产业链、人才链、创新链协同，促进人才流、技术流、文化流、资本流高频高位运行，促进学生知识技能素质协调发展，培养创新型、复合型技术技能人才，开启职业教育“校企共同体”育人的新时代。

第四，适应生源主体多样化，因材施教。随着高职扩招 100 万人的实施，职业院校的生源主体更加多元化，学生的素质结构、年龄结构、来源结构不平衡且差异较大，必须践行有教无类的教育理念，建立“目标多样，路径多条，自主选择，因材施教、因材施训”模式，以适应多样化的学生基础水平和职业生涯目标，促进学生获得各自的最佳发展。将学情分析纳入学校发展的管理层面，将因材施教能力纳入教师发展的重要指标，开启职业教育“多把尺子”丈量不同来源学生的新时代。

第五，适应教育信息化转型升级，建立新型教学形态。加快职业教育的信息化转型升级进程，构建面向全社会的新型教育生态，形成更加灵活开放、更加公平、更加优质的教育资源和终身教育体系，学习者可借助远程通信、人工智能等技术，随时、随地、随需学习，为稳定和扩大就业提供保障，契合时代发展，开启职业教育“信息化教育”的新时代。

职业院校发展面临的最大问题在于适应变化，面对市场“扰动”，职业院校必须发挥市场机制的作用，因事而化、因时而进、因势而新，既要正视市场、适应市场，又要解剖市场、超越市场，不忘初心，牢记使命，守住底线，致力于“适应”社会需求和“引领”社会进步的统一，促进人的全面发展，为国育才，为党育人，彰显高等职业院校落实立德树人根本任务的定力。

三、职业教育实施大改革大发展的基本方略

2014 年，国务院颁发《关于加快发展现代职业教育的决定》，2019 年，国务院印发《国家职业教育改革实施方案》，对发展现代职业教育进行了理念的重大创新。职业院校要始终坚持党对学校工作的全面领导，坚持社会主义办学方向，落实立德树人根本任务，落实教育和培训并举的法定职责，服务人的全面发展，服务经济社会发展，实施教师、教材、教法改革，实施全员、全程、全方位改革，推行政校行企联动，推进教育链、产业

链、人才链、创新链协同发展，将决策指挥、质量生成、资源建设、支持服务和监督控制融入学院、专业、课程、教师、学生层面，将德智体美劳融入人才培养、技术研发、社会服务、文化传承、国际合作过程中，培养全面发展的社会主义建设者和接班人，培养高素质的劳动者和技术技能人才，如图4-4所示。

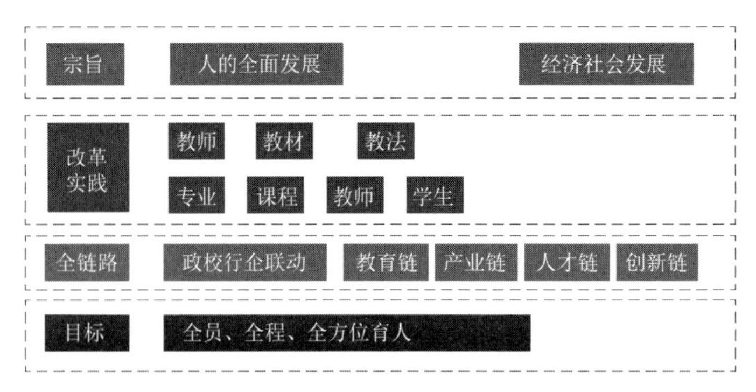

图 4-4

具体来说，可以将职业教育改革发展的基本方略概述如下：党的领导是保障、社会主义是方向，民族复兴是使命、优先发展是战略，立德树人是根本、为国育才是大道，文化育人是指引、教育无痕是境界，服务发展是宗旨、促进就业是导向，扎根中国是前提、双师教师是基础，教改项目是载体、改革创新是动力，产教融合是路径、特色发展是目的，两轮驱动是定位、工学交替是特征，三全育人是趋势、三教改革是重点，四方联动是方式、四链协同是场景，五育并举是要求、协同发展是职责，发展质量是关键、诊断改进是手段，全面治理是措施、高质发展是目标。

四、职业教育实施大改革大发展的基本线路

以党的教育方针为统领，深化教育教学改革；以教育和培训为法定职责，服务人的全面发展和经济社会发展；以为党育人、为国育才为使命，培育先进的育人文化；以双师型教师队伍建设为基础，提升教育改革能力；以普适性和拔尖性建设并举为原则，发展整体质量；以合作规划、合作治理为基础，推进校企融合；以深化产教融合、校企合作，探索混合所有制办学模式；以培训载体和资源保障为依托，建立培训实施组织体系；以现代学徒制试点为契机，创新升级培养模式；以知行合一为导向，推进教学模式改革；以育训结合为着力点，深化教学组织模式改革；以专业群建设为龙头，建设高水平人才培养体系；以课程思政为重点，落实立德树人根本任务；以双创教育为突破口，培养创意、创新、创业能力；以课程建设与改革为关键，前瞻性对接企业转型升级；以教学资源建设为切入点，建设立体化教材体系；以职业技能大赛为载体，强化学生技能；以“1+X”证书改革为抓手，分层递进、分类贯通培养复合型技术技能人才；以公益活动为纽带，培育学生社会责任感；以社团活动为路径，助力学生全面发展；以学分制深度改革为推手，推行学分互认替代积累和转换；以因材施教为核心理念，实施个性化培养；以多元评价为监测，建

立内外结合的绩效考核机制；以集成形成大数据为目的，消除信息孤岛；以国际合作与交流为途径，扩大国际视野；以教学工作诊改为手段，推进全面治理，促进整体质量持续发展。

湖北省现代职业教育的创新发展路径浅谈

加快发展现代职业教育是党中央、国务院作出的重大战略决策。党的十八大以来，习近平总书记在治国理政过程中，高度重视职业教育在社会主义现代化建设中的地位和作用。2014 年，第七次全国职业教育大会召开，习近平总书记对职业教育工作作出重要批示，强调“各级党委和政府要把加快发展现代职业教育摆在更加突出的位置，更好支持和帮助职业教育发展”；2018 年，中央深改委第五次会议提出“把职业教育摆在更加突出位置”；2019 年，《国务院职业教育改革方案》提出“把职业教育摆在教育改革创新和经济社会发展的突出位置”。职业教育已摆在了党和国家工作全局的重要位置，为新时期教育事业的发展指明了方向、提供了根本遵循。助推湖北省高质量发展，迫切需要加快发展现代职业教育，培养大批技术技能人才和高素质劳动者，支撑湖北省实体经济向高端发展。

一、政策层面，需要把牢“四个向度”推进现代职业教育高适配性发展

2019 年 3 月，教育部、财政部印发《关于实施中国特色高水平高职学校和专业建设计划的意见》（教职成〔2019〕5 号文）；2019 年 4 月，教育部等 4 个部门联合印发《关于在院校实施“学历证书+若干职业技能等级证书”制度试点方案的通知》（教职成〔2019〕6 号）；2020 年 9 月，教育部等 9 个国务院职业教育工作部际联席会议成员单位联合印发《职业教育提质培优行动计划（2020—2023 年）》（教职成〔2020〕7 号），全面开启职业院校新一轮普适性建设（提质培优行动、“1+X”试点）和拔尖性建设（双高建设）并举的模式。职业院校需要以党建为统领，凝聚各方力量，把牢提质、培优、增值、赋能四个向度，深化改革，不断创新，以质图强，推进职业教育高质量发展，如图 4-5 所示。

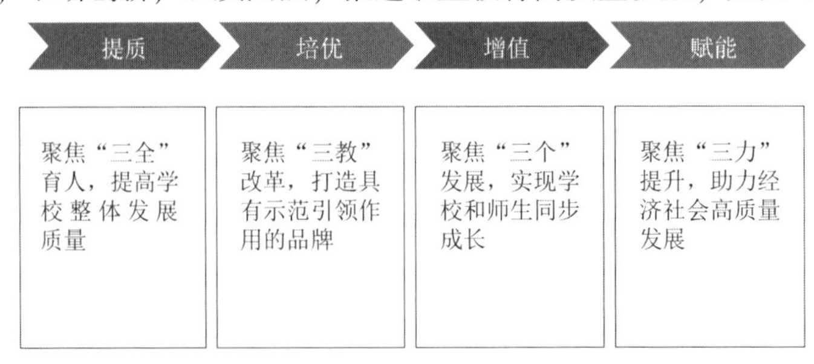

“四个向度”推进职业教育高质量发展

图 4-5

（一）提质：聚焦“三全”育人，提高学校整体发展质量

从提质向度看，职业院校在以提质培优推进学校质量发展的过程中，需要最大限度促进整体质量的提高，提高学校的社会认可度和公信度。

学校需要紧紧抓住培养中国特色社会主义事业接班人这一育人之魂，实施三全育人，推进思想政治教育的做实和创新。建构“思想政治理论课+狭义课程思政+广义课程思政”三位一体的思政教学体系，推进思政教育全员参与、全程贯穿、全面协同，深入开展理想信念教育和社会主义核心价值观教育，植信念、播信仰、触灵魂、修德行。从编制三全育人规划、出台实施指导意见、制定工作方案、精细工作职责和要求、分解任务清单、明确实施路线图等方面，构建三全育人链路闭环系统。遵循教育教学规律、思想政治工作规律、教师和学生成长规律，发挥行政规律、市场规律作用，建立机制、夯实基础、建设平台、搭建载体、拓展空间、优化环境、提升能力，形成环环相扣的立体化工作体系。理顺三全育人运行机制，切实发挥学校质量保证主体作用，做到人人育人、时时育人、事事育人、处处育人，落实立德树人根本任务。强化学校所有工作人员的责任感和使命感、质量意识和担当意识，让每个员工在各自领域、各自岗位、各个环节，有能力且按标准从形式到内容都做到高质量的育人，推进学校整体质量发展，实现“面”上提质。

（二）培优：聚焦“三教”改革，打造具有示范引领作用的品牌

从培优向度看，职业院校在以提质培优推进全面深化改革的过程中，需要最大限度打造高品质的教育教学品牌，提高学校的社会辨识度和美誉度。

实践证明，今天的高等职业院校改革要见成效，实现高水平的发展，更需要的是把微观领域的内涵建设做到极致，在人才积累、学术积累、文化积累的基础上打造个性化品牌。教师是课程改革和课堂革命的的第一资源，是提高培养质量的关键主体；课程是教学质量生成的关键层面，是提高培养质量的核心载体；课堂是教学质量生成的关键环节，是提高培养质量的主阵地。教师、教材、教法改革是职业院校发展质量、培育品牌落在深处、落于实处的具体体现。深化三教改革，首先要健全教师发展机制，建立师资培养体系，培养德才兼备的“双师三能型”教学创新团队（详见微信公众号“湖北建院王佑华笔名珂历王”2019年5月4日文章《“双师三能型”；双师型教师的升级版》)，实施教师培优行动，培育在全国、全省有影响的专家、技能大师、教学名师等领军人才；建设立体化教材体系，开发课程标准、资源库、新型教材等，打造优秀教材以及精品在线开放课程、虚拟仿真实验教学课程、线下课程、线上线下混合式课程、社会实践课程等“金课”；深度、广度探索中国特色学徒制，全面实施“1+X”证书制度试点，推进现代信息技术与教育教学深度融合，实施理论教学+实践教学+素质教育一体化的课堂革命，激发社团组织活力，推进本科层次职业教育人才培养等，形成典型案例，打造具有示范或引领作用的品牌，推进学校微观层面的高品质发展，达成高质量的人才培养，实现“点”上出彩。

（三）增值：聚焦“三个”发展，实现学校和师生同步成长

从增值向度看，职业院校在以提质培优推进学校发展的过程中，需要最大限度促进教

师和学生发展，提高学校的社会认同度和吸引力。

专注学校发展，提升内部治理水平，加强治理能力和水平建设，完善以章程为核心的内控制度体系，营造良好的文化环境，使教职工心灵的需求得到满足、发展的潜能得到发挥、行动力量得以增长、劳动价值得到认可，从而迸发出强大的动能，助推学校高质量发展；提档升级信息技术系统，建设院校综合服务与决策支持平台，盘活数据资产，实行数据说话，辅助科学决策，进行科学绩效考核，实现信息化增值服务，以有效支撑学校的高质量改革与发展。优化升级对外交流平台，拓展“一带一路”国际合作，广泛参与国际职业教育合作与发展，推进中外交流双向输出，扩大国际话语权，助力学校提高国际竞争力。

重视教职工发展，通过高水平的治理，教职工能获得更好的发展，专业素养不断提升，职业化发展日臻完善，做到胸中有志、心中有爱、眼中有人、口中有德、腹中有墨、手中有艺、行中有善，从而获得丰富的社会荣誉、教学成果、科研成果，个人的社会影响力与日俱增。

聚焦学生发展，补齐德育、美育、劳育短板，促进学生德智体美劳五类素质结构均衡发展，实现学生就业有优势、创业有本领、升学有基础、发展有潜力；加强人才培养和教育教学关键环节的标准化建设，将产业标准、企业文化引入人才培养，将职业精神、工匠精神、劳模精神融入人才培养全过程，促使每位有意愿接受职业教育的学习者能够享受到优质的职业教育资源，学生能力素质结构能适应岗位技术、生产过程的新发展要求，实现体面就业、人生出彩、幸福生活的目标。

（四）赋能：聚焦“三力”提升，助力经济社会高质量发展

从赋能向度看，职业院校在以提质培优提高人才质量的过程中，需要最大限度提升学校的服务力、贡献力、引领力，助力经济社会高质量发展，提高学校的社会贡献度和依存度。

把专业群建在产业链上，形成与产业同步发展的专业群体系，以专业群为载体，统筹规划开发资源配置，优化教育教学结构质量，着力学校“五个职能”、教育与培训、教师“五种能力”、学生“五个素质”等结构的均衡发展，提升服务力，为政府、行业、企业提供智力、技能支持，高质量服务经济社会发展、服务行业企业发展、服务人的全面发展。迭代升级校企深度融合机制，不断夯实产教融合平台，创新运行机制，完善建设技术技能协同创新中心、产业学院、工作室、产业研究所等运营实体，并打造成集“智库+研发+创新创业+社会服务+人才培养培训”于一体的多功能平台，提升贡献力，为区域产业结构调整和转型升级供给技术技能人才并提供技术技能积累。致力于“适应”社会需求和“引领”社会进步的统一，加强产业与职业研究、技术研发与文化创新，提升引领力，为政策法规和标准制定建言献策，或提供决策咨询，为行业企业的转型升级保驾护航，为职业院校构建高水平的人才培养体系提供方案，为顺应未来科技发展趋势、满足市场需求培养前瞻性技术技能人才，实现职业院校在一定的域值内前瞻性引领社会发展的责任和担当。

二、省域层面，需要多元化推进湖北省现代职业教育发展进程

围绕湖北省“一芯驱动、两带支撑、三区协同”的总体布局，为深入对接产业结构调整和转型升级，主动适应产品结构和就业结构的变化，倒逼职业教育提质增效、加速发展，同步提升劳动力素质结构，需要下大力气全面深化职业教育改革，以服务人的全面发展和湖北省经济高质量发展（如图4-6所示）。

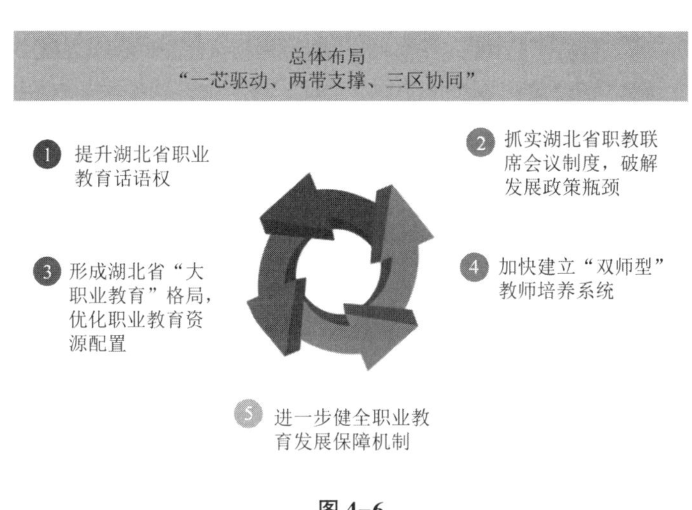

图4-6

（一）提升湖北省职业教育话语权

加强职业教育研究，构建湖北省特色职业教育的思想体系、话语体系、政策体系和实践体系。一方面，成立专门机构，组建团队，争取国家重大招标课题和重大调研基金项目，开展产业与职业教育等政策研究，形成咨政报告，为职业教育创新发展提供理论指导与政策方案，为行业的政策法规、标准制定建言献策。另一方面，以项目课题为研究载体、以教改项目为实施载体，将鲜活的实践进行提炼，归纳形成案例或上升为理论，提升影响力，使行动层面的做法从地方话语体系或学术语言进入国家话语体系，为丰富中国特色职业教育的思想体系、话语体系、政策体系和实践体系作贡献，从而提升湖北省话语权。

（二）抓实湖北省职业教育联席会议制度，破解发展政策瓶颈

（1）进一步完善工作机制。将发展现代职业教育纳入各级党委和政府工作的全局，在湖北省职业教育联席会议制度基础上，可以建立由省、市地、县级党组（委）副书记任组长的三级教育工作领导小组，强化党的领导，落实落细国家职业教育发展政策。

（2）进一步发挥智库作用。成立由宏观管理、行业企业、职业院校、学术研究等领域的专业人士组成的湖北省职业教育指导咨询委员会，发挥智库作用，提高职业教育科学化决策水平。建立“定期遴选认定职业教育专家+定期举办职业教育专家研讨会”模式，发挥专家的智囊优势，提供职业教育理论和实践支撑。

(3) 进一步深化产教融合体制机制建设。加大校企合作法律保障措施力度，借鉴江苏、浙江、山东等地的经验，出台职业教育校企合作条例或办法，建立校企合作的新体制，营造更好的、更有利于推进校企合作的生态环境；重塑校企合作关系，厚植企业承担职业教育责任的社会环境，对积极参与职业教育，并在参与过程中起到主体作用的企业，在财政、税收、金融等要素和企业评优评先、项目资助等方面给予明显倾斜，并给予财政性补贴，使校企合作不仅限于民间状态；发挥市场在资源配置中的决定性作用，深入推进产教融合，支持建设若干产教融合省域试点城市、试点行业、试点企业，推进大中型企业与职业院校开展深度合作。

三、院校层面，需要多视域推进职业院校高质量发展转变

把准方向，更新理念，升级“四个平台”，配套实施“六+十+五+七+六”的多维度转变。从宏观、中观和微观领域全面推进职业教育转型升级，不断深化职业教育产教融合发展模式、完善校企合作办学模式、创新工学结合人才培养模式，推行知行合一教学模式、优化工学交替教学组织模式、升级课程开发模式、抓实师资队伍建设，持续平台动态运维功能，科学有效实施高频互通。

(一) 持续完善综合育人平台多功能提升

推进职业教育提质培优三年行动计划，职业院校要贯彻落实习近平新时代中国特色社会主义思想和党的十九大精神，贯彻落实习近平总书记关于职业教育的重要论述，全面贯彻党的教育方针，坚持社会主义办学方向，遵循职业教育规律，发挥市场规律作用，建立机制、夯实基础、建设平台、搭建载体、拓展空间、优化环境，形成迭代升级的立体化工作体系。尽管职业院校经过多年的改革与发展，大都建设了推进产教融合、技术研发、国际交流和信息化系统的四个平台，但是推进职业院校提质培优，建强学校，还必须升级“四个平台”。

(1) 迭代升级职业教育集团，推进校企深度融合。不断完善和创新集团化办学建设和运行机制，集聚优质资源，重点吸收国内外知名企业加入职业教育集团，依托学会或协会组织，组建跨区域职业教育集团联盟，形成“一校多企—多校多企—多校多企多集团”模式的垂直平台体系，推进校企合作沿着“点—线—面—体—旋转体”的轨迹梯度拾级而上，迭代发展。有效完善育人与培训的有机结合，将开展“学历证书+若干职业技能等级证书”制度试点作为推进集团化办学模式的关键载体，推进企业与学校教育要素的全面融通，形成校企合作广度、深度及资源集成度依次提高的“结合型企业—顶岗实习型企业—教学型企业—产教融合型企业”梯度体系，实现学校与企业、教育与培训的渐进融合。依托职业教育集团，高层次探索中国特色学徒制，根植产业、行业、企业、职业，科学设置专业，系统组织学业，促进创业、就业，培育守业、敬业、勤业、乐业的“12 业”人才培养逻辑链，持续推进校企双方人才流、技术流、文化流、资金流高位高频运行，升级校企合作机制，实现校企资源全要素融合，为探索混合所有制办学奠定坚实的实践基础，系

统推进和落实立德树人根本任务，打造示范性职业教育集团。

（2）全面升级协同创新中心，增强技术革新能力。完善协同创新中心运行机制，规范科技开发管理，完善科技成果考核评价体系和激励机制，为科技人才发展创造良好的成长环境。打造管理与技术创新智力平台，组建由院士、专家、政府参事等构成的学校协同创新专家咨询委员会，广开言路，广纳善策，发挥好专家的“智囊”作用，增强决策的科学性、前瞻性和技术技能创新的前沿性、高端性。瞄准新形势下行业转型升级的新趋势，组建专项研究团队，积极争取重大招标课题和重大调研基金项目，开展产业和职业政策研究，形成咨询报告；对接国家战略和产业转型升级的重大需求，构建特色专业群体系，完善技术技能平台建设，扩容、升级应用技术协同创新中心，协同开展科技攻关、科技应用研究和技术推广。不断加强技术技能积累与创新，提升协同创新中心的社会服务力、贡献力和引领力，将协同创新中心打造成区域的技术研发平台、对外高质量开展社会服务的平台、“行业转型升级+教育和培训”的平台、行业转型升级发展的智库，实现协同创新中心的增值赋能，为推动行业转型升级发展提供技术技能支撑。

（3）优化升级对外交流平台，提升国际合作水平。完善国际合作交流机制，建设与国际教育相适应、适合学校特点的交流渠道和平台，广泛参与国际职业教育合作与交流，学习和引进国际先进生产工艺流程、产品标准、技术标准、服务标准、管理方法和资源，促进学校国际化人才培养，打造国际化师资队伍。与境外办学机构联合设计、申报中外合作办学项目，推动联合培养，为师生搭建学习交流的重要平台。与国外高水平技术应用大学建立战略合作伙伴关系，进行广泛、深入的合作与交流，扩大国际视野。加入国际相关学术组织，积极参与和推动国际学术组织有关政策、规则、标准的研究和制定，提升国际话语权。参加或承办国际会议，广泛参加国际学术交流，通过“请进来”和“走出去”提升学校的国际知名度和影响力。完善学校对外国专家的聘请和管理机制，推进引智项目，建立海外教师库，吸引高层次外国专家来学校任教和讲学，优化教师的国际学缘结构；实施“骨干教师海外提升计划”，支持优秀教师到海外进行访学、研修，培养国际化优秀人才。与服务“一带一路”的大型企业联合共建国际化人才培养基地，面向国际培养熟悉当地风俗、文化、法律的技术技能人才，面向当地培养既懂中国管理和文化又具备职业技能的当地员工，提升人力资源水平。

（4）提档升级信息技术系统，彰显数据资产效能。实施信息化标准规范体系，建设信息化建设与应用管理标准，综合运用大数据、人工智能等手段加快智慧校园建设，推进数字源、优秀师资、教育数据共建共享，不断完善校园网络和公共基础设施，建设现代云数据中心，构建数字化师生信息服务平台、教学资源共享平台、信息化实训平台、智能化培训平台和诊断与改进平台，实现信息全方位的获得和共享。前瞻性对接未来科技发展趋势和市场需求，校企合作开发优质数字教育资源，建设职业教育教学资源库、精品在线开放课程、虚拟仿真实验教学课程、线下课程、线上线下混合式课程、社会实践课程，开发虚拟仿真和远程教学实训资源，运用现代信息技术改进教学手段和方式方法，提升教育教学信息化水平。加快推进由懂教育规律的职业教育专家和懂信息技术的技术专家深度合作优化信息系统，以业务过程信息化为关键、以数据中心建设为核心，使离散状态的数据形成数据互联、互通以及集中共享，实现大数据开放应用，达成对教学质量的实时监测和预警；将数据纳入学校的重要资产，盘活数据资产，为辅助科学决策提供可靠的数据来源，提高学院信息化应用效能，实现信息化增值服务，有效支撑学校高质量改革与发展。

（二）精准实施职业教育多维度发展

（1）在学校发展策略层面上，实现“六个转变”。

基于职业教育是一种教育类型，职业院校发展策略应实现“六个转变”。第一，从“以就业为导向”转变为“以促进就业为导向”，贯彻党的教育方针，德技兼修，促进人的全面发展，立德树人是职业院校的根本任务。第二，从“以服务为宗旨”转变为“以服务发展为宗旨”，促进经济社会发展，前瞻引领是职业院校的社会使命。第三，从“单打独斗”转变为“协同发展”，办人民满意的职业教育，既要充分发挥职业院校个体质量，又要通过多种形式加大院校之间、区域之间的交流与合作力度，协同发展是职业院校的共同追求。第四，从“学校办学”转变为“校企双主体办学”，激发办学活力，校企融合是办高质量职业教育的前提。第五，从“关门办学”转变为“开放办学”，加大合作与交流，服务“一带一路”建设战略，引进和输出人才、技术、标准、方案、优秀文化等，促进资源共享是发展趋势。第六，从“教育信息化”向“信息化教育”转变，促进优质资源共享，是实现更加公平的职业教育的有效途径。

（2）在校企合作层面上，实现“十个转变”。

基于产教融合校企合作是职业教育办学之道，校企合作必须实现“十个转变”：把企业一般性作用转变为主体作用、把企业对学生一般性培训转变为在岗培训，把校企一般性合作转变为系统化合作，把一般性招生转变为校企联合招生招工，把学生一个身份转变为两个身份，把学生一般性实习转变为在岗学习，把学生一般性实训转变为生产实训，把学生一般性工学结合转变为育训结合，把一般性课程转变为多元特色课程，把一般性考核转变为多元考核。

（3）在人才培养体系建设层面上，实现“五个转变”。

基于教育链、人才链、产业链、创新链协同联动，高水平人才培养体系建设要实现“五个转变”：第一，从碎片化的专业建设转变为专业集群建设，加大专业群建设力度，把专业群建在产业链上，形成与产业同步发展的专业群体系，以高水平专业群建设支撑高质量专业人才培养；第二，从分散式的教学系统转变为集成化的教学体系，加大对接产业结构调整和转型升级力度，优化课程体系、教学组织、条件保障，补齐体美劳教育短板，形成内外衔接的教学体系，以高水平的教育支撑学生的高质量全面发展；第三，从关注教材转变为关注教学资源，生产课程标准、资源库、教材等，形成完备的教材体系，以高水平的教材建设支撑高质量的有效育人；第四，从刚性管理转变为弹性管理，加大教学管理改革力度，全面推行完全学分制，形成具有开放性、反馈性的教学管理体系，以高水平的治理能力支撑高质量的人才培养；第五，从重视育才体系构建转变为育德育才体系构建，加大思政教育改革力度，按“大思政”教育格局，形成系统的思政教育体系，落实立德树人根本任务，以高水平的思政教育支撑高质量的为国育才，为党育人。

（4）在课程教学层面上，实现“七个转变”。

基于课程教学是高等职业院校工作的基石，是落实立德树人根本任务的主要阵地，课程教学必须实现“七个转变”：第一，在课程标准体例上，由只面向指导教师教学用向指导师生转变；第二，在教学设计上，由面向考场的顺向思维向面向职场的逆向思维转变；第三，在教学内容上，由将知识、能力、素质割裂化培养向全过程中始终将“知识、能力、素质”融为一体作为有机营养成分一以贯之转变；第四，在教学组织上，由发挥单一主体资源向发挥校企双主体资源参与的方式转变；第五，在教学手段上，由传统的教学场所向信息化教育和情景化教学转变；第六，在教学方式上，由“规模化”的教学向个性化学习的丰富教学形态转变；第七，在教学评价上，由单一主体、结论性评价向多元主体、结果性评价和形成性评价并重转变。

（5）在教师发展层面上，实现“六个转变”。

基于教师是发展职业教育质量的关键主体，教师必须实现“六个转变”：第一，由“教学人”向“教学人和德育人合一”转变，这是教育促进人的全面发展使然；第二，由“教育人”向“教育人和社会人合一”转变，这是教育促进经济社会发展使然；第三，由“学校人”向“学校人和系统人合一”转变，这是促进教育平衡充分发展使然；第四，由“消费者”向“消费者和生产者合一”转变，这是教育前瞻引领社会发展使然；第五，由“教师”向“教师和培训师合一”转变，这是完善现代职业教育和培训体系使然。第六，由“教育信息化”向“教育信息化和信息化教育合一”转变，这是开启教育新时代使然。

聚焦我国职业教育发展态势，从创新发展职业教育的体制和运行机制的角度入手，对湖北省现代职业教育转型升级发展模式、保障措施及可持续发展策略不断纵深推进研究和实践，从思路和举措上不断完善和更新，构建具有湖北省特色、走在全国前列的现代职业教育和培训体系，推进现代职业教育转型升级，更好地服务新时代现代化技能强省建设。

根植专业促发展

学习《职业教育专业简介（2022年修订）》的体会与思考

近日，教育部发布新版《职业教育专业简介（2022年修订）》，覆盖新版专业目录全部19个专业大类、97个专业类的1 349个专业。其中，中等职业教育358个，高等职业教育专科 744个，高等职业教育本科247个。《职业教育专业简介（2022年修订）》具化了各专业的职业面向，建构了直通车体系中“中职—高职专科—高职本科”人才培养目标的层级定位，细化了各专业的能力要求，更新了专业课程，增加了实习场景、接续专业、职业类证书等内容。其对各院校精细化制定专业人才培养方案具有重大的指导意义和极大的引导作用。学习理解《职业教育专业简介（2022年修订）》，有利于思辨职业教育各层级专业人才培养目标定位。专业培养目标内容如下。

立足职业岗位群，兼顾教育共性和职业教育类型，聚焦一线技术技能和管理岗位，从“政治方向+职业规格+职业面向+人才类型”四要素加以阐述。

其中，职业面向六要素，以建筑行业为例：专业大类（建筑类），专业类（建筑施工类），行业（房建业），职业类别（智能施工职业群），智能施工或管理或运维（岗位），证书（施工员证等）。

从“职业面向”的描述范式看，各中等职业专业的表述范式是面向“……岗位（群）”，各高职专科专业的表述范式是面向“……技术领域”，各高职本科专业的表述范式是面向“……技术领域”。比较来看，中等职业学生重在工作岗位的技能层面，通过娴熟的技能胜任技艺性工作；高职生重在工作岗位的技术层面，既能胜任中等职业学生的工作，还能进行技术技能改进和创新以提高岗位工作质量和效益。

从“培养目标定位”的描述范式看，各中等职业专业的表述范式是“……技术技能人才”，各高职专科专业的表述范式是“……高素质技术技能人才”，各高职本科专业的表述范式是“……高层次技术技能人才”。比较来看，培养目标的落脚点都是技术技能人才，现有的培养目标定位表述中，对中等职业学生、高职专科生和高职本科生的层级划分是通过技术技能培养再加上具体的知识、能力、素质以及所从事工作的综合程度、复杂程度、技术程度等文字表述来予以体现的。个人认为这种表述容易造成理解上的偏差，被误认为是通过“高素质”“高层次”等前缀来区分“中职—高职专科—高职本科”的培养目标层级定位，或许对目标层级的表述逻辑还可以优化。

按《职业教育法（修订案）》第二条“本法所称职业教育，是指为了培养高素质技术技能人才，使受教育者具备从事某种职业或者实现职业发展所需要的职业道德、科学文化与专业知识、技术技能等职业综合素质和行动能力而实施的教育，包括职业学校教育和职业培训”。可见，“高素质技术技能人才”不是高职专科培养目标定位的“专利”，能否用“中等层次”“专科层次”“本科层次”的表述将技术技能人才加以区分，或将前缀“高素质”“高层次”提前或将其内涵渗透至前面的文字表述中，值得探讨。

专业群课程体系构建之思

当下，专业群组群理念、组群逻辑呈现百家争鸣、百花齐放的态势。面对纷繁的组群逻辑，按专业群课程模块范式构建专业群课程体系，需要理顺逻辑并进行合理链接。

如何在广泛调研的基础上，结合学校办学底蕴和专业特色沉淀，创新组建适应服务区域或行业发展需求、适切学校发展能力的高水平专业群，增强学校竞争力，是高等职业院校新一轮内涵建设的“主赛道”。专业群建设的要素及内涵丰富，其中，构建专业群课程体系是其重要内容。各高等职业院校在探索过程中，研制了不少关于建构专业群课程体系的精彩“作品”，形成了可资借鉴的经验和做法。面对纷繁的组群逻辑，按“底层共享、中层分立（融合）、高层交互”的课程模块结构范式构建专业群课程体系，需要理顺相关的逻辑关系并进行合理链接。

一、厘清专业人才培养方案中的课程类型

专业建设的主要内核集中在人才培养方案编制、课程群构建及其实施上，课程群如同“电脑芯片”有机嵌置在人才培养方案这一“电脑主板”中，这些不同类型的课程群及其课程承载各自的培养目标，不可或缺，它们协同联动发挥作用，实现课程到课程群、专业到专业群的培养目标，从而实现学校培养德智体美劳全面发展的高素质技术技能人才和社会主义可靠接班人的目标。

专业人才培养方案中的课程是承载人才培养的关键载体，从不同的维度可以将其分成不同的类型。例如，从课程育人目标性来看，可分为德育课程、智育课程、体育课程、美育课程、劳育课程；从课程类别特征性来看，可分为公共通识课、专业基础课、专业课、拓展课；从课程学习选择性来看，可分为必修课、限选课、任选课；从课程计划性来看，可分为显性课程和隐性课程；从课程建设覆盖性来看，可分为狭义课程和广义课程；从课程内容结构性来看，可分为分科性课程和综合性课程；从课程开设的主体性来看，可分为国家课程、地方课程、校本课程；从人才培养工作状态数据采集平台中对“课程类型”数据项的界定来看可分为 A 类理论课程、B 类理实一体化课程、C 类实践课程。这些维度的课程类别之间存在交叉、重叠、包含、补充、扩展的关系。在开发专业人才培养方案课程体系的过程中，要顺应国家之需、时代之期，对接社会经济发展需求、学校人才培养目标定位，尊重教育规律和职业成长规律，发挥市场规律作用，厘清课程之间的逻辑关系，系统化考量并调适这些课程链接关系及比例关系。

二、厘清专业群人才培养方案中各课程模块的内部构架

关于专业群组建的逻辑依据，学者们基于产业关联、职业岗位群、知识逻辑、资源整合、职业教育标准等维度提出了对接“产业链”“职业岗位群”“学科基础”“资源共通”“专业目录”等理据的专业群形态，专业群组建的实践更是精彩纷呈。组群逻辑不同，跨界有大有小、跨度有高有低，课程链接关系有紧有松，从目前专业群课程模块结构性范式来看，主要表现为“底层共享、中层分立（融合）、高层交互”或“底层共享、中层分立（融合）、高层交互、顶层贯通”。各模块的课程容量有大有小、互通互融。

在专业群课程体系构建过程中，公共通识课一统化纳入底层共享课程群，但各专业对应的专业基础课是否也可以一统化纳入底层共享课程群，需要考量。为厘清各层级模块课程的构成及其逻辑关系，在此建立“专业群专业通识课”“个性化专业基础课”概念：将专业群内各专业共用的专业基础课程称为“专业群专业通识课”，以区别单体专业的“专业基础课”；将各专业独有的或不兼容的专业基础课称为“个性化专业基础课”，以区别“专业群专业通识课”。

在课程体系建构过程中，根据“个性化专业基础课”是纳入“底层课程群”还是纳入“中层课程群”，可以有以下两种构架方法。

方法一：基于学分制机理，将各专业的对应专业基础课全部纳入“底层课程群”中，即“底层课程群”涵盖公共通识课、专业群专业通识课程和个性化专业基础课，但各专业的个性化专业基础课以限选课的形式与对应的、同为限选课的“中层课程群”链接捆绑在一起进行选择。因为“底层课程群”变成“底层共享课程群+个性化专业基础课程群”，所以专业群课程模块结构性范式的说法应调整为“底层宽厚、中层分立（融合）、高层交互”。

方法二：基于集成原则，将个性化专业基础课纳入“中层课程群”，即“底层课程群”只涵盖公共通识课和专业群专业通识课程，“中层课程群”涵盖专业核心课和个性化专业基础课。例如，对接产业链或园区组建的专业群，呈现中层分立形态，“底层”的专业群公共通识课、专业群专业通识课不能完全支撑“中层”课程的学习，因此在“中层”的课程体系中，还需要植入个性化专业基础课。这种架构不需要改变原专业群课程模块结构性范式的说法，仍为“底层共享、中层分立（融合）、高层交互”。

在构建专业群课程体系中，将个性化的专业基础课纳入“中层融合（分立）课程”，即“底层共享课程群”涵盖公共通识课和专业群专业通识课程。“中层课程群”呈现分立形态时涵盖专业核心课和个性化的专业基础课。例如，对接产业链或园区组建的专业群，“底层”的专业群公共通识课、专业群专业通识课不能完全支撑“中层”课程的学习，在“中层”的课程体系中，还需要植入个性化专业基础课；“中层课程群”呈现融合形态时只涵盖专业核心课，例如，对接职业岗位群组建的专业群，其“底层”的专业群公共通识课、专业群专业通识课基本上能支撑“中层”课程的学习，在“中层”的课程体系中，

不需要植入个性化专业基础课。

三、厘清专业群结构化的课程模块在人才培养中的定位

基于学分制机理，底层课程群、中层课程群和高层课程群分别对应必修课、限选课和任选课。其中，“底层必修课”中的公共通识课占比约25%，中层限选课中集中式在岗实习占比约17%，高层任选课占比约10%（办学条件好、师资力量强、管理水平高的学校可以提高此比例）。

底层课程群是针对专业群所有学生所必备的共同基础知识与技能而设置的“通识”课程群，重在夯实学生的基础素质和职业素质，属于必修课。通过文化渗透、精神培育、习惯养成、劳动教育、职业体悟等，养成“渔人”素质，有效支撑学生的专业化职业能力，满足学生未来职业生涯发展的需要。

中层课程群是依据课程群内不同专业所涉及的职业岗位而设置，主体是专业核心课程，重在夯实学生的社会能力和职业能力，属于限选课，以课程包的方式来限选。通过多点合作、多元训导、多维培养使学生在未来的工作中，当相同或相近的情景出现时，能直接胜任；当相关或相似的情景出现时，有迁移能力适应；当似曾相识的或陌生的情景出现时，有创新潜力适应。

高层课程群是专业群内可供各专业互选与共享的拓展课程，重在拓展学生职业生涯的可持续性发展和延展性发展，属于任选课。通过拔尖性的教育教学训导，实现学生在学习“底层”“中层”模块课程的基础上，进一步拓展就业创业宽度，进一步提升职业能力和职业精神的层级，也可以为满足学生升学考试需要而设置必要的课程。

《职业教育法（修订案）》背景下的院校层面专业人才培养目标表述

《职业教育法（修订案）》第二条："本法所称职业教育，是指为了培养高素质技术技能人才，使受教育者具备从事某种职业或者实现职业发展所需要的职业道德、科学文化与专业知识、技术技能等职业综合素质和行动能力而实施的教育。"第四条："实施职业教育应当弘扬社会主义核心价值观，对受教育者进行思想政治教育和职业道德教育，培育劳模精神、劳动精神、工匠精神，传授科学文化与专业知识，培养技术技能，进行职业指导，全面提高受教育者的素质。"

一、《职业教育法（修订案）》的规定和导向

院校层面专业人才培养目标的表述应将"社会主义核心价值观""劳模精神、劳动精神、工匠精神""科学文化知识""行动能力""职业指导"等内涵纳入，例如，"传授科学文化知识"如何落地落细，机电类、电子信息类、建筑施工类专业是否学习物理知识？医学护理类专业是否学习化学知识？这些问题值得探讨。职业教育如何在促进学生养成劳动精神的基础上实现劳动精神到工匠精神和劳模精神的转变？同样值得探讨。另外，根据专业教学标准，结合区域产业需求和学校的专业文化沉淀，还可植入彰显学校"基因"特色的培养目标，例如，建筑类职业院校可将"鲁班气质"等关键词作为个性化增值性培养目标加入培养目标中。

二、培养目标的层级性

从宏观、中观和微观层面的链接看，国家对教育的总要求、职业教育培养总目标、学校培养目标、专业人才培养目标、课程培养目标和课堂教学目标形成了职业教育的培养目标链。描述层级培养目标应双向思辨，一层层地从上往下推演，一层层地从下往上延伸，做到层级分明，内容清晰。因此，在目标定位进程中，要采取广泛调研和层级推导以及双向思辨的方法来实施（见图 5-1）。

国家对教育的总要求：培养德智体美劳全面发展的社会主义建设者和可靠接班人；职业教育培养总目标：培养德智体美劳全面发展的高素质技术技能人才；学校培养目标：培养德智体美劳全面发展的（加入彰显校本特色的描述）高素质技术技能人才；专业人才培养目标：立足职业岗位群，兼顾教育共性和职业教育类型目标，从"政治方向+职业规

格+职业面向+人才类型及层次定位”等结构性要素来描述；课程培养目标：立足职业岗位，兼顾教育性和职业性教学目标，从一线技术技能和管理工作任务群来描述；课堂教学目标：立足任务群，兼顾德育教育和技能训练，从一线技术技能和管理工作任务点来描述。

> ➢ N元路径调研
>
> 研学国家教育和产业政策文件、学术文献；
>
> 调研政府场域（教育主管部门+人社主管部门职业能力建设处室+行业主管部门）、市场场域（行业+企业+人力资源机构）、学校场域（同类院校+毕业生跟踪+在校生学情调研+自身办学特色）。
>
> ➢ 双向思辨
>
> 逆向思维：从职业岗位工作任务、项目、课程、课程模块、课程体系、培养模式、软硬资源，一层层地从下到上延伸。
>
> 顺向思维：从国家要求，到行业、企业、职业需求以及学校特色等层面，进行体系化考量“融合”程度。
>
> ➢ 校院两级论证（参会人员：行业企业专家、教科研人员、教师、学生或毕业生代表等）
>
> ➢ 校党委审定

图5-1

三、专业人才培养目标的一般表述（以建筑电气工程技术专业为例）

院校专业人才培养目标属于中观层面目标，表述该层级目标应贯彻落实习近平新时代中国特色社会主义思想，贯彻落实习近平总书记关于教育的重要论述，全面贯彻党的教育方针，依据新《职业教育法》、国家相关政策文件、国家专业教学标准和关联职业标准等，并结合学校的办学特色，进行综合概述。

建筑电气工程技术专业教学标准：本专业培养理想信念坚定，德智体美劳全面发展，具有一定的科学文化水平，良好的人文素养、职业道德和创新意识，精益求精的工匠精神，较强的就业能力和可持续发展的能力；掌握建筑电气设备工程技术专业知识和技术技能，面向建筑安装业的建筑工程技术人员职业群，能够从事建筑电气的设计、施工、调试、维护与管理等工作的高素质技术技能人才。

表述专业人才培养目标，应在专业教学标准的基础上，将“职业规格”“职业面向”“人才类型及层次定位”进行细化。例如，“职业面向”的细化表述，首先要解析建筑电气工程技术专业教学标准中关于“职业面向”的关键词：建筑类，建筑设备类，建筑安装业，建筑工程技术施工职业群，建筑施工或运维或安全或质量或资料管理，施工员、安全员证等；然后可归纳为涵盖本专业所属专业大类、专业类，以及本专业所对应的行业、主要职业类别、主要岗位类别或技术领域、职业证书等6个内容，抓住这6个要素即可予以清晰表述。各专业“职业面向”的具体表述可参照上述要素并结合《普通高等学校高等职业教育（专科）专业目录及专业简介》《国民经济行业分类（2017版）》《中华人民共和国职业分类大典（2022版）》等标准把握。

综上所述，建筑电气工程技术专业人才培养目标可以表述为：以社会主义核心价值观为导引，面向建筑安装业电气工程技术施工员职业群，传承鲁班文化，培育劳模精神、劳动精神、工匠精神，培养理想信念坚定，德智体美劳全面发展，具有良好的人文素养、职业道德、创新意识、安全意识、环保意识；掌握关联的语文、数学、物理知识以及电气设备原理与选配、安装与调试、运行及控制、施工组织与管理等知识，具备建筑供配电与照明工程、建筑智能化系统与建筑电气消防系统的设计及其施工，建筑电气设备安装与调试、运维与故障诊断和应急处理、质量检查与评价等核心技能，能够从事建筑电气工程设计、安全施工、质量控制、运维与检修、作业组织等技术和管理工作，具有鲁班特质、劳模品质和家国情怀的专科层次的高素质技术技能人才。

表述专业人才培养目标要做到三个“谨防”：第一，谨防把一个学制不太长的高职专业办成“万金油”和“高大上”的专业，面向的岗位群定位杂乱，横向过宽、纵向过深，应有所为有所不为；第二，谨防把国家专业简介及专业教学标准中关于培养目标的描述原模原样地“复制”移植到专业人才培养方案中，具化性不够，没有特色和个性；第三，谨防专业人才培养方案目标定位中只有人才类型没有层次的描述，导致定位模糊。

专业群组群逻辑案例赏析

专业群集聚发展水平已成为当今高等职业院校治理能力和办学水平的重要体现，在国家政策引导以及高水平专业群建设的引领之下，我国职业高等教育探索专业群建设的实践活动风生水起。专业群建设活动既成为职业高等院校的拔尖性行动，也成为普遍性行动。关于专业群组建的逻辑依据，学者们基于产业关联、职业岗位群、知识逻辑、资源整合等维度提出了“产业链”“职业岗位群”“学科相同”“资源共通”等理据的专业群形态，专业群组建的实践更是精彩纷呈。下面以湖北城市建设职业技术学院建筑装饰工程技术专业群组建为例阐述其组群过程。

一、建筑装饰工程技术专业群组群逻辑缘起

党的十九届五中全会通过的《中共中央关于制定国民经济和社会发展第十四个五年规划和二〇三五年远景目标的建议》明确提出实施城市更新行动，这是推动解决城市发展中的突出问题和短板，提升人民群众获得感、幸福感、安全感的重大举措，能够解决“碎片化”问题，顺应城市的整体性、系统性、宜居性、包容性和生长性。习近平总书记在党的十九大报告中提出“乡村振兴战略”，将关系国计民生根本问题的农业、农村、农民“三农”问题放到了全党工作的重中之重；中共中央、国务院印发《乡村振兴战略规划（2018—2022 年)》，其内容全面覆盖了乡村建设与发展的各个方面，包括新时代必须重视的乡村建筑、景观、人居环境、空间布局、室内等各种环境改善问题。湖北省人民政府办公厅发布的《关于印发湖北省“擦亮小城镇”建设美丽城镇三年行动实施方案（2020—2022 年）的通知》，提出深入实施美丽城镇三年行动。

从国家政策层面导向到产业区域政策等诸多文件的出台，标志着绿色建造、智能建造和品质建造时代的到来。高水平的设计、高品质的施工、高端智能的用户体验、养眼养心的人文底蕴和健康宜居的空间环境构建等多元复合的用户需求为建筑装饰行业带来了新的机遇和挑战。湖北城市建设职业技术学院为主动适应、服务发展，以建造宜居环境为主线，开启了建筑装饰工程技术专业群组建。

建群主旨：培养能够打造既美也智的宜居环境的高素质技术技能人才。

服务定位：高端的装修模块（装饰装配化、家居智能化等）+高品位的设计+高品质的施工等。

突破问题：提高学生综合解决空间构造及分布生态化、场景营造及构成个性化、家居

组成及控制智能化的能力，满足人们对美好居家环境的需要。

升级专业：建筑装饰全过程中 BIM 全程渗透、物联网技术协同。其中，物联网应用技术可以作为建筑装饰工程技术中前瞻性的新模块，进行个性化定制从而推动专业升级，还可以反复模拟优化设计和施工，以及进行生产过程质量智能控制从而推动手段升级。

预期效果：把建筑装饰工程技术专业群打造成高水平培养人才的载体，使学生具备以下职业能力：有效实现中国传统文化元素与现代元素交相辉映（古建筑工程技术、现代建筑设计与建筑装饰工程技术），花草树木景观与智能家居相映成趣（园林工程技术、物联网技术与建筑装饰工程技术），建筑装饰既美也智、养眼养心的宜居环境的能力。

发展目标：建设在建筑装饰行业中集“智库咨询+技术研发与传承、推广与转化+创新创业+社会服务+人才培养培训”于一体的超级专业群平台。

二、建筑装饰工程技术专业群组建考量

湖北城市建设职业技术学院建筑装饰工程技术专业群由建筑设计学院的建筑装饰工程技术、现代建筑设计、古建筑工程技术、园林工程技术以及信息与设备工程学院的物联网技术五个专业集聚而成。

群类：“强产业聚焦-强知识关联-强资源整合”型的专业集合体。

群主：由先后获得国家骨干专业、省级重点专业、省级品牌专业称号的建筑装饰工程技术专业领衔。

群名：直接以群主专业称号命名，即建筑装饰工程技术专业群。

群员数量：5 个专业，跨 2 个院系。

群员特征：专业基础相通或基础拓展、技术领域相近或技术升级、工作岗位相关或岗位高移、社会作用接近。

群员角色地位：建筑装饰工程技术专业是核心主导专业，建筑设计、古建筑工程技术专业是支撑专业，园林工程技术、物联网技术专业是协同专业。

群课程结构：按照“底层相通、中层分立（融合）、高层交互”原则，构建“平台+模块+方向”的模块化课程体系。

群培养目标：按“政治方向+职业规格+职业面向+人才类型定位”人才培养目标结构要素，培养职业竞争力强的“复合性+创新性+高端性”高素质技术技能人才，还可以结合区域产业需求和学校的专业沉淀，加入具有学校特色的个性化目标。

三、建筑装饰工程技术专业群组群逻辑

组群逻辑：专业群契合建筑装饰产业化的发展态势，以营造美好人居环境为导向，以城市更新及乡村振兴为切入点，助推湖北省建筑装饰行业高质量发展。基于建筑与环境一体化、设计与施工一体化、技术与艺术一体化、传承与创新一体化的理念，对接建筑装饰设计、施工和管理全生命周期产业链的新型岗位群，组建以建筑装饰工程技术为核心，以

古建筑工程技术和建筑设计为双支撑，以园林工程技术和物联网技术为协同的共生共融“1+2+2”模式建筑装饰工程技术专业群。本专业群依托 BIM 全程渗透、物联网技术协同，融合产业链中的建筑设计、装配化施工、园林景观及智慧互联，以智慧生态设计和装配化施工为载体，解决空间构造与布局生态化、场景构成与营造个性化、环境功能与控制智能化的问题，实现中国传统文化与现代元素的完美融合、生态景观与智能建筑的交相辉映，建筑装饰既美也智的宜居环境。建筑装饰工程技术专业群建设如图 5-2 所示。

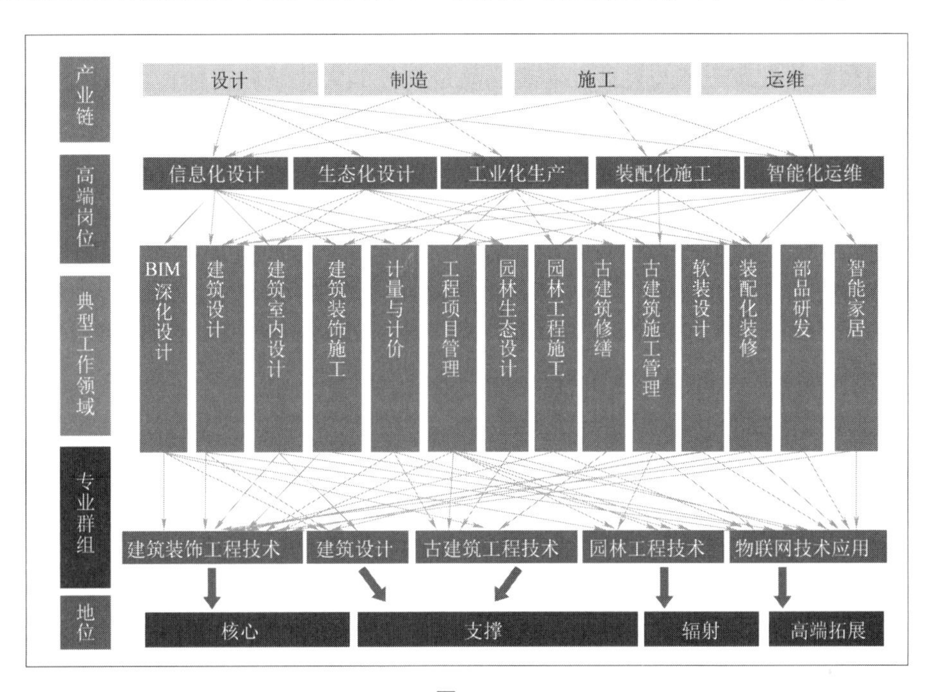

图 5-2

专业群人才培养目标：以立德树人为根本任务，以建筑业市场发展和需求为导向，聚焦建筑装饰既美也智、养眼养心的宜居环境，主要面向建筑装饰产业信息化+、生态化+、工业化+、装配化+、智能化+，培养德智体美劳全面发展，具有良好职业素养、鲁班精神，服务湖北省乃至华中区域建筑装饰设计、生产、施工、管理全产业链，从事生态化和信息化设计、工业化生产、装配化施工、智能化施工与运维等的创新性、复合性技术技能人才。

“一体多元”项目化课程体系构建之思

为了顺应职业教育改革与发展，实现高质量高技能人才培养目标，在整个人才培养的过程中应遵循学生的认知规律和成长规律，以基于“四链融合，N 双并行”的人才培养理念，对接行业的工作任务，以多元项目为载体，实施工艺模块的建构与创新，不断对“模块工艺项目化”课程体系进行精准打磨，在“一大三微”教学组织中突显个性化培养，实现“一体多元”人才培养体系的高适配性，有效提升人才培养质量，将成果在校内外推广应用，为培养匠心型技术技能人才提供有效“方案”。

一、实施背景

在产业链转型政策红利下，变革日趋多元，行业朝阳发展，多元人才需求缺口逐渐扩大，拓展迅速，但人才教育链还停留在“原传统专业人才供给体系+被动增设局部课程+企业短期性培训”的层级内容叠加上，人才培养缺乏前瞻性，适应性不强；面对产业变革加速，单一机械化组合课程体系的现象普遍存在，不能充分满足产业现行通用性、创新性和个性化并存的人才培养目标；目前各学校在教学组织方法上虽呈现的路径形式多样，运用也普遍，但评价环节过于泛化，精准度不高，微观执行层面始终没有行之有效的、可测的科学量化评价体系来支撑。如何创新人才培养模式，构建模块化课程体系，优化教学组织，是目前需要解决的重要课题。

二、主要做法（以建筑装饰高水平专业群为例）

（一）对接转型，创新“一体多元、模块工艺项目化”人才培养理念

为适应建筑装饰转型升级的迫切需要，创新构建出产业链、教育链、人才链、创新链——“四链融合，N 双并行”的理论主张，即通过学校与企业双轨管理、专业与职业双业驱动、教师与师傅双师教学、学生与学徒双重身份、学历与技能双证制度等 N 双并行路径，从而推动产业链、教育链、人才链、创新链的良性循环运作，并逐步实现其在教育教学中的创新应用，如图 5-3 所示。

（二）精准打磨，构建“一体多元、模块工艺项目化”课程体系

有效互融，推进“岗课赛证”综合育人。针对工作岗位的技能指标设置岗位课程；研判赛项素质拓展技能，结合各赛项技术文件形成综合的任务书和评价指标开展竞赛模块课程，实施竞赛模块实践育训；精准筛选“X”技能模块，实现产业转型对接。同时融通三

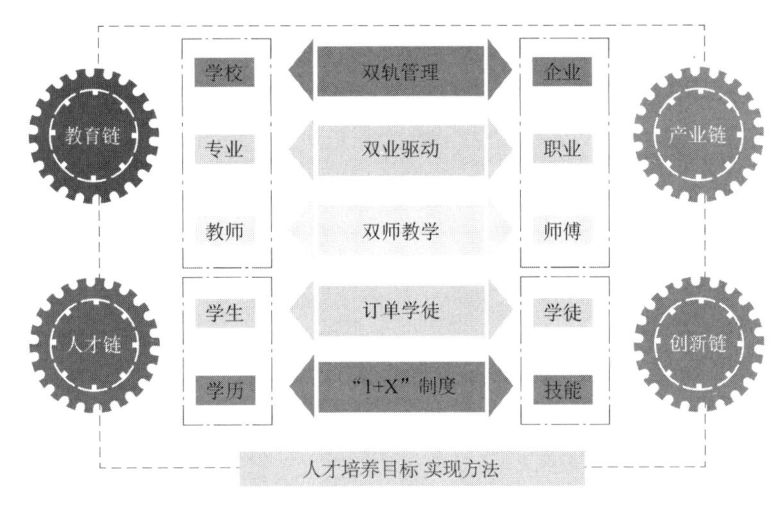

图 5-3

大课程模块的目标与内容并分别对标职业资格证书知识与素质、岗位能力与素养和专业技能竞赛能力与技术进行有效整合。

校企共创，深化现代学徒制人才培养。以国家级现代学徒制建设为平台，优化组合“模块工艺项目化”，开发“一平台四模块”的课程体系框架。

贯通培养，构建中—专—本一体化模块项目化课程。以素质拓展为基石，分层构建模块化课程体系，创新中—专—本一体化培养，实现从直通到立体化交互的能力进阶。

以共生、共享、共融思维模式持续优化、创新整合，形成装饰产业链“一体多元、模块工艺项目化”课程体系群，如图 5-4 所示。

(三) 立体互融，推进“一大三微”教学组织模式改革

1. 立体打造“一体多元”平台保障体系

依托产业链，以模块项目化实施流程，配套搭建打造“一体多元、模块工艺项目化”对应的四大功能保障平台：教育教学资源平台、产学研创训实践平台、五育素质平台和“三全育人”考核评价机制平台。

同时细化落实产学研创训实践平台，建立世界技能大赛训练中心、创培中心、设计项目中心和传统建筑文化体验中心；分解五育素质平台，解构文化美育素质平台、智育平台、现代建筑业工匠意识素质培养平台；定位多元功能，实现平台思政目标、文化美育目标、工匠意识目标的支撑体系作用。

2. 纵深推进“育训结合”教改路径

以产业变革为契机，在教学改革中明确工学交替、育训结合、螺旋递进的实施方法(如图 5-5)，在人才培养全过程中正确布局时间节点，合理制定“教”“学”“做”“工”“训”“考”的教学时间段，量化支撑实现“育训时间并行，育训空间贯穿、育训主体并立”的教学组织，构建“教、学、做、评、研、产”循环递进的育训结合教学方法，以育训“双体系双轨”持续推进。“育训结合”实施方法如图 5-5 所示。

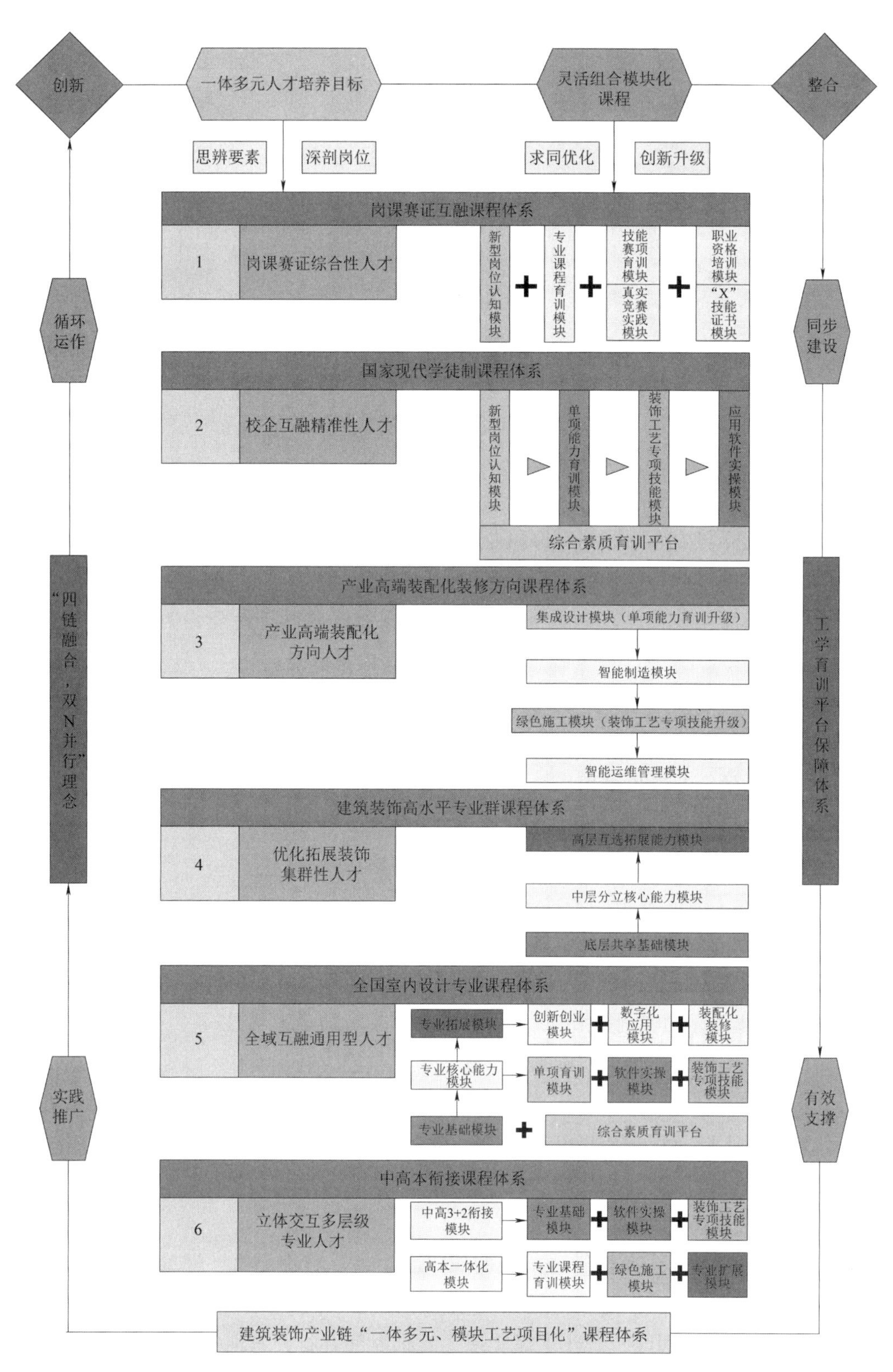

创新
一体多元人才培养目标
灵活组合模块化课程
整合
思辨要素
深剖岗位
求同优化
创新升级
岗课赛证互融课程体系
1
岗课赛证综合性人才
新型岗位认知模块
专业课程育训模块
技能赛项育训模块
真实竞赛实践模块
职业资格培训模块
"X"技能证书模块
国家现代学徒制课程体系
2
校企互融精准性人才
新型岗位认知模块
单项能力育训模块
装饰工艺专项技能模块
应用软件实操模块
综合素质育训平台
产业高端装配化装修方向课程体系
3
产业高端装配化方向人才
集成设计模块（单项能力育训升级）
智能制造模块
绿色施工模块（装饰工艺专项技能升级）
智能运维管理模块
建筑装饰高水平专业群课程体系
4
优化拓展装饰集群性人才
高层互选拓展能力模块
中层分立核心能力模块
底层共享基础模块
全国室内设计专业课程体系
5
全域互融通用型人才
专业拓展模块
创新创业模块
数字化应用模块
装配化装修模块
专业核心能力模块
单项育训模块
软件实操模块
装饰工艺专项技能模块
专业基础模块
综合素质育训平台
中高本衔接课程体系
6
立体交互多层级专业人才
中高3+2衔接模块
专业基础模块
软件实操模块
装饰工艺专项技能模块
高本一体化模块
专业课程育训模块
绿色施工模块
专业扩展模块
循环运作
"四链融合，双N并行"理念
实践推广
同步建设
工学育训平台保障体系
有效支撑
建筑装饰产业链"一体多元、模块工艺项目化"课程体系

图 5-4

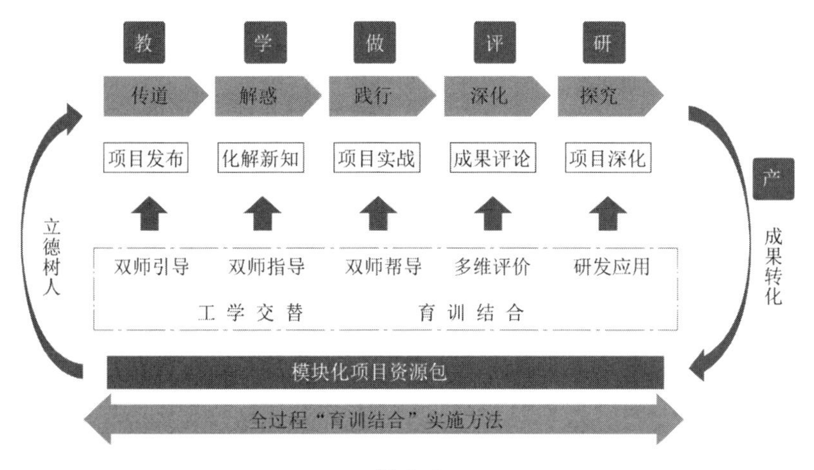

图 5-5

3. 全面畅通“模块工艺项目化”微观实施路径

以校企共生思维，深化产教融合校企合作，以产学研转创提升师资素质，以四大功能保障平台为依托，确立“一大三微”：宏观“大课程”+“微思政、微劳动、微实践”的“1”+“3”教学设计组织路径（如图 5-6 所示），实现“专业教育教学体系+思政教学体系+劳动教育体系+实践实训教学体系”在“育训时间并行，育训空间贯穿、育训主体并

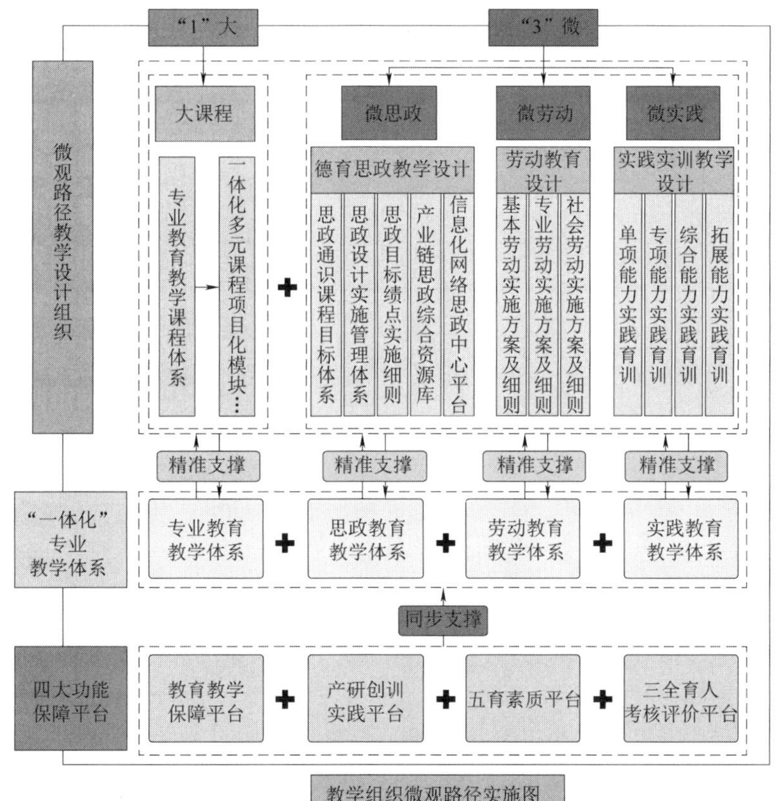

图 5-6

力”教育教学体系中的良性运作。

在实施中，要思辨关键要素，以前瞻性思维模式，抓取关键点，对接建筑装饰产业转型升级及变革的迫切需求，推进模块工艺项目化在教学中的创新应用。在行动层面上，以一体多元人才培养模式为范例，以项目化进程进行国家现代学徒制、双高建设、岗课赛证等多元建设；在方法路径上，模块工艺项目化课程体系被同专业及相关专业运用实践；在教学组织上，提供引领，纵横贯通，推进以“一大三微”为特色的教学组织模式；在社会服务方面，因地制宜，精准对接区域人才高质量发展需求。

专业群人才培养路径散谈

随着国家级双高建设和各省双高专业群建设的深入推进，各学校和各产业链在对接高水平专业群建设合作路径中，对组群逻辑和课程体系群的构建呈现百花齐放之势，如何遵循组群逻辑规律，真正实现科学精准定位课程体系构架，是有规律可循的，此规律也有一定的借鉴和推广价值。

一、双高专业群定调思路

整体思路：在专业群人才培养计划制订中，针对不同层级和类型的专业群组群目标，实现学生平台夯实，中层坚实，高层可选或拓展的目标体系。

首先，课程体系的模型构架思路应明确，课程内容应依据调研产业链岗位集群工作领域，提炼典型工作任务，深度剖析职业能力岗位所需能力点，优化组合课程内容，确定合理的课程门数。这里需要对课程资源的开发精准定位，为后期实现集群目标下课程资源建设和教材资源建设进行前期规划。

其次，在课程体系制定中，引用学分制管理思维，明确层级，在底层必修、中层限选、高层任选的对应关系中推进以10%顶岗实习、25%基础和专业平台课、65%专业技能的合理分配规律，实现平台课程、中层核心能力模块课程、拓展限选课程等学分比例的合理调配，以逆向倒推法进行课程内容的前瞻性改革。

底层必修课程体系是基于基础素质平台的夯实目标形成的，因此它的重点是在素质育训中实现德智体美劳的初期渗透，包括精神（爱国精神、工匠精神、劳模精神）、习惯（岗位工作、个人生活、社会活动）、认知（职业认知、岗位认知、就业认知）、劳动（基本劳动、专业劳动、社会劳动）、专业启蒙（美育熏陶、文化感知、企业规程）等。

中层限选体系是基于专业群核心岗位及能力模块实现目标形成的，因此，在模块体系建立中，以基本数6~8门课程数量进行合理打造，优化重组原有单一专业课程，注重实践和实训在教学中的贯穿，合理纵向推进岗位能力选取—典型任务提炼—课程框架模型搭建—课程内容优化—课堂教学设计的一体化建设。建设方案既要有科学可行性，也要有实践操作性、同时实现全方位、各岗位能力目标的教学开放性。

高层任选课程体系确立过程中，要真正实现专业集群人才培养的高质量目标，需根据两个思维方式来实施，具体有两个实现点：一是横向拓宽广度，实现集群体系下的人才培养延展性，二是纵向推进深度和精度，实现高质量人才的可持续性发展。

横向拓宽广度，就是实现学生在学习完专业岗位中层模块后，进一步拓宽就业面和创业面的延展。它可以是同一中层分立模块核心课程的专业能力延展，以湖北城市建设职业技能学院建筑装饰工程技术高水平专业群为例，在古建筑工程技术专业模块的高层选修中设立的《古建筑工程计量与计价》课程，就实现了同一专业能力体系下的施工员到预算员岗位的拓展，这是在古建筑工程技术专业中层核心能力模块下拓宽其自身专业的就业广度；同时，它也可以是不同中层模块下的岗位能力拓展，例如，在古建筑工程技术专业模块的高层选修中的《园林景观设计》课程，它是横向拓宽了从古建筑岗位能力向园林施工技术岗位的延展，是不同专业岗位的横向拓展。

纵向推进深度和精度，这是实现同一专业岗位下的可持续性延伸，是能力的深度递进。例如，在完成装饰工程技术专业中层模块学习后，在高层选修中增设的“建筑工程实务”课程，是从装饰施工员岗位到职业升迁岗位二级建造师的能力递进，从而实现在专业集群目标下，构建学生个性化成才的全面路径，帮助学生打通纵向职业规划实施深度。

二、明确几个概念

专业群平台课不等于专业平台课，专业群平台课里面涵盖公共基础课程和专业群通识基础课程，在中层课程体系中，分立模式下的中层课程根据不同专业岗位的需求，会集中有专业平台课和专业核心课两大类，也就是说，专业平台课在集群下属于中层范畴。

同一专业集群模式下，一门课程可能不仅仅只有一个功能，例如在建筑装饰专业群课程体系下，“园林景观设计”课程多次出现，既在中层出现也在高层出现，在中层分立课程中，它属于园林工程技术专业模块的核心课程，是中层分立中园林施工技术岗位需要掌握的中层核心模块目标；但是在高层拓展中，它同时是建筑装饰工程技术岗位和古建筑工程技术岗位的高层拓展能力课程。一门课程的目标取向不一样，直接决定其课程标准以及课程内容的选定、教学组织设计等也会不尽相同。

教育散思：专业群建设·兼顾升学·数字化治理

专业群集聚发展水平已成为当今职业院校治理能力和办学水平的重要体现，专业群建设有规可循。满足学生职业生涯规划，把学生升学意愿纳入专业群人才培养方案之中，也是职业院校增强适应性治理的体现，无须遮遮掩掩。提升学校治理水平和能力，需最大限度地发挥数字技术在教育教学治理中的作用，应弥补院校在数字化治理方面的短板。

一、专业群建设有规可循（宜特化）

加强专业群建设是学校主动适应当今社会产业结构、调整集群发展和转型升级的需要，是推进学校优化专业结构、发挥品牌效应、促进资源整合、解决专业不平衡不充分发展、形成育人特色的有效举措，也是有效提高学生职业竞争力的必然选择。

专业群建设有规可循，需把控以下10个要素。

群类：共享资源的专业集合体。

群名：以核心专业名称命名。

群主：核心骨干专业。

群员数量：一般3~5个专业或专门化方向。

群员特征：专业基础相通、技术领域相近、工作岗位相关、社会作用接近。

群员角色：核心主导专业、支撑专业、协同专业。

群课程结构："平台+模块+方向"，即呈现底层相通、中层分立、高层交互的模块化课程体系。

群培养目标：在"政治方向+职业规格+职业面向+人才类型"目标结构的基础上，也可以加入适切学校的个性化培养目标。其中，强化职业群概念，增强就业弹性和转业能力；强化职业竞争力概念，突出技术技能人才的"复合性+创新性+引领性+高端性"。

群发展目标：达成集"人才培养培训+文化传承+技术研发与积累+创新创业+社会服务+国际交流与合作+智库咨询"于一体的大域值超级专业集群平台，高质量地主动适应技术革命、产业革命和社会变革。

群建设保障：坚持党的领导和社会主义办学方向，成立专家咨询组指导工作，建立研究团队开展常态化研究，建立健全专业群建设和管理相关制度，形成专业群动态发展的长效治理机制；不断提升团队能力，全面推进专业群建设；建设多元化平台，搭建多形式载体，落地落细专业群改革运行；推行诊改和绩效考核，优化专业群建设机制，提高专业群建设质量。

二、兼顾升学，毋须遮遮掩掩（不宜特化）

曾经，职业院校谈及升学，就会被认为办学定位有偏差，有大逆不道之嫌，其语境是没有建立职业教育体系。职业教育本科缺失，学生通过普教化的考试来升学深造，方向是学科逻辑的普通高等教育本科，属于不同质、不同类、不同层教育，如果兼顾并强化升学，对课程体系冲击较大，会给职业教育的类型发展带来致命的打击，甚至是摧毁。

当今，职业院校谈及升学，不应该被认为办学定位有偏差，现实的语境是现代职业教育体系日趋成熟，学生通过“职教高考”来升学，深造方向是同一轨道内的学业晋升、技术技能的提升，属于同质、同类、不同层教育，也正好适应我国经济和科技发展水平的提高对技术技能人才的多样化的需要。如果兼顾职业教育升学，不仅对课程体系没有实质性的冲击，还能助力学生夯实基本功，同时，有利于形成高等职业院校“升学有通道，就业有优势，发展有前途”的思维“定势”，满足人民群众对职业教育多样化的需求，提高职业教育的社会地位和认同度，增加职业教育的社会影响和吸引力。将学生升学需要有机融入专业群人才培养方案中，也是专业改革和建设、课程建设和改革治理能力的体现。

三、数字化治理短板仍需弥补（宜特化）

林林总总的现象都说明，没有数字技术和数据的应用，就很难有精细化和全寿期的管理，很难实现工作的高质量。在信息爆炸式增长的大数据时代，教育教学治理中充分利用好大数据、人工智能等数字技术仍是短板。创新工作提质培优难，却不能摒弃落后的理念、制度和方法；提高教学质量难，却不能设计适切的系统化解决方案；达成内保体系高效的运转难，却不能建成个性化的信息系统；把控校园的安全隐患难，却不能利用数字技术做到实时预警；建成齐全的、先进的教育教学设施和条件难，却不能改变重资产的传统思维；专业和课程动态对接市场的变化难，却不能精准掌握市场的晴雨表；推进工学交替的教学组织难，却不能形成有效的“施工”运行图；补齐德育、美育、劳育短板难，却不能形成精细的一揽子实施计划；精准资助和帮扶“四难”学生难，却不能精细掌握学生个体的全面情况；促进教师的全面发展难，却不能拿出教师个体能力素质结构协同发展的标准；促进学生的全面发展难，却不能很好地帮助学生科学做好职业生涯规划的设计和实施；激发教师的主观能动性难，却不能做到绩效考核的客观公正和精细化。

在职业院校提质培优的进程中，需要遵循教育规律，发挥信息技术规律作用，开发和建设纵横链接的院校综合服务与决策支持平台，将数字技术全链条、全周期地融入学校治理的各个领域，实现对工作全寿期产生的“天量”离散数据按主题收集、整合、清洗，并加以治理、分析、挖掘，最大限度地盘活数据资产的价值，辅助科学决策，补齐短板，实现数字技术增值，推进学校治理的科学化、精细化、高效化，助力学校高质量发展。

高等职业院校专业人才培养目标表述，值得再捋！

研制专业人才培养方案意义重大，必须坚持社会主义办学方向，全面贯彻“教育必须为社会主义现代化建设服务、为人民服务，必须与生产劳动和社会实践相结合，培养德智体美劳全面发展的社会主义建设者和接班人”的教育方针。专业人才培养方案的编制应遵循教育“铁三角”理论，聚焦立德树人根本任务，系统性建立纵向衔接横向贯通的教学目标系统、齿合目标链的教学标准系统、结构化的教学内容系统、完善的组织实施系统、丰富的资源保障系统，以及监测、评价、辅助决策系统，形成体系化的人才培养方案。小型抽样调查表明，不少专业人才培养方案中关于培养目标的表述不清、层级模糊、衔接不够，在此，基于专业培养目标脉络梳理、逻辑遵循和经验借鉴再捋其表述。

一、精准目标层级定位

职业教育以服务发展为宗旨，以促进就业为导向，需从党和国家要求，行业、企业、职业岗位需求以及学生发展诉求等层面系统分析，明晰目标层级定位。

国家对教育总要求：培养德智体美劳全面发展的社会主义建设者和接班人。

职业教育培养目标：培养德智体美劳全面发展的高素质技术技能人才。

职业院校培养目标：立足立德树人，兼顾教育共性和职业教育类型、就业和升学导向，培养德智体美劳全面发展的高素质技术技能人才，并加入个性化或提高性的目标。

专业培养目标：立足职业岗位群，兼顾教育共性和职业性，聚焦“政治方向+职业规格+职业面向+人才类型”四个要素来表述，表述顺序可做适当调整。

课程培养目标：立足一线技术技能和管理岗位的项目或任务群，兼顾教育性和职业性，聚焦“素质+知识+能力”三个维度来表述。

课堂教学目标：立足任务群的单项性任务，兼顾思政教育、劳动教育、审美教育和技能训练，聚焦“素质+知识+能力”三个维度来表述。

二、明晰人才类型定位

我国高等职业教育伴随着我国社会政治经济文化的发展而发展，关于职业高校人才培养目标定位，先后有不同的提法，经历了一个认识不断深化的过程，现定位于高素质技术技能人才，其演进过程如下。

《关于制定高职高专教学计划的原则意见》（教高〔2000〕2号）提出“高等技术应

用性专门人才”、《关于大力推进职业教育改革与发展的决定》（国发〔2002〕16号）提出“高素质劳动者和实用人才”、《教育部关于以就业为导向深化高等职业教育改革的若干意见》（教高〔2004〕1号）提出“高技能人才”、《国务院关于大力发展职业教育的决定》（国发〔2005〕35号）提出“高技能专门人才”、《教育部关于全面提高高等职业教育教学质量的若干意见》（教高〔2006〕16号）提出“高素质技能型专门人才”、《教育部财政部关于进一步推进“国家示范性高等职业院校建设计划”实施工作的通知》（教高〔2010〕8号）提出“高素质高级技能型专门人才”、《关于推进高等职业教育改革创新引领职业教育科学发展的若干意见》（教职成〔2011〕12号）提出“高端技能型专门人才”、《国家教育事业发展第十二个五年规划的通知》（教发〔2012〕9号）提出“技术技能人才”、《国务院关于加快发展现代职业教育的决定》（国发〔2014〕19号）提出“高素质劳动者和技术技能人才”、《现代职业教育体系建设规划（2014~2020年）》（教发〔2014〕6号）提出“高素质技术技能人才”。

三、辨析目标表述定位

表述职业院校专业人才培养目标，要基于国家专业教学标准（教学基本要求），并结合区域经济发展水平、行业特征、学校办学水平与特色，适切提升培养目标，切忌照搬照抄专业教学标准（教学基本要求）。下文以学校层面建筑电气工程技术专业的专业培养目标为例予以阐述。

表述专业培养目标应从国家战略出发，对行业趋势、企业需求、职业要求、岗位标准等层面进行系统分析，结合产业、行业、企业、职业和学校发展状态，至少做到三个对标。

（1）对标《普通高等学校高等职业教育专业目录及专业简介（2022版）》，明晰政治方向、职业规格、职业面向、人才类型四个要素。

（2）对标《国民经济行业分类（2017版）》《中华人民共和国职业分类大典（2022版）》，明晰专业大类、专业类、行业、职业群、岗位等要素，建筑电气工程技术专业的专业大类是建筑类，专业类是建筑设备类，行业是建筑安装业，职业类别是建筑工程技术施工职业群，岗位是施工或运维或管理。

（3）对标《职业教育法（修订案）》第四条“实施职业教育应当弘扬社会主义核心价值观，对受教育者进行思想政治教育和职业道德教育，培育劳模精神、劳动精神、工匠精神，传授科学文化与专业知识，培养技术技能，进行职业指导，全面提高受教育者的素质”，应强化弘扬社会主义核心价值观，培育劳模精神、劳动精神、工匠精神，传授科学文化知识。

综上所述，学校层面建筑电气工程技术专业培养目标的表述如表5-1所示（表中加粗标记文字为对标和个性化后所加）。

表 5-1

院校层面专业培养目标：以高职《建筑电气工程技术专业》为例		
专业简介	专业教学标准或基本要求	某院校专业人才培养目标
职业面向：建筑电气工程施工图设计、设备安装、计量计价，施工管理及系统运维等**技术领域**。 培养目标定位：本专业培养德智体美劳全面发展，掌握扎实的**科学文化基础**和建筑电气、建筑智能技术、建筑施工管理等知识，具有工程设计、施工、系统运维管理等**能力**，具有工匠精神和信息**素养**，能够从事中小型建筑电气工程施工、管理、运行与调试等工作的高素质技术技能人才	培养目标：本专业培养理想信念坚定，德智体美劳全面发展，具有一定的科学文化水平，良好的人文素养、职业道德和创新意识，精益求精的工匠精神，较强的就业能力和可持续发展的能力；掌握**建筑**电气**设备**工程技术专业知识和技术技能，面向**建筑安装业**的**建筑工程技术人员职业群**，能够从事建筑电气的设计、施工、调试、维护与管理等工作的高素质技术技能人才	面向建筑安装业电气工程施工图设计，设备安装、计量计价、施工管理及系统运维等技术领域，**以社会主义核心价值观为导引**，培育**劳模精神**、劳动精神、工匠精神，培养德智体美劳全面发展，具有良好的人文和信息素养、职业道德、**安全意识**、创新意识、**环保意识；掌握关联的数学和物理**、建筑电气、建筑智能技术，建筑施工管理等知识，具备建筑工程设计施工、系统运维管理等能力，能够从事中小型建筑电气工程施工、管理、运行与调试等工作，具有**创新潜质、鲁班气质、劳模品质**的**专科层次**高素质技术技能人才

提质培优视域下职业院校内涵扩张新行动

近年来，国家顶层设计，出台一系列发展政策和方案，推进职业教育高质量发展。职业院校应在领悟的基础上，积极拓展内涵建设路径，扩容提质，以一系列行动推进职业院校高质量发展。

一、提升职业院校话语权

《职业教育提质培优行动计划（2020—2023年）》提出，“加强职业教育研究，构建中国特色职业教育的思想体系、话语体系、政策体系和实践体系”。作为基层的职业院校，应有所作为和贡献，一方面，积极争取重大招标课题和重大调研基金项目，开展产业与职业教育等政策研究，形成咨询报告，为职业教育创新发展提供理论指导与政策方案，为行业的政策法规、标准制定建言献策；另一方面，以课题为研究载体、以教改项目为实施载体，将鲜活的实践进行提炼归纳形成案例或上升到理论，提升影响力，使微观行动层面的做法从学校话语体系或学术语言进入区域或国家话语体系，成为典型案例被借鉴和推广，成为相关制度起草的原型，成为政策制度被鼓励和提倡，成为规定被要求和落实，为丰富中国特色职业教育的思想体系、话语体系、政策体系和实践体系作贡献，提升学校话语权。

二、尝试“双师型”教师分级

2019年《深化新时代职业教育“双师型”教师队伍建设改革实施方案》提出“推动高校联合行业企业培养高层次‘双师型’教师”。一方面，在国家层面上，推动具有普通师范教育和工程技术教育背景的应用型本科院校发展职业技术师范教育，或转型发展为集职业技术师范教育和普通师范教育于一体的综合师范大学，培养一批高水平博士层次的“双师型”职业教师。另一方面，在学校层面上，可以借鉴2013年国家人社部《技工院校一体化教师标准（试行）》，将“双师型”教师进行分级，具体分为三级、二级、一级，三个级别的标准依次递进，按等级给予不同待遇，重点是多元化培养一批高级别“双师型”教师，多措并举培养一批领军人才和高级别专业带头人，发挥其示范引领作用。

三、打造产业科普教育基地

习近平总书记指出：“科技创新、科学普及是实现创新发展的两翼，要把科学普及放在与科技创新同等重要的位置。”职业院校应统筹兼顾将实训基地同时打造成职业认知与体验、科普教育与研学的场所，发挥实训基地在弘扬科学精神、培育理性思维、提高职业劳动感知和生产、创新创造技能等方面的作用。探索“体验+科普”模式，面向中小学生、社会公民开展职业认知和体验活动。一方面，开发建设安全体验场馆、科普创意园，乃至产业博物馆等模块功能区，开展职业认知、生产劳动、技术技能创新、创业实践、公益服务和科普教育等活动；另一方面，也可依托现代化信息手段，使受众通过自主浏览、自主查询、自主学习和交互反馈来感知、感受。

四、增挂技师学院校牌

根据《高等教育法》《高等学校设置规定》《本科层次职业学校设置标准（试行）》，可将符合条件的技师学院按程序纳入高等职业学校序列。《技工教育“十三五”规划》规定：“技工院校中级工班、高级工班、预备技师（技师）班毕业生分别按相当于中专、大专、本科学历落实相关待遇。”高等职业院校可积极对标对表，创造条件申报增挂技师学院校牌，这必将有利于推进高等职业院校三教改革的深度变革，淡化“考场思维”，强化“职场思维”，彰显职业教育办学特色；有利于高等职业院校与技工学校开展中高职衔接教育；有利于高等职业院校提升办学层级，积累本科层次职业教育经历和经验。

五、成立乡村振兴学院

服务乡村振兴战略实施，人才振兴是关键，加快培养农村各类人才，特别要发挥好职业院校重要主体作用，推进农业农村现代化。职业院校应顺势而为，成立特色乡村振兴学院，围绕新农村建设以及现代农作物生产技术、食品加工技术、物流管理、市场营销、信息技术农业产业链，组建专业集群或开设新专业，开展学历教育和生产技术培训，提供“精准”供给。面向多元需求，积极为乡村振兴提供丰富的教育资源供给，使“人人可成才”“人人都有人生出彩的机会”成为可能，促进农村经济的发展。

六、建设跨校“数字大脑”

改变重资产思维，以职业教育集团（联盟）为依托，共同建设校际智慧职业教育管理云中心，集成跨校网上办事大厅，促进数据共享、业务协同、流程再造，提升校企、校校间信息交流和协同的效率，实现优质教育资源共建共享，推进学校开放办学。建设职业教育资源云空间，实现专业教学资源库、在线课程、企业培训包、虚拟仿真实训等资源共享。建立和完善校际学分认定和转换系统，适应学生多样性特点，设置课程类学分、技能类学分、获奖类学分、品行类学分、活动实践类学分、劳动类学分、创新类学分、实习类学分、工作业绩类学分、公益类学分，推进各类学分认定、积累和转换，实现校际的沟通和衔接，搭建人才成长“立交桥”，建设学习型社会，推进技能型社会建设。

基于校企深度融合的国家现代学徒制实施背景和思路浅析

一、新背景——国家现代学徒制实施和建设行业产业发展的现状分析

（一）建设行业人才高质量需求与新型岗位契合度的矛盾

随着我国对职业教育前所未有的重视，高素质技术技能人才在社会经济中的地位不断提升，职业教育已然进入最好的发展机遇期，这也为职业教育发展新趋势带来了机遇与挑战。围绕这些机遇和挑战，在建设行业与企业高速转型期中面临的人才短缺，为我们职业人才培养思维转变以及创新驱动带来了全方位的挑战。

目前，人才需求增量中传统建筑类专业等通用专业的供给相对饱和，有针对性的转型岗位中技术技能复合型人才以及技术高端人才的供给相对不足。原有校企合作学徒制实施中出现行业企业的岗位人才输送断层，职业技术技能人才外输出现岗位更新不及时带来的人才过剩，矛盾日益凸显。如何实现校企互融，动态跟进时代步伐，以新型建设岗位需求把脉人才精准定位，使培养人才精准，输送人才精准，来平衡企业产业转型升级中人才结构的矛盾，是现代学徒制建设期内的一大突破点，这也对高等职业教育的内涵建设提出了新的挑战。

（二）学徒制人才培养资源保障环境的不平衡

学徒制人才培养资源保障环境建设包括两大类：一类为硬件资源环境，如校企共建教材资源，校企教学师资数量和质量，教学组织场景建设，实训基地项目种类建设，实训项目与岗位实践内容的开发等；另一类为软件资源环境，主要涵盖了人才培养实施中课程建设的执行制度建设，企业岗位文化环境，实训实践建设信息化程度，校企互通合作频次深度，学徒岗综合素质养成，认岗、定岗实践企业文化氛围塑造等。与以上两大资源环境相配套的是教学组织过程中教学目标的定位，教学方法的选取，信息化教学手段的覆盖率，教学考评的分类，双主体育人机制的细化合作与融合。由于学徒岗育人的最终目标是校企实现互赢，如何在校企育训和新型学徒岗工作过程中找准找对建设路径是人才培养改革之前需要明晰的首要任务。而目前就现代学徒制建设中的现状分析，大多数院校混淆了基于教育与培训、教学与生产、学业与职业、学期与工期、作品与商品、考试与考核、学徒生与学徒工、专业知识与职业知识、跟岗实习与在岗学习、教学标准与生产标准、一般性课程和企业特色课程、教学工艺与生产工艺、教学环节与生产环节、教学管理与生产管理、教育目标与生产目标的人才体系的实施路径和方法研究。于是，在教育规律与生产规律高

度融合的学徒制内涵目标下的教学制度建设中，出现了较明显的不平衡发展。

（三）以国家现代学徒制为模式的人才培养改革的必然性

就探索现状来看，建设行业面临的是如何以典型案例为路径，在新型岗位中逐步完善岗位转型升级下所需的复合型技术技能的人才工作实践过程，进而形成此类型大批量人才群体替代传统人才，为企业人才高质量转型升级服务；而在职业院校建设类专业人才培养中，目前需要解决所输出人才与企业的高度匹配性，使技术技能人才能够高度匹配企业学徒岗位，以企业新型岗位为纽带，全面推进人才的全过程教学实践，包括企业认知、跟岗、顶岗等一系列高频互融等教学改革进程。最终学校教育与企业培训双主体不断渗透进行完美融合，以校企各自目标实现为最终目标，各取所需，共同育人，实现共赢。

（四）以国家现代学徒制为模式的校企深度融合的必需性

目前，在各类高等职业院校人才培养中，大多数校企合作基本上覆盖了日常教学全过程。但分析调研深层教学全过程，大多数校企在推行一般性合作，企业提供一些岗位认知，教学过程未真正融入岗位，学生大多为一般性实习与在岗模拟学习，短时间的分段式一般性工学结合覆盖专业教学实施中，校企深层渗透和双主体没有真正落实，课程定位认识不清、模块脱节岗位、教学环境不匹配；最终体现在就业中，企业对人才的需求又出现匹配度矛盾，学校的就业质量也出现问题。出现此类问题归根结底是因为双主体和深度融合未落地。因此目前在建设转型快速发展之期，校企要深度合作，全面系统设计人才培养方案，在改革课程体系的基础上，发挥双主人翁责任感，推进共建、共管、共享、共创的教学改革进程，这是现代学徒制实施的必需路径。通过工学交替弹性运作、高频互动、共建企业特色课程、创新多元考核、共建双师等路径，以教学组织过程的充分高频合作，提高人才培养效能，积累经验，不断探索和推广，带动专业群现代学徒制模式的全覆盖。

二、新思路——国家现代学徒制人才培养设计（以建筑装饰工程技术为例）

（一）学徒制人才培养专业与岗位的选择

就探索现状来看，现代学徒制的培养效果毋庸置疑。但在人才培养选择的模式中，不是所有专业均按现代学徒制模式培养的效果最优，应避免出现人云亦云现象，这在近年的实践中已经有所证明。例如，工学交替已经很成熟的护理专业和校内设施齐全、易于实施工学交替的计算机专业，由于专业技能的相对稳定、师资的相对饱和和教学资源的不断积累，可能不一定需要采用现代学徒制模式。作为高等职业教育的人才输送院校，我们需要冷静分析学徒制中目前学校和企业在人才培养过程中的资源建设现状，如企业工学场景、人才规模、新型岗位能力双主体参与的深度等能否实现，以及专业岗位目标对知识能力综合素养特定目标的解构等需要具有前瞻性和有代表性的企业深度互融，从而使人才培养效能显著提升，在系统设计的基础上，以学徒岗的高频工学交替来实践，提高培养效能，值得探索和推广。

与此同时，在校企育训中，校企有相对对等和较强的双师匹配，以共建共享双师的机制来推进课程体系构建和教材建设也是开展现代学徒制试点需要系统考量的因素，不是每个企业都有教育能力和较强的培训能力，参与企业的影响力、培训力、教育力、文化力、吸纳力、互动力等要素，与国家主流+大型+骨干企业（产教深度融合型企业）深度开展现代学徒制培养应该成为职业院校的追求方向。

基于此思路，在第三批现代学徒制试点中，依托校企联盟平台，在建筑行业大型央企中，选择与中建东方装饰有限公司合作，以目前装配化内装产业的新型施工端岗位的变化为切入点，校企联合，发挥原有建筑装饰专业区域内较强优势进行深度合作就显得水到渠成，在后续为弹性教学、高频互通也提供了较强的支撑。

（二）校企合作高频互通机制的执行

在合作中，首先要解决的是如何落实双主体在人才培养全程教学实施路径中的责任和义务，以立德树人为宗旨，落实落地三全育人的长效机制。前期实践中，也暴露出学校和企业在进行合作时由于缺乏有效沟通，在强调各自利益时，会忽视各自的责任和目标，缺乏长远目光使人才培养过程出现短视和教育低效的问题，因为很多企业在和学校的合作过程中没有得到预期的成本方面的补偿，也没有获得一定的既定收益。虽然政府给予了一定的财政补贴，但企业和学校运行机制的差异会使企业在和学校合作时表现得并不是非常积极，尤其是课程建设中校企合作频次的增加，以及不同教学周期需要提供的软件和硬件环境使校企合作出现瓶颈。因此除了通常的校企互通协议和管理机制执行外，软机制的推进尤为重要。这里所说的软机制的形成，是指双主体互通中的信任度、诚信度、互惠度等教学行动的养成，在共同招生期、人才培养方案执行期、课程体系建设期、认岗学习和顶岗实践学习期，学校对专业不同阶段目标各类规划方案的制定要体现软机制的落实方法，细化到专人，以多种形式并存的方式来推进。

（三）学徒岗位人才培养的设计

以科学的方法选取专业及岗位后，在形成良好机制的前提下，如何提升学徒岗位能力综合技能职业水平途径是首先要解决的任务。

（1）以建筑装饰工程技术专业全过程学习周期，打造现代学徒制新型岗位的教学设计：以教学软硬件资源并进的方式实现时间、空间、参与主体的教学设计，创新“多层三明治”式多循环的高频育训结合、工学交替教学进程。建立以知识能力模块教学—企业认岗跟岗—校内工艺模块实训提升—单项能力轮岗—企业在岗实践的工学交替、育训结合的螺旋形教学组织多元化叠加递进模式。

（2）推动学徒制与教学改革的互融：以岗带面，实施“1岗+3”课证赛互融的教学改革目标，“学徒岗位能力与素养+课程目标与教学内容+建设类职业资格证书知识与素质+专业技能竞赛能力与技术应用”，实现人才高质量匹配。

（3）构建“一平台，四模块”的课程体系：构建以“综合素质教育平台+企业专业认知模块+建筑装饰类专业单项能力模块+应用软件操作模块+装饰工艺技能实操模块”为框架的学徒制课程体系，实现校企学徒岗位目标多元并进的教育教学体系。

（四）校企高频互通教学体系的构建

在目标定位和体系构建后，如何运用校企高频互通来实施，是学徒制在教学进程中要解决的关键性问题。

首先要确定学徒岗位转型升级所需教学内容，依托校企共建共创教学资源；形成教材、师资、课堂教学方法和手段、场景的具体定位。

其次要根据具体模块定位，落实教学保障、考核评价、质量监控、持续诊断与改进。实现管理评价制度先行，软制度评价体系后评价的 PDCA 循环过程，形成一套高效运行的闭合管理教学系统，如图 5-7 所示。

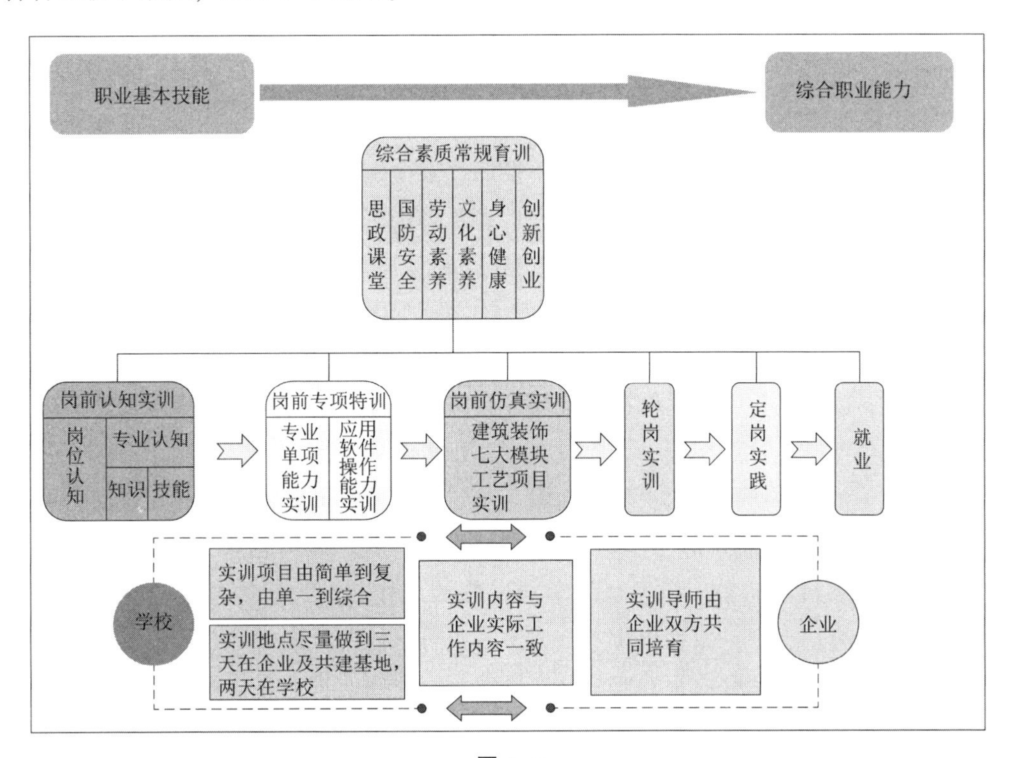

图 5-7

国家现代学徒制背景下的工学交替教学组织路径浅析

现代学徒制是旨在深化产教融合、校企合作，创新技术技能人才培养的一种模式，已上升为国家层面的教育战略和人力资源开发战略，成为我国的一种教育制度。现代学徒制实施，重在校企合作，现代学徒岗位人才培养重在课程实施。当前，国家现代学徒制试点推进中，存在行业产业发展的新型岗位与人才输出的不匹配，校企合作出现了课程体系建设融合度不深入、课程实施环节动态调整不彻底、双主体责权利不明晰、岗位的前瞻性不够等问题。基于校企深度融合的互赢视角，以建筑装饰工程技术专业为例，以国家现代学徒制人才培养新思路来设计，重构教学组织新路径，以校企融合高频互通教学组织新模式，探索现代学徒制人才实现的新方法。

以《教育部办公厅关于做好 2018 年现代学徒制试点工作的通知》（教职成厅函〔2018〕10 号）文件精神，湖北城市建设职业技术学院建筑装饰工程技术专业顺利通过了国家第三批现代学徒制试点申报。在建设初期，积极吸取国家现代学徒制原有第一批和第二批相近专业的经验和研究成果，分析问题，制定专业推进实施方案，并在三年的持续推进过程中以研究分析建筑装饰产业转型新型岗位为切入点，纵向推进产教融合力度，以新背景下的行业发展最新动态、新思路下学徒岗位的人才转型、新体系下的课程改革为契机，改革教学内容，创新一系列教学实施方法，提升学徒岗位能力综合素养，以校企深度融合的国家现代学徒制课程体系的实施，实现建筑行业新业态下高职特色人才向区域建筑企业输送产业高匹配技术技能复合型人才的战略目标，为建筑装饰类专业以及建设类专业高质量人才培养提供实践路径案例。

一、校企深度融合的弹性教学设计

以学期弹性、教学过程弹性、教学环境弹性、方法弹性等全方位设计，精心组织教学管理过程，具体构建平台模块。弹性设计教学实施方案，如图 5-8 所示。

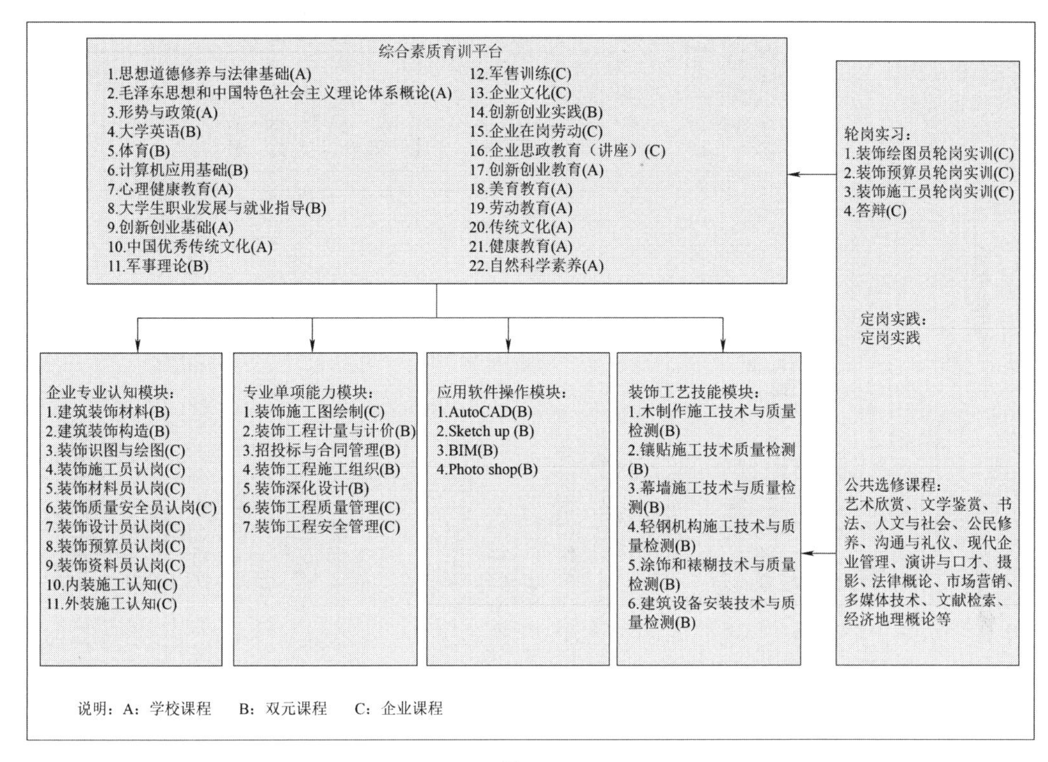

图 5-8

二、校企深度融合的工学交替教学组织实践

以建筑装饰工程技术专业为例，在教学组织路径实施过程中，首先明确学徒新型岗位能力目标，精准定位教学内容，序化课程体系，尤其在企业特有师资和教学环境中如何有针对性地实施，需要校企双主体精心设计教学组织实施路径，在校企融合中，实现专业知识与职业知识、跟岗实习与在岗学习、教学标准与岗位生产标准、普适性课程与企业特色课程之间的融会贯通，使教学环节与生产环节、教学管理与生产管理、教育目标与生产目标达到高度匹配。“课岗证赛”实践实训工学交替教学组织体系如表 5-2 所示。

表 5-2

目标项目	弹性学期	实践实训模块	实践实训场所	校企师资	目标成果	教学方法
课岗平台体系	1,3,4,5,6	1. 企业专业认知模块(11 个) 2. 装饰工艺技能模块(6 个)	1. 校内装饰材料工艺展示中心+企业项目实体样板展示中心 2. 多媒体校内资源库教室+云平台企业岗位在线中心 3. 装饰工艺展示基地(校企)+虚拟VR 仿真体验室+企业认岗轮岗项目部 4. 项目部、校企一体化实训室	校内各专业教师 企业装饰岗位技能师傅 企业班主任 企业岗位技术骨干 校内实训指导教师	东方企业特色五大员:施工员、材料员、预算员、质量安全员、绘图员	1. 混合式教学全覆盖 2. 模块课程循环递进 3. 企业课堂学校课堂互融 4. 弹性学期分布,高频工学交替 5. 有针对性的特色项目教学 6. 创新创业学生开放社团公众号指引
课证平台体系	2,4,5	1. 应用软件操作模块(4 个) 2. 单项目能力模块(7 个)	1. 校内软件实训中心+企业 BIM 实践项目基地 2. 校内绘图实训室+装饰企业案例云平台+企业项目一线单项实践基地 3. 模拟招标实训室+企业技术质量岗位实践基地 4. 校级装饰单项模块教学资源库平台+校企项目展示中心	校内装饰各模块指导教师 企业装饰 BIM 技能名师 企业班主任 企业岗位技术骨干 “1+X”证书试点专项培训教师	装饰类 BIM 识图证书	
课赛平台体系	2,4,5,6	1. 装饰工艺技能模块(6 个) 2. 赛前集训实操模块(3 个)	1. 校内装饰材料工艺展示中心+企业项目实体样板展示中心 2. 校内工艺模块实操室+校外集训基地+多媒体校内资源库教室 3. 校企集训实践基地+装饰绘图室 4. 校企研创中心+企业装配化工厂	校内各专业教师 企业装饰岗位技能师傅 企业班主任 企业岗位技术骨干 校内实训指导教师 比赛技术裁判(校企) 往届获奖学生指导	1. 国家级比赛:装饰应用综合能力大赛实践 2. 国际比赛:抹灰,镶贴,涂饰裱糊	
以上三大目标体系同时依托在校企共建的综合素质育训平台中进行目标实施						
(思政、美育、劳动、创新创业、文化基础)综合素质育训平台						

国家现代学徒制背景下育人特色做法浅析

学徒制的深层内涵中，要积极发挥校企双主体育人机制，体现企业特有的文化传承和素养养成。因此在课程体系改革进程中，校企文化的深度融合以及如何推进复合技能之外的学徒素质特色教学，也是课程革新的一部分。

一、校企深度融合的特色教学模块共创

主流企业文化融入课程教学，传承“工匠精神”，成立“造艺公社”，将工匠精神与企业文化进行渗透，在企业课堂中触摸企业文化，使学徒制岗位教学落地企业；以思政素养项目教学为切入点，企业特色训练为载体，互融劳动精神，建设各劳动类型能力不同的层级教学资源和实践活动，再通过第一课堂特色项目模块，辅以第二课堂中多元项目活动，最终支撑学徒岗位综合素养的养成（见图 5-9）。

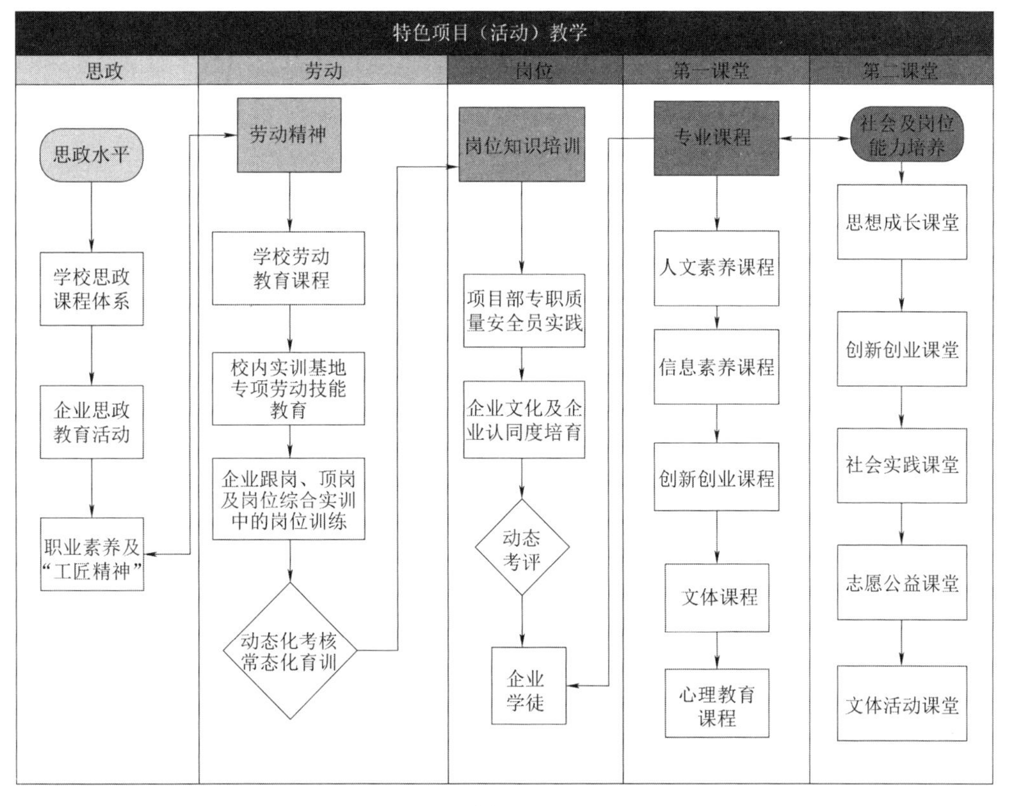

图 5-9

二、校企深度融合的实践实训教学体系共建

以新型人才培养模式和教学改革目标为实施要点，对高频育训互融进程进行了实践教学体系的重新布局和精心组织，以实现从时间、空间到参与主体和对象的精准对接。

从职业基本能力到职业综合能力的养成路径中，对接装饰产业转型升级新型职业岗位，与此同时，依托校企资源高效整合，搭建工学交替的校内外育训实践实训平台，提升校内实训高效使用的精准性，建立校企项目实训基地动态台账，分类管理，动态更新改造，提升岗位能力的高匹配性，实现教学环境和场所的可持续性发展。

在校企共建共管中，建立训练中心、创培中心、项目中心、展示中心；在教学工厂下设有校内模块工艺实训基地、企业跟岗实训基地、单项能力一体化实训室、施工现场认岗实践基地、证赛实践基地、云学习网络教室等。提升信息化集成专业群引领，以实践实训教学体系中“教”“学”“训”“创”“产”的思路来提升企业岗位特色人才的输送质量。

三、校企深度融合的三全育人评价机制创新

建立立体化多元、多阶段的评价考核制度（周考核、月考核、中期考核、终期考核，多期考核相结合；教师、学生、家长，多元考核相结合）等。既重视项目成果，也重视项目实施各个过程中的职业素养、科学性、规范性和创造性，以及团队的协作性和每个学生的个性表现。考核依据各阶段 性职业能力标准进行，与此同时，学校学徒岗素养和企业特色综合素养的养成动态评价内容也要一并纳入，这也是现代学徒制人才培养推及的内涵之一。

动态化考评过程管理办法创新。校企双方采取过程记录、节点考核、结业验收的方式，为每位学徒建立受训档案：一生一档；校企双方共同设立考评指标点：融入企业素质内容，由学校与企业共同计分；确立不同工学模块期末考核评价综合指标：覆盖全过程管理，实现三全育人考核机制创新，根据岗位权重对装饰工艺的规范性执行、主动学习能力、劳动素养养成，以及项目突发应变协调能力等进行综合测评。

双导师考核评价制度创新。科学、客观地甄别各学徒学习成长情况，以双主体互赢的视角，由校企双方参与，派出企业带教师傅和带教班主任共同对学生的表现和认知水平进行过程评价，落实管理评价规定，定期检查并评价，从而对学生的学习和实习情况进行月度考核和节点考核；跟岗实习结束后双导师共同进行书面考核，以多种方式并存的形式对学生的实习和学习情况进行结业验收，共同对学生的成绩进行量化评价，并记录在受训档案和学业绩点中。

虽然在国家现代学徒制实施进程中，每个专业对应的企业岗位都有其独立性和特色，但最终的实施路径都有其共通性，都是为了实现育人最终目标，实现校企共赢，适应新时代经济转型下，岗位人才的高素质匹配，实现学校高质量特色人才的高质量输送。通过建

筑装饰工程技术专业学徒制的建设案例，以普适性兼专业针对性的视角来规划实施路径，以前瞻性思维来带动人才培养其他专业岗位集群发展，为多维度不同层级的人才培养提供有效方法。

推深做实校企合作全要素多维融通育人之思

在推进校企合作育人的过程中，由于目标取向不同，合作共赢点深化挖掘和培育不够；由于管理权属不同，存在合作“游离散”现象，凝聚力不强；由于发展定位不同，人才、技术和文化多维互动力度、频度不够，合作育人系统性不足。营造“共融、共生、共赢”的良好发展生态，畅通行动层面运行机制，盘活育人要素高位高频交互，供给融素质、知识、能力于一体的“有机营养餐”，全面滋养学生，服务学生德智体美劳素质结构协同全面发展，走深走实校企合作育人实效，是需要在实践层面重点解决的问题。

以基于“共融、共生、共赢”理念和“合作规划、合作治理、合作育人、合作发展”主张，整合资源，组建异质结构“朋友圈”，系统谋划，优化流程，厘清上下衔接、左右贯通链路，开发制定校企合作各层级、各功能模块工作制度，形成体系化的校企合作办法、意见、规定、方案、细则、协议等制度文件，定任务、定责任、定方案、定时间表和路线图，打造命运共同体。以系统思维“译码”影响校企合作育人的内外部因素，抓取主要因素，从校企合作运行制度、专业和课程建设与改革、结构化师资队伍建设、高效能实训基地建设与改造、学生成长、科研与社会服务建设及其反哺人才培养、文化传承与创新、理论研究与诊断改进等方面建立一级指标，并细化分解二级指标，形成具有全面引导效能的“校企合作育人绩效考核体系”，固化企业院校行、院校企业行、院校校校行活动，动态调适全周期人才、技术、文化育人要素互动“流量”。以“树形”系列项目承载系统化育人，创设情景，因材施策，迭代深化校企多点合作“十六共同”、多点递进“十二升级”、多点集成“十八融合”。在运营中建设育人文化，同质化理念、精神价值和规范标准，产生“强磁场”，打造文化共生环境，达成校企合作全周期过程的系统化梯次递进，实现“育人时间并行、育人空间并用、育人主体并力”立体化互融，推进校企合作系统化育人（见图5-10），支撑人才培养根植于产业、行业、企业、职业，科学设置专业，系统组织学业，促进就业、创业，培育敬业、守业、精业、乐业，实现合作系统化育人迭代递进。

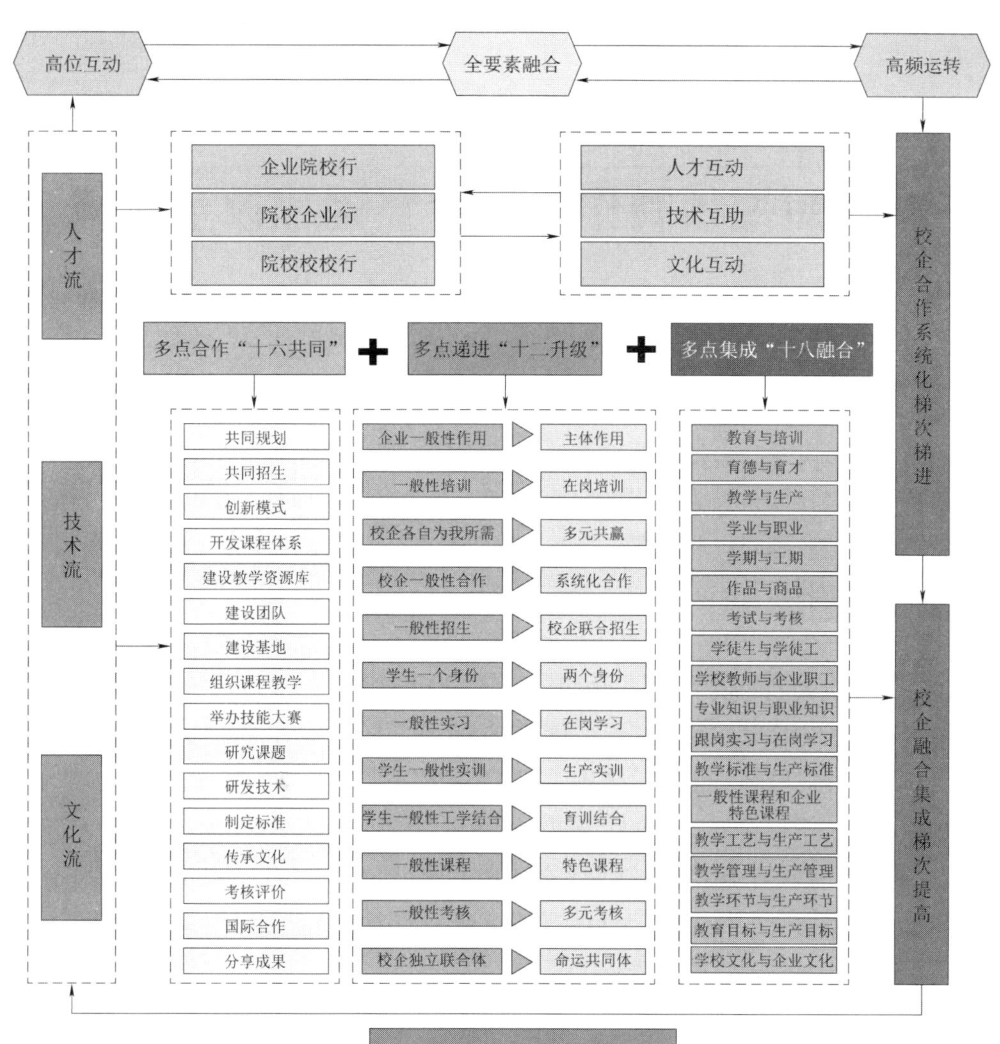

运行交互系统图

图 5-10

“岗课赛证”融通教学改革与实践
——以“短视频制作与运营”课程改革为例

随着互联网+、智能化+技术的迅猛发展，国家产业结构调整和转型升级的不断加速，导致产品结构不断变化，引发就业结构的不断变化，要求职业人素质结构必须同步提升。作为与经济社会发展联系最为紧密的职业教育，必须以新的理念、新的形态、新的场景、新的课程和新的流程跟随产业生态、行业业态的变化，主动适应科技发展和市场需求，培养创新型、复合型技术技能人才。

第48次《中国互联网络发展状况统计报告》显示，10亿用户接入互联网，形成了全球最为庞大、生机勃勃的数字社会。短视频用户规模高达8.88亿，占网民总数的87.8%。自媒体短视频由于制作时间短、流程简便，拥有生产高效、传播高速的特点，在吸引用户的同时对应的短视频策划、拍摄、实战、运营等新岗位需求也在不断增加。为响应这些新岗位和创业需要，学校顺势而为，在新媒体艺术设计专业开设了专业核心课程“短视频制作与运营”，并积极践行全国职业教育大会、中共中央国务院办公厅《关于推动现代职业教育高质量发展的意见》推举的“岗课赛证融通”综合育人新理念，有效深化教育教学改革，开启课程改革与建设的实践与探索。

一、改革思路

基于以学习者发展为中心的理念，依托湖北建设职业教育集团、亚太学院，聚焦学生职业岗位能力提升，以“思维—实践—创新”为主轴，深度推进工学交替教学组织变革，全面推进以“岗”促教、以“课”促改、以“赛”促学、以“证”促训，以项目或工作任务为载体，对接“1+X”游戏美术设计职业技能等级标准、竞赛考核标准，全程渗透课程思政和劳动教育，强化职业精神、工匠精神和劳模精神培育，“全景”式培养学生的短视频策划、拍摄、实战、运营等岗位职业能力。

二、改革实践

（一）重组教学内容

以职业能力培养为导向，校企共同研制，建设专业教学标准和课程标准，对接短视频制作相关岗位的典型工作任务。同时融入证书和竞赛的考核内容，对其进行梳理、整合，最终形成一系列具有工作逻辑的课堂教学内容。

教师在设定教学项目的实施标准时，要求学生所完成的项目任务必须严格符合短视频行业相关岗位的交付标准和工作规范，使他们从在校阶段就开始以自媒体职业人的身份要求自己，以此综合培养学生的职业技能、严谨细致的工作作风、爱岗敬业的精神，强化学生的职业素养。

（二）优化教学实施

1. 教学场域上推行“校内课堂+校外实践”

打破传统封闭式、固定场地的课堂模式，形成开放式的教学场域。课堂不再局限于围绕讲台的教室，教师带学生走出校园，到摄影棚、影视城、片场、企业等地去探索更多的知识（见图 5-11），将校外各种与课程相关的场地资源囊括为课堂的外沿，在丰富的学习场域中，学生可以自由探究，理论结合实践，自主构建新知。

图 5-11

2. 技能竞赛上打造“多层递进+立体平台”

全体专业学生能够深入参与课程相关竞赛和相应知识、技能学习，实现大赛普及化，增强学生参加国家级/省级竞赛的信心，提高竞赛训练的效率，根据不同比赛标准及不同学生的特点因材施教选拔、推荐参与竞赛集训。改变了以往“单一单项”的竞赛参与模式，建立了多项“立体式”竞赛平台。

3. 党建育人上构建“专业知识+思政浸润”

我们始终坚持立德树人导向，全面推进课程思政协同育人，打造师生学习共同体。此课程的专业课教师全部为党员，实施“融入工程”，在涵育素养上做“实”功。以德立身，以德立学。坚持将思政元素融入课堂教学。以严谨务实、精益求精、追求卓越等精神为指引，以党的创新理论为指导，既加强学生的专业能力，又注重创新引领，积极培养担当民族复兴大任的建设者和接班人。定格身边美丽，夯实培根铸魂（见图 5-12 和图 5-13）。

在课程专业知识传授、能力培养过程中弘扬社会主义核心价值观，传播爱党、爱国、积极向上的正能量。

把劳动教育融入课堂教学，例如：实际拍摄作业中先为学生们播放点击量高的做饭博主作品，将这些美食博主为了拍摄不断钻研菜谱、调整机位的敬业精神传达给学生，并让学生自己尝试。在调动学生积极性的同时提高学生的专业能力，这就是“润物细无声”的劳动教育。

图 5-12

鼓励引导学生做接地气的短视频创作，多把镜头对准身边的普罗大众，多做人民的艺术，不故作玄虚、无病呻吟；通过日常管理，向学生展示拍摄过程中的工匠精神和器物精神，帮助学生形成良好严谨的工作作风、不惧艰苦的拍摄态度、爱惜设备的专业习惯，打好爱岗敬业的基础。

图 5-13

（三）改革评价方式

制定校企合作评价体系，由教育专家、行业专家对校企合作项目进行评价，评价对接职业标准。建立职业性、多主体、多元化的评价方式。

典型案例助推广

构建分类分层育人支撑系统之思

在育人体系的构建中，高等职业院校应该遵循学生的认知发展规律、职业成长规律和校企合作发展规律，分析研判学校校企合作各要素及其融合的“现态”，谋划从“现态”到“次态”的技术路线，推进校企合作系统化育人能级跃迁，达成学生能力进阶。

以合作育人主题为“主干”，以产业学院（企业学院）、协同中心、现代学徒制培养等多维度专项项目为“分枝”，以课程思政、劳动教育、工匠精神培育等为“脉络”，形成“树形”项目。以“树形”项目实施为路径，循序渐进，分类分层建设校企系统化合作育人平台体系、载体体系、企业体系、课堂体系、培训实施体系等，形成迭代递进的校企合作系统化育人支撑系统（见图 6-1）。

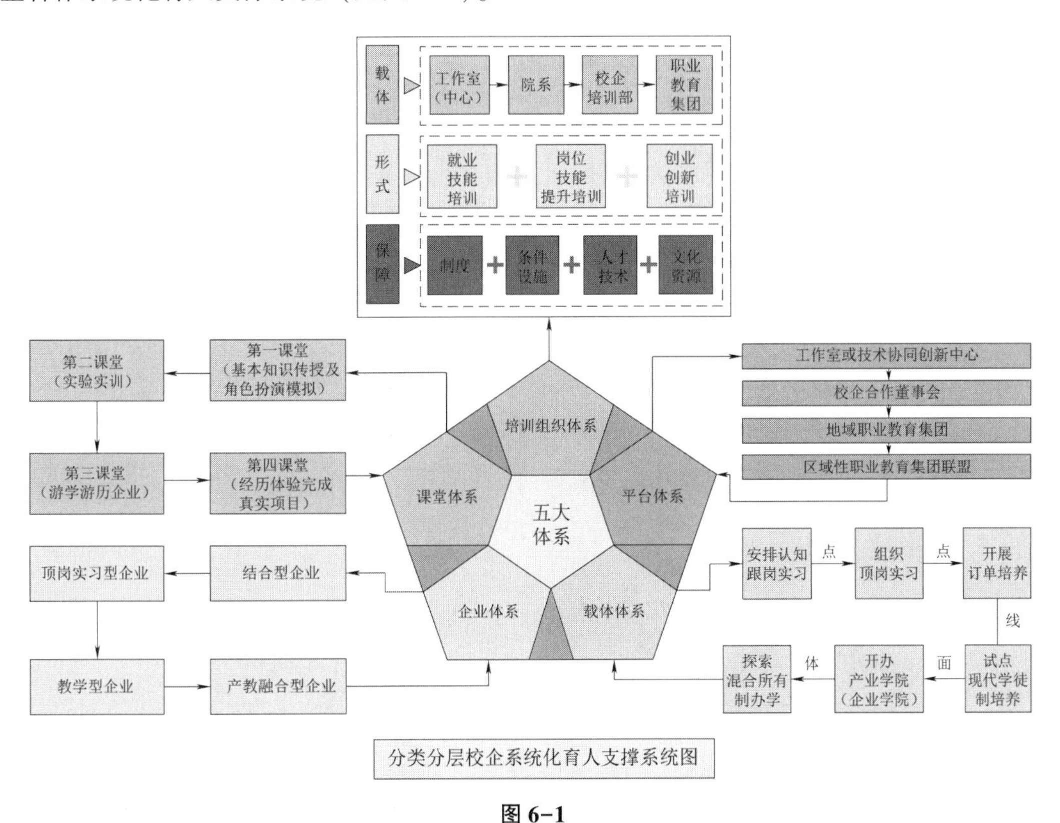

图 6-1

在框架中，校企合作平台体系“各类工作室或技术、文化协同创新中心—地域性职业教育集团—区域性职业教育集团联盟”，实现育人平台渐进扩容、功能扩展；合作育人载体体系“认知和跟岗实习—顶岗实习（在岗学习）—订单培养（短期阶段性订单培养、长期全过程订单培养）—现代学徒制培养—产业学院（企业学院）—混合所有制办学”，实现合作育人“点线面体”梯级演进；合作企业层级体系“结合型企业—顶岗实习型企业—教学型企业—产教融合型企业”，实现合作育人要素融合逐级跃升；多元课堂体系“第一课堂（基本知识传授及角色扮演模拟）—第二课堂（实验实训）—第三课堂（游学游历企业）—第四课堂（经历体验完成真实项目）”，实现知识、能力、素质的梯次跃迁；培训实施体系“工作室（中心）、二级教学单位/企业培训部、学校/企业、职业教育集团（联盟）等载体—就业技能培训、岗位技能提升培训和创业创新培训等内容—制度、条件设施、人才、技术、文化资源等保障”，实现培训服务组织能力梯阶递进。

通过建设以上“五大”体系，系统支撑人才培养与培训、技能训练与比赛、创意创新与创业、场景模拟与再造、职业体验与科普、生产劳动与育人、技术研发与推广、文化传承与传播、国际交流与合作等教育教学活动，实现育人链上高质量运行，高质量服务人的全面发展和经济社会发展。

高等职业院校系统化育人的创新与实践

基于共融、共生、共赢“三共”理念，提出合作规划、合作治理、合作育人、合作发展“四合主张”；构建以“育+训”完美融合“1主线”，以机制建立与完善、平台建设与利用、载体搭建与运作、动态监控与改进为“4模块”，以人才互动、技术互动、文化互动为“3互动”的校企合作系统化“143”运行模式。以诊改思维优化机制，打造文化共生环境；建设平台链，支撑“树形”项目实施；细化分解育人体系，实施项目（任务）清单化行动；建设信息平台，辅助科学决策；根植于育人链，多维推进校企合作系统化育人（见图6-2）。

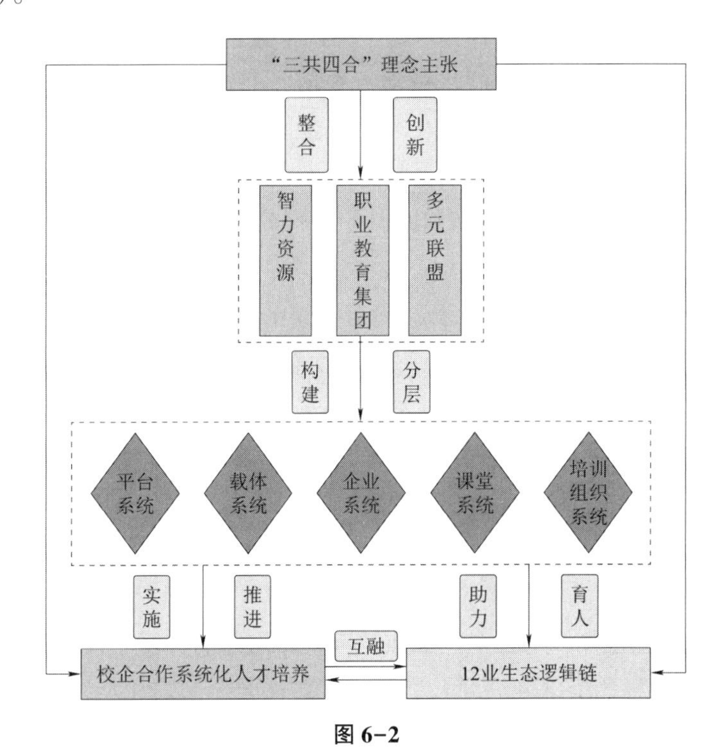

图 6-2

一、系统化育人的创新路径

1. 聚焦合作育人专业化，推行课题化方略挖深机理

实施工作课题化策略，凝聚创新团队，结合建设类产业链、人才链共性目标，多元合

作，以强化理论学习、集体协作为前提，提升专业化能力，引领行动有效落地。按“课题引领、团队打造、项目载体、清单分解、系统推进”思路，以合作育人主题为“主干”，以“中建三局学院”等产业学院（企业学院）、国家现代学徒制“中建东方装饰班”、高水平专业群建设及其专本衔接一体化培养、“1+X”证书试点、技能大赛等多维度专项项目为“分枝”，以课程思政、劳动教育、鲁班精神培育等为“脉络”，形成“树形”项目，承载系统化育人。

2. 聚焦合作育人高效化，建立闭环化链路畅通机制

以 PDCA 循环持续推进合作高效运行，以常态化诊断与改进，“建模式，列流程，析问题，施诊改，提效度”，厘清上下衔接、左右贯通链路，开发制定校企合作各层级、各功能模块工作制度，形成体系化的校企合作办法、意见、规定、方案、细则、协议等制度文件，畅通人才、技术和文化互动机制，走深走实系统化育人。

3. 聚焦合作育人系统化，实施多元化行动全面育人

以系统思维推动常态化育人体系的建立，以“三共四合”理念主张，进一步译码“143”运行模式，建设职业教育集团（联盟）、产业学院（企业学院）、协同创新联合体、工作室等平台，细化分解形成合作育人体系链，同步建设育训中心、职业体验与场景营造中心、协同创新中心、文化浸润中心，引动人才培养育人逻辑链，推进“育人时间并行、育人空间并用、育人主体并力”的多元化互融，全周期过程供给“有机营养餐”，全面滋养学生（见图 6-3）。

4. 聚焦运行监控常态化，建设信息化协同平台辅助决策

组建校企信息化运维平台数据库中心，以大数据平台中心为依托，协同湖北建设职业教育集团单位、产业学院，形成有效的大数据运行监管中心，实现信息链交叉互融；建设标准化、程序化、交互性强的信息化协同办公平台，明确组织机构，划分功能职责，有效提取信息和进行各类信息功能筛选，便于标准化协同工作处理流程、协同事务的快速响应，通过合作育人工作的常态监管，为提升校企合作系统化育人效度进行辅助决策，动态调整。

二、创新实践的成果成效

1. 共享成果创新，促进应用效能扩面

在融合发展上提供范例，入选全国职业教育集团化办学、湖北校企合作典型案例；中国建设教育协会职成委于 2018 年在学校召开“产教融合”主题论坛。

2. 合作育人增值，辐射应用推广增强

在方法路径上提供参考，“树形”项目中创新行动计划项目等被教育部认定入选国家示范性职业教育集团及教师教学创新团队、省双高院校 A 档建设名单，获全国巾帼文明岗、建设行业文化示范单位等称号，国家级、省级竞赛获奖 60 余人次，产生育人增值效应。成果多元辐射并进，赋能人才培养，被 40 余家融媒体报道和 10 余所院校借鉴应用（见图 6-4）。

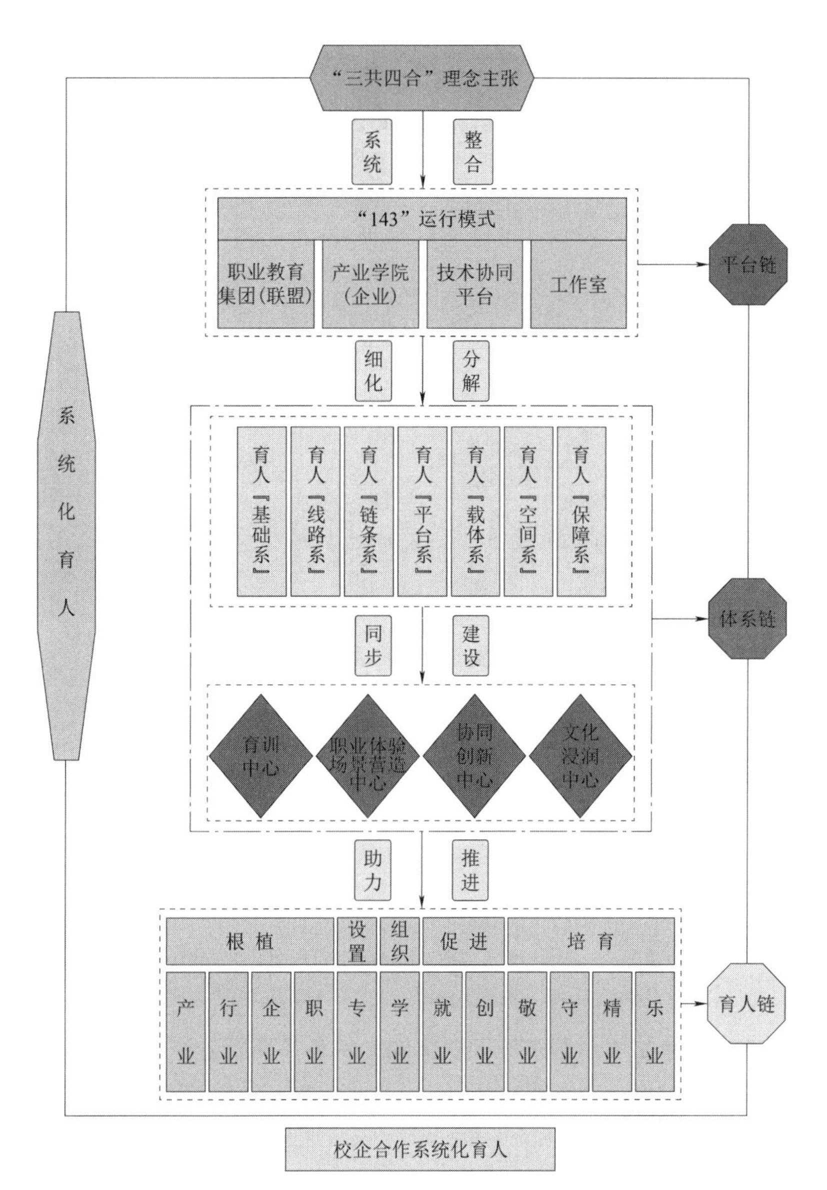
“三共四合”理念主张
系统
整合
“143”运行模式
职业教育集团(联盟)
产业学院(企业)
技术协同平台
工作室
平台链
细化
分解
育人『基础系』
育人『线路系』
育人『链条系』
育人『平台系』
育人『载体系』
育人『空间系』
育人『保障系』
体系链
同步
建设
育训中心
职业体验场景营造中心
协同创新中心
文化浸润中心
助力
推进
根植
设置
组织
促进
培育
产业
行业
企业
职业
专业
学业
就业
创业
敬业
守业
精业
乐业
育人链
系统化育人
校企合作系统化育人

图 6-3

全国主流融媒体湖北特色高职行首站走进我院

来源：宣传部　发布日期：2017 年 05 月 22 日 点击数：4 428

2017 年 5 月 21 日，《匠心育人高职榜样——首届全国主流融媒体湖北特色高职行》在湖北日报楚天传媒大厦举行启动仪式。

仪式结束后，媒体团首站走进我院进行深入采访。

在上午的媒体见面会上，院党委书记程超胜在致辞中代表学院对来自全国的各家媒体表示了热烈欢迎，并表示学院将始终高扬“中国制造”的鲜艳旗帜。努力培养创造性强适应性广的高素质高技能人才，更好服务“一带一路”建设，为湖北省职教事业发展以及深入实施创新驱动发展战略、实现中部崛起作出贡献，书写美丽篇章！

院长危道军在会上介绍了学院基本情况，并表示学院将紧密结合社会需求和行业发展，始终坚持“规范管理建机制、改革创新办特色。提升内涵铸品牌”的工作方针，服务“四个全面”战略，切实践行“五大发展理念”，努力打造办学特色鲜明、社会声誉度高、具有国际视野的创新型一流高职院校。

学院教务处、学工处、科研处、招就办、党办等部门负责人分别在会上发言并接受了记者采访。

会上，院长危道军和湖北日报新媒体集团科教事业部总监黄培签订了战略合作协议书。

中华建设网第二届全国主流融媒体湖北特色高职行走进湖北城建职院

来源：中华建设网　发布日期：2018 年 05 月 24 日 点击数：76

中华建设网讯（记者 李丽 通讯员 周鼎 余恒 图：刘军 卢嘉颖 严千慧）2018 年 5 月 23 日，“匹心育人高职榜样——第二届全国主流融媒体湖北特色高职行”媒体团走进湖北城市建设职业技术学院进行深入采访。

在上午的媒体见面会上，院党委书记程超胜代表学院全体师生对来自全国的各家媒体表示了热烈欢迎，并表示学院将深入贯彻十九大报告中关于高职建设的理念，努力培养创造性强适应性广的高素质高技能人才，更好服好“一带一路”建设，为湖北省职教事业发展以及深入实施创新驱动发展战略、实现中部崛起作出贡献，书写绚丽篇章！

院长危道军在会上介绍了学院的基本情况，并表示学院始终坚持不忘初心、匠心育人，紧紧围绕“规范管理建机制、改革创新办特色、提升内涵铸品牌”的工作方针开展工作，努力打造办学特色鲜明、社会声誉度高、具有国际视野的创新型一流高职院校。

学院教务处、学工处、科研处等部门负责人分别在会上发言并接受了记者采访。来自全国的 44 家主流融媒体、湖北日报新媒体集团科教事业部总监黄培，以及学院各系部主任、书记出席了媒体见面会。媒体见面会由学院副院长杨爱明主持。

会后，媒体团和学院领导、中层干部代表在鲁班广场合影留念。

图 6-4

校企协同育人运行机制探析

在2019年发布的《国家职业教育改革实施方案》即“职教20条”文件中，明确指出校企共建平台，共创机制，以发挥育人主体的多元化发展。2021年10月，中共中央办公厅、国务院办公厅印发的《关于推动现代职业教育高质量发展的意见》中指出，创新校企合作办学机制；丰富职业学校办学形态。职业学校要积极与优质企业开展双边多边技术协作，共建技术技能创新平台、专业化技术转移机构和大学科技园、科技企业孵化器、众创空间，服务地方中小微企业技术升级和产品研发。拓展校企合作形式内容；职业学校要主动吸纳行业龙头企业深度参与职业教育专业规划、课程设置、教材开发、教学设计、教学实施，合作共建新专业、开发新课程、开展订单培养。鼓励行业龙头企业主导建立全国性、行业性职业教育集团，推进实体化运作。

职业教育集团化办学已延伸至全国各地，初步形成行业和区域职业教育集团纵横交错，学校、企业、行业多方联动发展的格局。由此可见，只有深化产教融合、校企合作才是办高质量职业教育的必由之路。在职业教育集团化办学校企深度合作的背景下，多元运行模式、产教融合形式、育训结合路径、工学交替实践性教学体系构建、教学组织模式选取等就是当下相关研究急需解决的问题。

践行以科学选取策略为导向，以“建设类职业教育集团化建设研究”和“建设类职业教育集团运行机制创新研究”两个切入点为研究载体，以一系列质量工程和项目为实施载体，依托湖北建设职业教育集团平台，研究校企合作核心要素，努力打造结构异质化、理念同质化的产学研转创用“命运共同体”，探索运行机制，进一步研究迭代推进校企合作系统化育人实践。

如何走深走实职业教育集团实体运行，通过创新机制、提高能效提质赋能来提升校企合作育人实效，是当前和今后一个时期需要在实践层面重点解决的课题。学习和研究国家推进校企合作的政策，借鉴国外经验，分析研判学校校企合作各要素及其融合的“现态”，谋划从“现态”到“次态”的技术路线以及保障措施，促进校企双方人才、技术、文化的全面互动和融合，实现校企系统化合作，推进职业院校高质量发展，意义重大。本研究可以共筑职业教育集团办学平台下校企各方良性生态环境，创新探索行之有效的系统化育人运行，提升职业教育集团运作效能并形成可复制可推广的成功经验和范例。

校企合作是多变量的复杂函数，需要系统考量各要素，“建模式、列流程、求效果、施诊改、提效度”，建立校企合作模式，形成流程，通过机制手段保运行，不断进行分析诊断、改进，提高运行精细度，经过提炼归纳形成规范。湖北城市建设职业技术学院把推进校企合作作为激发办学活力的抓手，分别于2005年、2014年牵头组建“一校多企”的校企合作董事会、“多校多企”的湖北建设职业教育集团，不断升级合作平台，形成了“省住建厅推动—省建筑业协会指导—学校主导—骨干企业引导—社会组织参与”的运行体系；2016年，湖北建设职业教育集团牵头，与湘豫桂粤四省建筑职业教育集团组建“多校多企多集团”的中南建筑职业教育集团联盟，形成了“校企合作董事会—职业教育集团—职业教育集团联盟”的垂直平台体系。依托平台，实施“143”运行模式，推进建筑业、企业与学校教育要素全面融通，形成了合作广度、深度及资源集成度依次提高的“结合型企业—顶岗实习型企业—教学型企业—产教融合型企业”梯度体系，分别开展“碎片化合作—顶岗实习—订单培养—现代学徒制”不同层级的人才培养模式，推进校企合作“人才流、技术流、文化流”的高位、高频运行，实现合作育人系统化的梯级递进（见图6-5）。

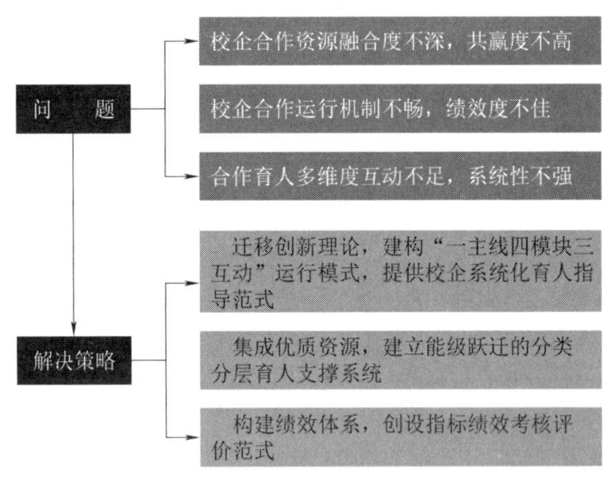

图6-5

职业教育是跨界的教育，世界各国的职业教育实践证明以学校思维来办职业教育，只会与社会需求渐行渐远。搭建平台，建立机制，发挥共同体异质结构优势，激发办学活力，方能办高质量的职业教育。现阶段推进校企合作育人需要关注以下问题：

第一，校企合作资源融合度不深，共赢度不高。校企双方由于目标取向不同，合作共赢点深度挖掘和培育不够。如何纵挖合作内容深度、横拓合作项目宽度，刷新合作目标高度，交互发展，实现学校人才培养质量和企业综合效益双提升，是需要解决的关键问题。

第二，校企合作运行机制不畅，绩效度不佳。校企双方由于管理权属不同，管理体制机制不一，凝聚力不强。如何从微观行动层面创新运行机制，借力信息技术，再造管理流程，交互赋能，实现校企合作育人内生动能双迸发，是需要解决的难点问题。

第三，合作育人多维度互动不足，系统性不强。校企双方发展定位不同，合作育人系统性不足，如何对接企业发展战略及转型需要，同步提升学校全面育人高质量发展，交互助力，实现校企工作效能双提高，是需要解决的重点问题。

为了深入研究运行机制创新，需要以科学内生运行模式，激发办学活力，办高质量的职业教育为目标引领，以此盘活育人要素，服务学生德智体美劳素质结构协同全面发展；同时共筑职业教育集团办学平台下校企各方良性生态环境，创新探索行之有效的系统化育人运行，提升职业教育集团运作效能并形成可复制可推广的成功经验和范例，实现校企融合，进一步从三个方面探索人才培养运行机制的创新与实践。

第一，迁移创新理论，建构“一主线四模块三互动”运行模式，提供校企系统化育人指导范式。基于“三共四合”理念主张和 PDCA 循环理论，以课题研究为先导，在校企合作脉络梳理、逻辑追寻、经验借鉴的基础上，聚焦育训结合、工学交替关键要素，考量校企合作诸要素，化繁为简，完善机制打造异质结构共同体，建立多功能平台链，借力信息技术动态，优化要素互动形态，建构有规可循的校企合作系统化运行模式，使校企合作按“点—线—面—体”轨迹梯次提升，实现合作育人高效化、系统化。

第二，集成优质资源，建立能级跃迁的分类分层育人支撑系统，创建支撑育人保障标准范式。挖掘隐性教育资源，优化资源结构，分类分层构建平台系统、载体系统、企业系统、课堂系统、培训组织系统等支撑系统，实现校企合作等多元功能，达成校企合作系统化育人在“根植于产业、行业、企业、职业，科学设置专业，系统组织学业，促进就业、创业，培育敬业、守业、精业、乐业”育人链轨道上的高质量运行。形成体系完备、达成度高、可操作性强的支撑系统，提供支撑保障标准。

第三，构建绩效体系，推深做实校企合作全要素多维融通育人，创设指标绩效考核评价范式。创建含多元指标的“校企合作绩效考核体系”，动态调适全周期人才、技术、文化育人要素互动“流量”。因材施策，创设情景，迭代深化校企多点合作、多点递进、多点集成，在运营中同质化理念、精神价值和规范标准，推进校企合作系统化育人。

装配化装修人才培养建设浅析

随着科技的发展和进步，全球建筑产业呈现出工业化或逐步向工业化靠拢的发展趋势，对建筑产业的主要要求就是着力发展装配式建筑，并明确提出发展装配式建筑的重点任务之一是要推进装修装配化。在国家各个地方政府的政策推动下，装配化装修的研究与应用进入了一个新的阶段。

装配化装修多元化人才培养建设有以下举措。

1. 创新装配化装修专业方向人才培养模式

通过对装配化装修在新型职业岗位的现状进行分析，结合人才转型的迫切需要，创新构建出装配化装修产业链、教育链、人才链、创新链“四链融合，N双并行”的理论主张，同时在实践中推进专业实践教学进程的育训模式，逐步实现教育教学中的创新应用。

在专业人才设计布局中，秉持三全育人理念，全面实行五育并举，建立人才培养体系大概念，以大格局、大课程、大思政、大劳动、大实践、大保障来一体化设计人才培养方案。同时以“大课程”+“微思政、微劳动、微实践”的教育教学设计思路，落实落地新型课程体系重构。

对接现行政策导向，在建设业行业转型中，以“四链融合，N双并行”为推动，系统化设计和布局，精准定位人才培养目标及方向，以产业链和创新链推进教育链和人才链，齿轮循环，精准咬合，高效推动课程体系构建、科学组织教学、落实落地实施保障。调研产业链，搭建专业内容模块平台；对接产业转型升级新型职业岗位，搭建工学交替育训实践实训平台；依托创新链，搭建产学创新创业平台，对接学生的个性化发展，构建“成才路径”；提质人才链，搭建五育系统平台，实现高标准育人；对接专业核心技能，提升“X”课程精度，搭建“X”技能平台；对接培养过程，科学构建“教学组织”保障体系（见表6-1）。

表 6-1

<table>
<tr><td rowspan="3">产业链</td><td>智能建筑中装饰装配化部品生产、工业化施工，一体化装修、信息化运维的一系列革命</td></tr>
<tr><td>职业岗位重新洗牌，人才链岗位培养重塑</td></tr>
<tr><td>技术骨干综合素质提升，产研创质量</td></tr>
</table>

续表

教育链	对接产业转型升级新型职业岗位，确定专业课程体系，搭建工学交替育训实践实训平台
	教师双师素质及创业团队水平能力提升，促保障
	改造学校专业群构架，融合产业链变革内容，搭建专业内容模块平台
创新链	实习期学徒创新创业，新型产业升级下的创新路径，依托创新链，搭建产学创新创业平台
人才链	对接学生的个性化发展，构建“成才路径”；装配化技能标准未来的等级证的获取与学历融合，提质人才链，实现高标准育人

立足产业装配化装修转型，调研装配化职业新型岗位，形成装配化装修产业新型职业岗位群（见图 6-6）。

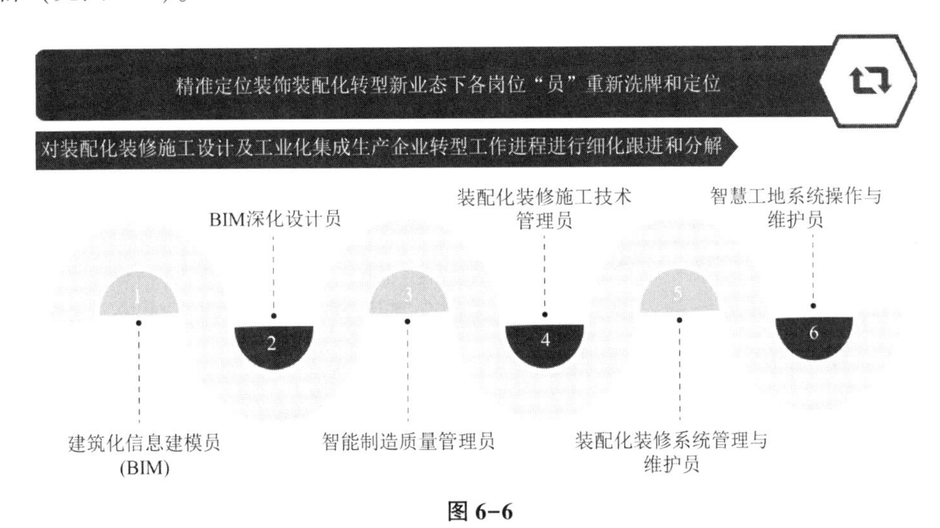

图 6-6

以装配化装修新型职业岗位，建设三大平台内容体系，同时实施推进（见图 6-7）。

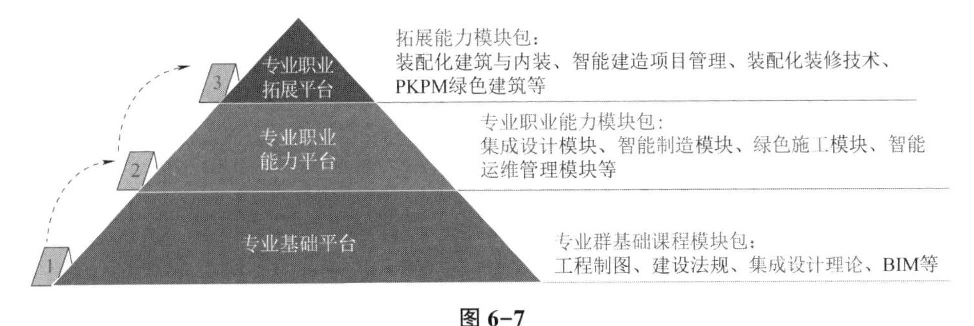

图 6-7

依托产业、行业，对比装配化工作流程以及对各装饰装配化企业的深入调研，拟定课程模块的初步构架，从产业链的职业岗位切入，确定专业课程体系。

从现有装配化全生命周期工作流程路径中，探索建立四大模块课程体系。其中，课程模块是根据行业能力的分析结果而确立的基于工作领域和岗位任务的基本单元，它落脚于课程内容的选择与整合，是承接产业链与教育链的关键要素。装配化装修课程模块自身结构统一、独立，可根据行业和专业的定位与发展特点任意组合，充分照顾到不同地区专业发展的多元选择；同时，课程模块的形态与结构也便于及时更新，在学习内容上更容易打通职前与职后教育、中高职和本科教育、学历与职业资格证书教育的双向通道。本标准的每一个课程模块都描述了一项独立的素质、知识或能力点，它以职业能力的掌握为标准，整合了与之对应的技能模块和知识模块。

2. 建成弹性分层教学管理体系和“CCM”实践教学体系

根据装配化装修人才培养模式和课程体系建立 CCM 实践教学体系，即“能力本位+校企合作”模块化（Competency Based & Cooperative Module）。对接装配化装修行业的特殊需求，实施弹性分层教学管理体系，满足个性化学习需求。学生可根据意向岗位和职业规划选择相应的实践教学模块，坚持教师进公司，学生跟项目，实训上工地。在体系中明确工学交替，育训结合，螺旋递进课程体系实施方法，同时依托各类企业平台优势，在“训”中学，进行全生命周期内工作流程的实践学习。

在教学组织育训设计研究中，从现状分析入手，在信息化联盟时代产教融合方向进行有效尝试。在体系中明确工学交替、育训结合、螺旋递进课程体系实施方法，在工学交替、育训结合的交替模式中，寻求最适应螺旋递进、深化积累各不同专业能力实现客观规律的实践教学体系，研发企业产品端和施工端各有其优势和短板，在人才培养全过程中合理布局，正确排列时间节点，合理制定“教”“学”“做”“工”“训”“考”的教学时间段。

从原有传统装饰工艺流程以及现有装配化装修工作流程对比研究着手，基于装配化装修新型岗位工作流程中的“标准化设计、工厂化生产、装配化施工、信息化协同”的思路，以“国家现代学徒制”试点项目为载体，以能力模块化课程体系的螺旋递进，构建了“1（学、育、训）+0.5（教、学、训）+0.5（育、训、工）+0.5（训、做、教）+0.5（训、学、产）”育训结合教学组织，推进德技兼修，知行合一，工学交替，有效提升了学生的职业竞争力。创新育训结合的课程实施体系和育训结合的实践教学体系，“双体系双轨”并行推进（见图 6-8）。

同时依托各类企业平台优势，在“育+训”中学，进行全生命周期内工作流程的实践学习。对接专业群多元需求，实施弹性分层分类教学管理体系，满足个性化学习需求（见图 6-9）。

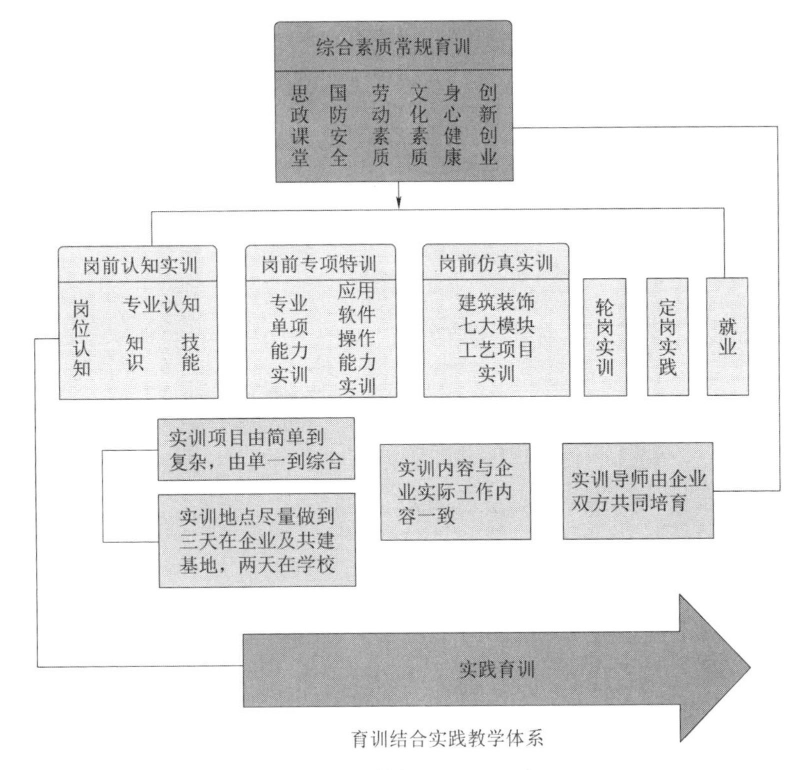

图 6-8

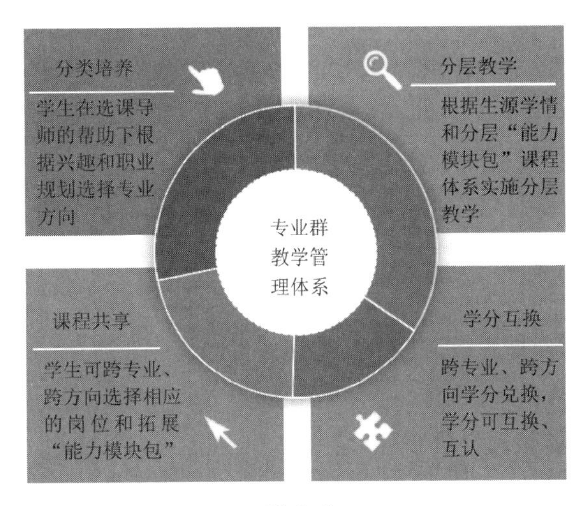

图 6-9

本着“知行合一、能力本位、工学结合”的建设理念开发“CCM”（Competency Based & Cooperative Module）“能力本位+校企合作”模块化三层递进的实践教学体系。以职业活动为载体，由校企混编教学团队进行组织，坚持教师进公司，学生跟项目，实训上工地。实现各课程和实践模块的学分互认和互换（见图 6-10）。

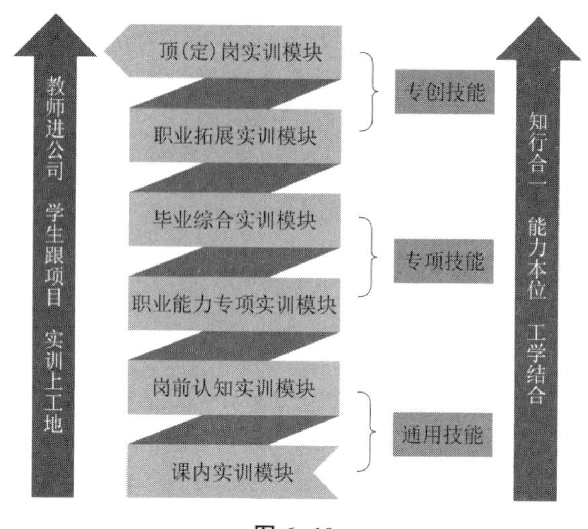

图 6-10

3. 搭建教育教学平台保障体系

依托产业链和创新链，搭建与此对应的四大实施保障平台。对接产业转型升级新型职业岗位，依托创新链，搭建工学交替育训实践实训平台，产学研训创一体化平台，针对学生的个性化发展，构建“成才路径”；提质人才链，搭建五育系统平台，实现高标准育人。

（1）教育教学资源平台：装配化行业标准、课标、教材、资源库、装配化企业设计案例、八大部品展示网络视频库、装配化装饰培训……

（2）产学研创训实践平台：继续深化定位，针对育训结合中的教学进程来选取“教”“学”“训”“创”“产”“工”“做”等不同教学组合，分设不同时空和主体对象，同时建立对应的实践实训平台。依托产业链，建立训练中心、创培中心、项目中心、体验中心；在教学工厂下设有校内装配化实训基地、集成设计企业跟岗周实训基地、信息化虚拟仿真部品组装实训室、装配化施工现场认岗实践基地、一体化育训教室、职教云学习网络教室等。

（3）五育素质平台：是思政目标、文化美育目标、智育目标、现代建筑业工匠意识素质培养目标的信息实现平台（见表 6-2）。

（4）“三全育人”考核评价机制平台。

考评主体建设保障平台：教师、学生、行业企业技术骨干、“X”培训组织机构等。

模块课程全过程考核办法及实施细则平台（时间管理轨迹）。

云平台考勤轨迹管理、信息化日常考评成绩管理、阶段性考核比例细分、校内实训专项考评细则、部品模块课程考评细则、认岗实践考评指标体系、跟岗实训考评指标体系、蘑菇钉考评管理办法等。

全方位考核办法及实施细则平台（空间管理轨迹）。

校内考核考评管理办法、教学工厂考评管理机制及细则、产学研创中心学分绩点管理细则、项目中心考评细则。

表 6-2

序号	名称	内容
1	文化美育素质平台	（1）美育通识课程学习平台 （2）文化美育第二课堂艺术文化活动平台 （3）第二课堂美育类比赛积分平台：书画、摄影、才艺竞赛等 （4）实践实训专业课程成果展示活动平台
2	智育素质平台	（1）专业知识能力目标实现平台（与课程体系融通合并） （2）学风建设体系平台：学习方法、学习习惯及考勤过程管理和信息化轨迹管理
3	现代建筑业工匠意识素质培养平台	（1）工匠类实践课程体系培养：含专业实践、拓展课实践、专业实践周等 （2）工匠意识培养体系：跟岗和顶岗实习过程评价体系；鲁班现代化思想培养体系 （3）创新工匠思维培养体系：产学研创中心成果转换、成果积累 （4）专业技能竞赛平台：竞赛组织方案、技能训练实操、竞赛信息、成果、社会服务等信息化建设平台

（5）师资保障平台。

在“四链融合，N 双并行”中，教师的双师素质和双向管理的融合尤为重要，依托装配化产业转型升级业态需求，提升教师专业能力及装配化部品和信息管理产研创水平是目前师资保障的实施目标。具体表现在：

（1）专业能力表现：装配化产业行业基本知识提升能力、新型岗位专业教学能力、思政要素课程标准编制能力、新型劳动要素实践能力、产学创业能力、工匠意识素养提升能力。

（2）综合素养能力表现：教学双师师资的转型适应力、智能建造的学习和培训能力、信息化教学能力、结构升级可持续发展能力、校企产学研成果质量的产出能力。

（3）实施路径：“四链融合，N 双并行”，教师的双师素质和双向管理的融合尤为重要，依托装配化产业转型升级业态需求，提升教师专业能力及装配化部品和信息管理产研创综合水平。

在以上各平台发挥各自功能之外，四大平台又通过智慧校园大平台，实现四大体系和各平台之间的有效融通和资源数据的共享，通过信息化网络手段提升平台高效运转保障。

4. 更新完善装配化装修教材资源库种类

更新升级原有建筑装饰资源智慧云平台课程内容，对接产业工业化进程，打造一批高水平教学资源（见图 6-11 和图 6-12）。

图 6-11

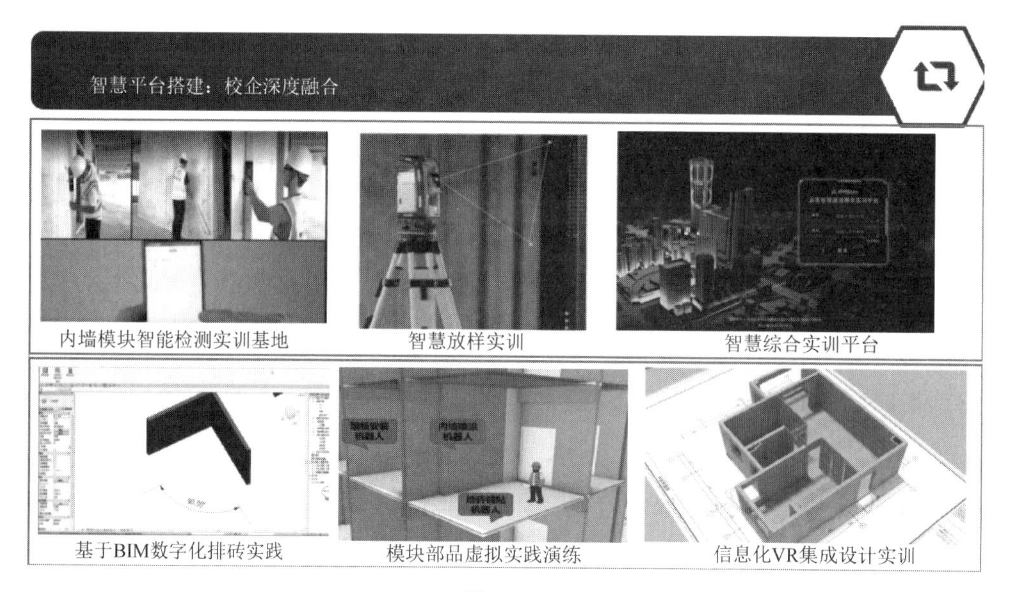

图 6-12

在课程资源库建设中，除开展核心部品模块教材建设以外，依托资源库建设高水平专业群项目，进行校级和省级在线开放课程建设。

创新教师梯队培养，助推人才高质量提升

在各省进行高水平教师团队建设中，通常以名师工作室或技能名师等为平台，以实施推进教学创新团队建设为载体，以过程评价和监控为运行手段，进行教师的梯队层级培养，我院通过申报省级技能名师和工作室等项目为载体，发挥省级名师工作室示范引领作用，创新教师梯队培养，助推人才高质量提升。同时，工作室精准定位建设目标和年度计划，致力于创新人才培养，构建一体多元模块化课程体系，大力开发资源库建设，创新教学方法，实现高素质教师梯队培养，实现育人高质量目标。

一、实施举措

1. 促进教师发展，注重教师职业能力培养

工作室注重培养教师的职业能力，促进教师的专业成长。与企业合作共建“双师型”教师培养培训基地，全面落实轮训制度，形成新进教师“影子工程”培养、专业教师团队“双导师制”培养、骨干教师项目培养、企业教师专项培养、专业带头人重点质量工程培养、专业群带头人国际化联合培养的装饰专业群分层“双师型”教师培养培育体系，助力成员实现名师孵化和梯队成长。

工作室多次组织青年教师和学生开展技能竞赛研讨，为教练和技能竞赛选手提供了良好的竞技环境与学习平台。

2. 创新人才培养理念，完美对接产业转型

通过对建筑装饰和装修业转型升级，创新“四链融合，N 双并行”的理论主张，推进模块工艺项目化在教学中的创新应用，推动四链间的互融和良性循环运作（见图 6-13）。

3. 理顺目标思路，创新改革课程体系

深度剖析和主动对接分析岗位新型能力点所需课程内容，求同存异，优化原有不变量，创新升级可变量，开发与之匹配的组合灵活的模块化课程，以项目为载体，将模块组合理念和专业课程体系与实践有效互融，构建课程体系群。

4. 探索实施路径，创新多维平台保障体系

整合校企绩优资源，精准选取产业变革下人才培养目标科学实施的教学方法，升级改进优化提升；同时，在人才培养全过程中对育训结合的实施点进行资源分解和量化，打通微观实施路径，确立教学设计组织体系，同时打造四大功能保障平台，以科学可行的保障平台助力实现专业人才培养教育教学体系的良性运作。

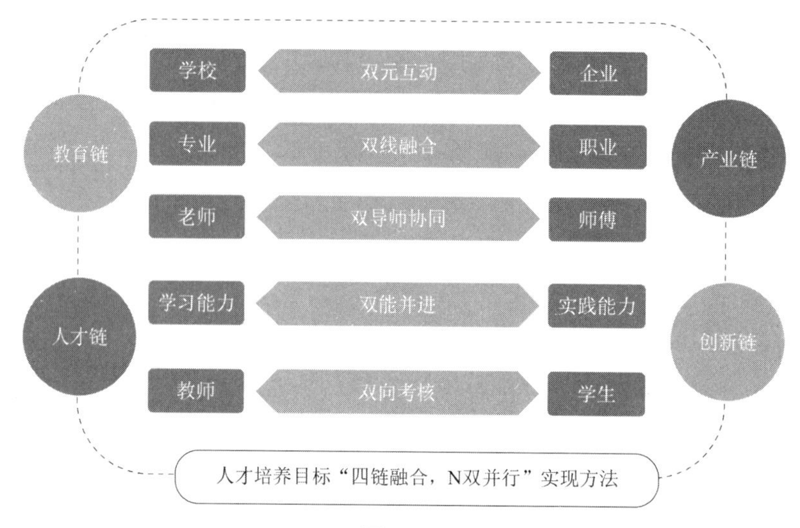

图 6-13

二、应用成效

人才培养模式在行动层面上提供范例，以项目化多元建设，取得省级以上专业质量建设荣誉 10 多项，立结项省级以上课题 24 项，获得省级教学成果奖 3 项。

课程体系在方法路径上提供参考，模块化课程体系成果被省内外 10 多所院校运用实践，获批省域唯一建筑装饰高水平专业群 A 类项目，修订和制定全国建筑室内设计专业课程标准，并在全国推广。

教学改革在教改理念上提供引领，获全国信息化教学大赛一等奖 2 次，讲座、案例、教材等成果推广至省外 10 多所院校。

育人成效在人才质量上稳中突破，连续三届获世界技能大赛省级选拔赛装饰类赛项全省前三，各类赛项获奖 56 人次，5 人进入国家集训队，学生冯宁入选中央文明办所评“中国好人榜”，“冯宁志愿服务工作室”被认定为“全国青年先锋号”。

装配化装修的育人创新实践浅析

高等职业院校面对新型职业岗位的要求，推进新形式下装配化装修专业人才培养，将职业教育转型升级落实到专业建设与课程体系改革中；在湖北省装配化建筑推行高标准装配率中，实现装配化内装体系高素质技术技能型人才输送常态化；同时深入研究课程体系、教学模式、实践条件等，创新建筑业转型升级中装配化装修人才育训结合的校企共建方法。

通过全生命周期内装配化装修职业岗位能力的具体特征，深度融合部品企业研发、内装施工、信息化管理等工作流程，研究内容集中在以下四个方面。

（1）职业岗位研究：精准定位重要岗位能力，坚持“设计研发+工业化生产”“装配化施工+信息化协同管理”两条主线。

（2）课程平台内容研究：专业基础平台、专业职业能力平台、专业职业拓展平台内容体系选取，三大平台的教学实施推进方法等。

（3）资源库种类研究：装配化装修专业课程资源库、平台共建，校企共建课程模块案例库、部品研发案例库等立体化装配式资源库。

（4）教学组织设计方法研究：科学选取育训结合场景、工学交替模式，落实落地保障机制、校企互通模式等，通过订单班、产业学院、现代学徒制等多模式来实现装配化装修专业建设与改革的最终目标（见图6-14）。

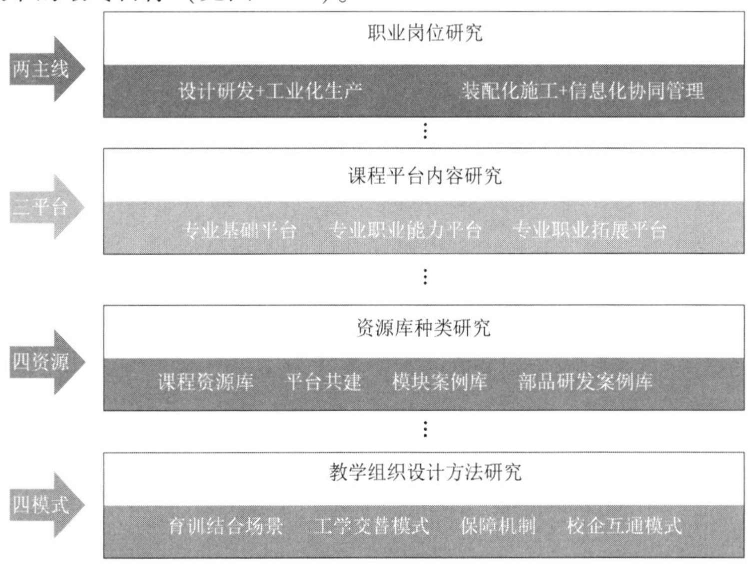

图6-14

一、装配化装修创新实践路径

（1）深入理论研究方法，精准选取和研读政策导向指引，进行装配化装修产业链的调研工作，形成装配化装修专业岗位调研报告，会同中国建材经济研究会，共同论证新型岗位的发展趋势和岗位能力体系，同时对装配化装修方向的专业人才培养调研报告雏形进行论证。

（2）编制装配化装修人才培养方案，会同装配化装修共享联盟和各省建筑高等职业院校装饰专业带头人在专业目录外申报新专业，开展校企产业学院的推进。通过对目前已取得的行业企业政策发展趋势的研究，整理岗位调研报告等文件。

（3）对课程模块相关技能的教学组织实施方法进行走访、调查与座谈，形成课题的初步模型。同时对装配化装修在现代学徒制的教学育训试点进行成果提炼和反思，形成论文的雏形。

（4）进行课程内容体系建设和教材资源库建设，同时会同建材工业经济研究会，进行装配化装修教材装配化部品隔墙和墙面施工参数体系的构建。

（5）落实课程体系实施试点，成立产业学院，在育训实训保障条件建设中，建成装配化装修实训信息化基地。同时更新资源库建设，立项装配化课程核心模块中的在线开放课程。

二、存在的问题

在保障机制运行中，多元主体在保障监管中落实度不够，保障运行信息不互通现象屡有发生，导致实施目标不到位。新型装配化装修职业岗位的研究并不是静态化的，要动态构建“岗位能力常态化诊断与改进”运行机制，促进能力输送和人才输送的匹配度提升，而后促使资源配置和教学组织的系统优化。在教学组织管理中，教学主体各方意识的培养和提升在实践研究中略显不足，对赋予学生群体专业选择权、课程选择权、教师选择权以及场景和育训方式的自主选择权有待进一步细化和改进，以激发学生学习动力，满足其多途径成长需求。

课程体系建设应本着“平台+模块+方向”的思路，探索柔性、可拓展且面向新型岗位群的课程体系新模式。底层共享平台应更新共同的必需的知识、技能和素质，帮助学生构建职业整体认知；中层分立模块课程对接职业标准，按不同装配化装修职业岗位方向分流培养，帮助学生形成岗位核心能力；拓展平台课程模块应机动灵活，密切跟踪装配化装修“新技术、新工艺、新规范和新材料”，对接未来产业变革和技术进步趋势。

完善装配化校企联盟组织日常运行工作管理办法，建立制度，对各类企业的功能进行分类建档（教学功能、产创功能等），对各类平台进行年度目标制度建设、分步推进，建立多维度的有效工作机制。

增强诊改常态化运行机制，提升参与各方主体的诊改意识，从培养方式实施路径和方法中发现问题并及时寻求有效的诊改方法，推进“外培+内训”交替的诊改策略，有效贯彻“四链融合，N双并行”的闭环，促进高质量人才培养落地。

在探索以行业转型中智能建造为契机和人才培养的改革进程中，落实落地从宏观到微观的实现路径，依托产业链和创新链来积极推进教育链和人才链，又以人才链的高质量输送来引领产业链的进一步高效转型和研创产出，以此实现高等职业院校以高水平专业群推进人才培养高地的社会责任；从微观到宏观，以点带面促进企业良性循环，高效发展，实现国家战略从数量到质量的完美转型。

三、未来发展方向

对接产业吻合度要高。装配化装修产业发展是专业建设的外驱力和课程体系改革逻辑起点，未来在研究方向上要服务面向聚焦、资源配置优化。可以动态调整专业资源和内容构建的组成结构，从而推动教育链、人才链和产业链、创新链有机衔接，为增强产业核心竞争力提供有力支撑。

资源整合共享度要高。资源整合是课程改革的内驱力。有机整合课程、教师与实训资源，实现共享效益最大化，实现相同和类似专业相互支撑，形成人才培养合力，具有推广应用价值。

人才培养产出度要高。人才培养是专业建设的根本任务，要研究如何为省域内以及华中区域建筑装饰产业链提供高素质技术技能人才支撑；同时，在装饰高水平专业群实践研究中要探索一套新理念、标准、模式、资源、课程、教材体系，为区域内建筑装饰人才培养提供指引和借鉴，提升新时代高等职业教育在产业链上的高质量发展，高效提升高等职业教育的学生满意度、服务贡献度和社会美誉度。

在完善和开展后续研究中，以深度产教融合来持续推进育训结合的多元体系建设，同时依托装配化共建共享联盟，以产业学院为路径持续开展推广性研究。

在成果表现形式上，继续通过课题研究、工作手册式装配化核心教材开发、思政案例推广、国家现代学徒制育训教学组织试点、承办和指导学生参加各类装饰和创新类技能大赛、提升社会服务能力等，进一步验证理论成果的运用价值和推广进程，以打造“四链融合，N双并行”的人才培养创新之路，以多元实施育训的路径融入现代学徒制教学组织，从教学组织保障体系构架实践研究着眼，持续推进和扩大社会认可度。

装配化装修在新型职业岗位中的发展意义

党的十九大作出了“我国经济已由高速增长阶段转向高质量发展阶段”的重要论断。实现经济从高速增长到高质量发展转变，必须从“数量追赶”转向“质量追赶”，从“规模扩张”转向“结构升级”，从“要素驱动”转向“创新驱动”。

在此经济转型的重要思路下，国务院办公厅发布的《关于大力发展装配式建筑的指导意见》（国办发〔2016〕71 号）中，提出了装配式建筑发展是建筑业结构升级的重要驱动；在发展绿色建筑的创新驱动下，又把“高装配化装修水平”作为推进建筑行业全装修的主要内容。

建筑装饰产业的工业化道路逐渐明晰，以装配式为主要路径，向上延伸至标准化设计、工业化生产；向下落实装配化施工、协同信息化管理工作流程。高质量人才需求转变，势必会带来岗位人才所需能力体系的巨大转变。

近年来，装配化装修迅猛发展，在“数量追赶”中的问题逐渐凸显，一方面，政策红利下装配化行业蓬勃发展，拓展迅速；而另一方面，人才供应还停留在“原传统装饰专业人才供给+零星增设局部课程+企业短期性培训”上，各类企业只针对自身某一岗位能力或某一部品设计进行培训，专业人才培养缺乏针对性，综合技能和系统化能力提升短板无法解决，原有课程体系下的人才已无法适应与此相匹配的产业结构转型升级的需要，科学有效的装配化装修课程体系急待系统开发，与之匹配的人才缺口必须通过“质量追赶”转型实现。

最终，如何率先引领和创新产业转型升级下的人才培养，实现上述高质量发展，就成了高等职业院校技术技能型人才发展进程中的新目标。

信息化时代的到来，能极大地推进产业内企业的参与广度。首先改变思路，从原有的以建筑行业协会施工端为主导的联盟合作，转入以行企校的内装研发端为切入点，也就是从产品端入手，原有产品端在几十年建设行业发展尾端逐渐协同发展迈入工业化集成时代的装配化设计前端，同时又融入原有大份额的施工端来实践，这大大提升了产业发展速度，是一次思维的大转变。与此同时，政府政策红利不断出台，大大促进了产品研发端的热情，使原有的建材商开始出现了企业之间的互通和共荣发展。几年来，以装配化装修产业发展为目标主体的装配化装修产业联盟的深化产教融合、校企合作的重要行动，已经初显成效，以“产学研用、认证赋能、校企通联”为主题，以行企校的共同合力，依托产品研发端和施工端的领头单位，例如中国建材工业经济研究会、装饰内装协会等强强联合，为装配化装修人才培养在岗位分析、课程构架创新、实训基地建设等方面奠定了坚实的产业合作基础，将加速我国装配化装修产业工人系统化建设并加快高等职业技术技能人才的培养，让我国装配化装修产业人才培养进入全新的时代（见图 6-15）。

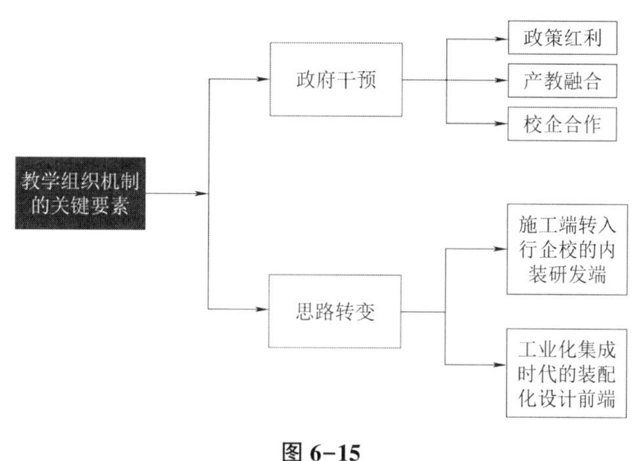

图 6-15

在此思路下，构建结构转型升级下的装配化装修课程体系，在教学组织中，通过工学交替、育训结合的实施路径来实现人才目标，势在必行。

1. 有利于缓解装配化装修人才供求结构性矛盾，实现国家战略

建筑装饰工程技术专业通用型人才供给充足，一般性人才多，装配化、复合型人才不足；通用专业的人才供给相对饱和，有针对性的装配化技能型人才供给相对不足。本课题通过科学组建装配化装修课程模块体系和教学组织，常态化输送精准人才来平衡产业转型升级的需要，实现国家战略从数量到质量的转型。

2. 通过育训结合的课程教学组织，实现专业人才高水平提升

通过研究工学交替，育训结合，螺旋递进课程体系实施，依托各类企业平台优势，走入企业，在“训”中学，学生进行全生命周期内工作流程的实践学习；回到学校，知识能力素养进一步提升，再次在“育”中做。在循环递进中，有效提高学生学习兴趣，培养学生创新性思维，促进装配化装修高水平人才培养。一方面，未雨绸缪，率先开启系统化课程体系构建和育训结合的实践性研究，有利于促进湖北省装配化装修岗位需求和人才配送的平衡。另一方面，作为湖北省优先推进装配化装修新专业改革和课程体系构建实施的典型案例，提供了基本思路和做法，并在理论和实践两方面使研究成果为装配化装修企业和实施院校提供可操作性方案或建议，具有一定的推广、运用价值。

根据现有装配化建筑中装修领域带来的产业转型升级的人才需求为切入点，不同于传统装修工艺的作业工作流程的人才培养研究，其是以装配化装修干法施工中，设计标准化前置，工厂工业化生产、装配化组装，信息化智能应用等新型岗位能力代替过去作坊式的各工种湿法装修引发的全新的课程体系的构建和实施，从原有传统装饰工艺流程以及现有装配化装修工作流程对比研究着手，实现装配化装修岗位流程中的“标准化设计、工厂化

生产、装配化施工、信息化协同”课程体系构架和育训教学组织路径，实现人才在建筑转型新时代下的高质量发展。

以调研装配化行业动态，装配化企业岗位能力，新施工流程的职业特点为切入点，深入研究课程体系、教学组织模式、实践条件等，创新建筑业转型升级中装配化装修人才育训结合的校企共建方法。在内容体系构建中，以职业基础课平台—职业岗位课平台—职业拓展课平台为依托，将各岗位所需的知识能力素质目标融入课程，归入各目标平台；针对不同平台模块课程，选取教学实施路径，在工学交替的时间段，育训结合的实践场所，设置各模块课程的保障实施条件等，落实落地装配化装修全生命周期内人才培养的课程体系研究以及目标的实现。

多方联动打造装配式实训基地

——以湖北城市建设职业技术学院实训基地建设为例

建筑业转型升级加快，装配式技术技能人才紧缺。四方联动，统筹规划，优化专业结构、重构模块化课程体系，多主体打造高效能“六位一体”装配式实训基地。对接关键岗位和重点工序，利用互联网信息技术，同步搭建全息教学“立交桥”，塑造立体化教学模式，推进“岗、课、赛、证”融通育人，提升人才培养质量，高质量服务行业发展。

国务院办公厅印发的《关于大力发展装配式建筑的指导意见》（国办发〔2016〕71号）中明确提出，“大力培养装配式建筑专业人才。推动装配式建筑企业开展校企合作，创新人才培养模式”。住房和城乡建设部印发的《“十三五”装配式建筑行动方案》中明确提出，“依托相关的院校、骨干企业和公共实训基地，建立若干装配式建筑人才教育培训基地”。湖北省住房和城乡建设厅等15部门联合出台印发的《关于推动新型建筑工业化与智能建造发展的实施意见》（鄂建文〔2021〕34号）中明确提出，鼓励企业与大专院校共建专业学院、部系和实习实训基地，培养专业技术人才，为建筑业转型升级聚势赋能。

建筑业是我国国民经济的支柱产业和重要引擎。政府层面：关注供给侧结构性改革，构建新发展格局；行业层面：关注产业转型升级，强化技术研发与推广；企业层面：关注生产效益，注重技术人才培训与新技术应用；学校层面：关注文化育人，着力人才培养高质量提升。如何建设“人才培养与培训、技能训练与考核、职业体验与科普、创意创新与创业、技术研发与推广、文化传承与传播”等“六位一体”的建筑装配式实训基地，有效解决实训基地功能多元、生产工艺与产业链同步、信息化手段与教育链高度融合的问题，适应新一轮的产业变革，迫切需要政府推动、行业指导、校企双主体协同联动，以便更好地服务国家战略、行业发展、企业需求、学生成长。

一、优势

（一）主动适应产业转型升级，优化专业结构

四方联动研产业，校企合作建专业，多措并举理脉络。新一轮的产业升级，迫切需要建筑工程建造技术的变革与创新，实现从产品形态、建造方式到行业管理等方面的重塑。

湖北城市建设职业技术学院隶属湖北省住建厅，是湖北建设职业教育集团理事长单位、中南建设职业教育集团联盟牵头单位。在省住建厅的统筹协调下，在湖北省建筑业协会的指导下，湖北建设职业教育集团统筹联合中建三局、中建科技等行业头部企业，深度

研判行业新发展格局，主动调适、整合、优化，修订建筑工程技术专业人才培养方案。校企深度互融，对接新职业岗位，以装配式建筑的全产业链为视角，重点分析设计、生产、施工、运维等各个环节的人才培养规格，先后融入相应的课程模块，增设装配化施工方向专业人才培养试点，2021 年成为全国土建施工类首批开设装配式建筑工程技术专业的高等职业院校。

（二）紧密对接职业岗位需求，重构课程体系

精准定位三大环节，深度凝练四大核心能力，融合构建课程模块。依托国家示范职业教育集团——湖北建设职业教育集团，多维度调查研究，装配式人才需求主要集中在深化设计、预制构件生产、现场装配施工三大环节。人才培养应聚焦制图与识图、深化设计、工厂构件生产与检测、施工现场构件安装与管理四大核心能力；基于工作过程系统化，开发学习领域课程，基于对接“1+X”装配式建筑构造制作与安装，将专业教学标准与职业技能等级标准有机衔接，在普适性训练的基础上进行拔尖性训练，融入技能大赛标准，构建识图模块、施工模块、计价模块、管理模块四大课程模块（见图 6-16），形成专业课程体系，推进“岗、课、赛、证”融通育人，增强人才培养与产业需求的吻合度，提升学生适应工作岗位的核心能力。

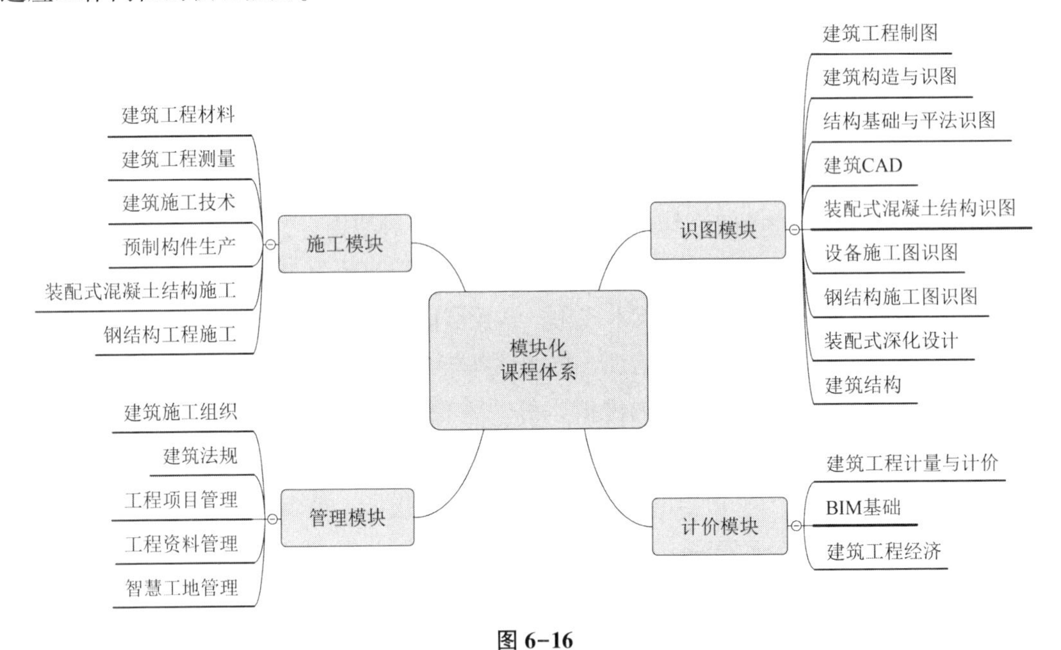

图 6-16

（三）共建共享共管实训基地，夯实支撑基础

“四真实三贯通”，功能分区场景化，运行管理程序化。结合装配式建筑全产业链中的深化设计、材料检测、部品部件生产、装配施工及信息化管理等环节技能要求，联合中建三局等企业，按照“场景真实、岗位真实、作业真实、考核真实”的原则，建设信息化平台，实现“教室+工厂+工地”远程贯通。为建设“人才培养与培训、技能训练与考核、

职业体验与科普、创意创新与创业、技术研发与推广、文化传承与传播”等“六位一体”的高效能实训基地，对接生产过程，科学进行功能分区（见图6-17），建设认知实训体验区、装配式智慧工法楼、实操实训区、文化传承与传播墙、装配式“1+X”考核基地、教学资源建设等，成为湖北省首家校内建筑装配式生产全产业链实训基地（见图6-18）。建立组织机构和管理制度，畅通基地运行机制，最大化发挥基地的功能。

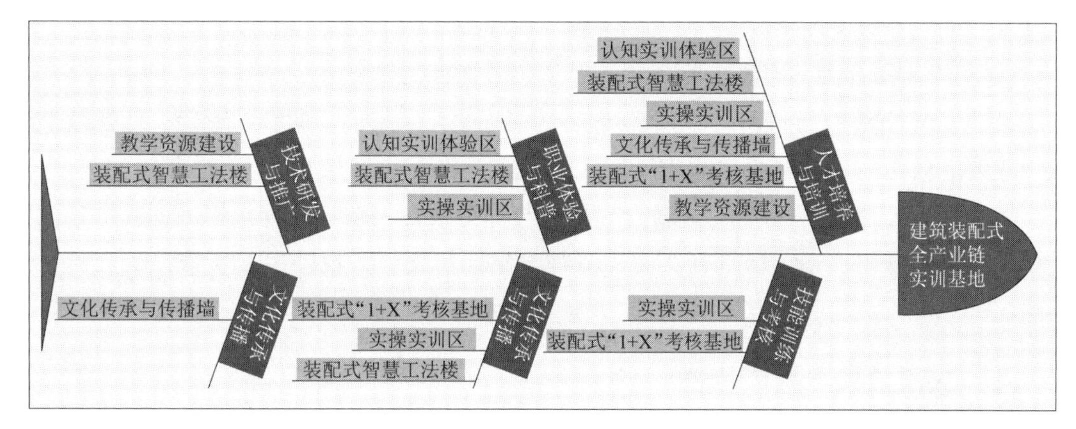

图 6-17

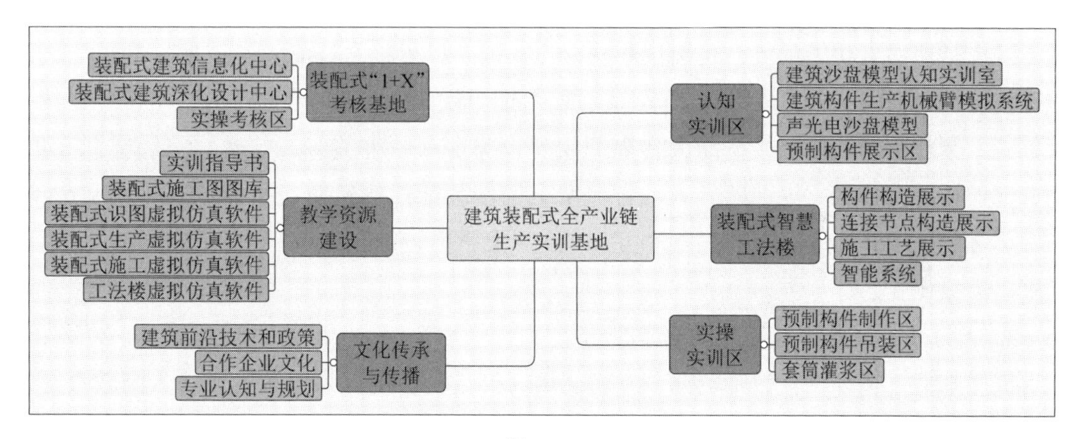

图 6-18

（四）重塑多元教学组织形态，推进课堂革命

“三融三化”，变革教学组织，塑造立体化教学模式。联合中建三局、武建集团等骨干企业，对接装配式建筑深化设计、预制构件生产流水线和施工现场的关键岗位和重点工序，利用互联网信息技术，同步搭建教学“立交桥”，全息传输，推进课堂与工地融合、教师与师傅融合、教学内容与施工工艺融合。以教学过程职场化、教学场景真实化、双师教学同步化，打造真实场景再现、过程组织灵活、学习动态重复、教学云资源丰富的立体化云课堂，满足校企研学交流、教师课程开发 、学生个性化学习需求。多元的资源整合、多样的课程教学、立体的学习支持，丰富了新形态课堂革命的实施路径，形成了立体的教学组织模式。

二、创新点

(一) 创新基地建设理念，打造“六位一体”高效能基地

政行企校四方联动，统筹规划、科学设计、有效实施、动态优化，多主体合作规划、合作治理，校企交互赋能，畅通运行机制，凝练了“源于现场、高度集成、功能多元、资源共享”的基地建设理念。

(二) 创新教学组织形态，打造“三融三化”高效能课堂

教学组织对接生产过程，针对教学内容的多样化，采用适切的教学形态，调适教学组织，建设信息化平台，贯通“教室+工厂+工地”，再现“场景真实、岗位真实、作业真实、考核真实”，推进课堂与工地融合、教师与师傅融合、教学内容与施工工艺融合，形成教学组织职场化、教学场景真实化、双师教学同步化，实现师生云研修、云交流、云实践。

三、应用效果与推广价值

(一) 应用效果显著

1. 成为人才培养质量提升的有效支撑

发挥基地的多功能优势，将岗位职业能力标准、世界技术技能大赛技术标准、“1+X”职业技能等级证书考核要求融入教学，实现“岗、课、赛、证”融通育人，学生专业技能水平高。荣获全国职业院校技能大赛高职组建设类赛项一等奖、二等奖、三等奖共8项；入选世界技能大赛国家集训队6人；省域及全国性装配式建筑职业技能竞赛一等奖2项、三等奖2项；荣获第七届中国国际“互联网+”大学生创新创业大赛湖北省金奖，并成功入围国家级比赛。

2. 成为社会服务能力提升的有效平台

依托基地，整合校企教师资源，互聘互培，打造模块化双师团队，成功入围教育部公布的第二批国家级职业教育教师教学创新团队课题立项建设单位和培育建设单位。为政府撰写产业发展咨政报告3份，行业团体标准4个，省级地方标准1个，专业教学标准4个，荣获“湖北工匠杯”职业技能大赛湖北省职业院校土建类教师专业技能竞赛装配式施工赛项一等奖、二等奖共3项。开设线上线下装配式公益讲座、职业技能培训20余场，助力技能型社会建设。

3. 成为湖北省培养产业工人的培训基地

以基地为载体，为省内建筑业企业员工、新型农民工开展装配式关键岗位技能培训及岗位技能鉴定6期；联合廊坊中科、湖北省建设教育协会、中建三局科创发展有限公司开展湖北省装配式考评员2期、装配式建筑构件制作与安装师资培训班2期、“1+X”证书种子教师研修项目（土建施工类）1期等，成为企业开展员工培训的基地和考核鉴定基地。

（二）应用推广价值

1. 示范引领，基地建设的探路者

政企行校四方联动，共建“六位一体”建筑装配式全产业链校内外实训基地，建设理念先进、实践操作性强、信息化程度高，成为湖北省唯一的“1+X”装配式建筑构件与安装职业技能等级实操考核基地，对职业院校开展校内装配式实训基地建设乃至企业职业教育培训基地建设均起到了试验作用。

2. 服务行业，标准制定的引领者

发挥基地优势资源，主持开发及制修订全国装配式建筑工程技术专业（高职）、装配式建筑施工专业（中职）、全国高职建设工程监理专业的《专业简介》和《教学标准》，参与“1+X”智能建造设计与集成应用职业技能等级证书标准的制定等；参与编写湖北省《钢筋桁架混凝土叠合楼板技术规程》、中国建筑业协会《装配混凝土建筑工人职业技能标准》等多项标准，有效引领专业建设，服务行业。

3. 守正创新，鲁班文化的传承者

通过建设鲁班文化墙、装配式建筑发展史、智慧工法楼，开设认知实训区和虚拟仿真区，设置职业特色体验课程；利用校园开放日，面向中小学生、社区居民开展技能实操体验和装配式房屋相关知识咨询；依托现代化信息手段，让学生通过自主浏览、自主查询、自主学习和交互反馈等来感知建筑文化的魅力，普适性推广“体验+科普”民众化、公益化。

该案例以湖北省首家校内建筑装配式生产全产业链实训基地建设的先行先试，提出了“源于现场、高度集成、功能多元、资源共享”的基地建设理念。案例以问题为导向，解决问题的理念先进、思路清晰、技术路线合理，方法得当。政行企校四方联动，统筹规划，合作治理，聚焦装配式建筑全产业链中的重点环节，对接职业岗位，精准定位三大环节，围绕四大核心能力，构建模块化课程体系，打造“六位一体”的高效能实训基地。建设信息化平台，畅通运行机制，贯通“教室+工厂+工地”，再现“场景真实、岗位真实、作业真实、考核真实”，变革教学组织，塑造立体化教学模式，推进课堂革命，提升人才培养质量，助力企业增值赋能。该案例为高效能装配式实训基地建设与运行提供了可借鉴和可复制的范例，具有较高的推广价值。

协同理论下创新校企合作育人机制浅谈

政府、企业、行业、院校、教师、学生等多元主体的中国特色职业教育系统育人格局，需要系统梳理产教融合过程中各主体间的功能定位以及有效方法路径和实施标准，规范形成在积极培育市场化导向、对接产研性供需、精准服务化功能、规范标准化运作等方面的产教融合服务体系。按政府推动、市场引导、多元主体（包括企业、院校、研究院所、学会或协会社会团体组织、政府部门等主体或联合体）模式来建设，系统梳理各主体的职能定位，建立规范化运行机制，通过平台建设、"数据大脑"建设、绩效体系建设等战略、战术和信息技术服务以及相关增值服务，实现新时代现代职业教育高质量发展。科学构架分层分类的功能系统体系，实施推进育人逻辑链，实现校企合作在高质量人才培养方面的支撑作用。

1. 建立"共融 · 共生 · 共享 "理念

在建筑职业教育集团"三融三动"赋能一体化育人探索与实践中，精准定位，明确"共融 · 共生 · 共享 "理念主张。

共融："异质化"组建跨界朋友圈，形成资源独联体（共同体）。从物理组成看，异质结构半导体比同质结构半导体器件性能优越许多，推进校企合作需要发挥教育的主导作用和市场在资源配置中的决定性作用，进行教育教学结构性改革，整合不同性质的校企资源，形成异质结构的、跨界的资源联合体，推进企业生产要素与学校教育教学要素全面融通，形成结构性优势，有效响应或前瞻性对接产业结构调整和行业转型升级周期加快带来的市场"扰动"，增强院校适应能力，提高竞争力和风险抵抗能力。

共生："同质化"构建内生强磁场，形成文化联合体（共同体）。建立共同的集团发展战略、集团文化、组织愿景，完善"产学研转创用"协同创新机制，对接产业发展需求，构建特色专业群体系，协同开展技术研发和技术推广，培养创新型人才。在协同运营中产生共同理念、精神价值、行为准则和规范标准，实现精神统一、规则统一、标准统一。加大活动载体建设力度，强化成员间文化认同，营造协同合作和文化共融的组织文化，建立资源共享组织愿景，形成强磁场，提升集团成员内聚力，实现校企合作系统化的梯次递进，实现校企融合集成度的梯次提高，促进企业与学校实施全要素融合，为职业教育集团实体营造可持续发展合作的共生环境。

共享："结构化"创建发展新机制，形成命运共同体。校企合作的根本目标就是解决企业与职业院校脱节的问题，需要一个具有更多资源、更多功能和更具组织活力和张力的教育组织来承担一系列新的使命和任务。建立独立治理架构，创新建立运行体系，形成内部决策、执行、协商、投入、考核、监督、奖惩、共享机制，促进校企双方在人才、技术、文化、资金等方面的高频互动，形成命运共同体，实现良性治理，实现供需诸要素关系融合匹配以期绩效值最高，提高运营效率，有效促进校企资源整合、利益共享、合作共赢，共同促进高质量服务人的全面发展和经济社会发展。

基于共融、共生、共享“三共”理念，提出合作规划、合作治理、合作育人、合作发展“四合”主张；迁移、应用、创新 PDCA 循环理论，以课题研究为先导，系统考量校企供需诸要素，厘清上下衔接、左右贯通链路，抓取关键变量，建构“以育训完美融合为‘一主线’，以机制建立与完善、平台建设与利用、载体搭建与运作、动态监管与改进为‘四模块’，以人才互动、技术互动、文化互动为‘三互动’的校企合作系统化育人‘一四三’模式”。聚焦校企合作系统化育人，细化分解育人体系链，形成合作育人“七系”：“坚持办学正确政治方向+建设高素质育人队伍+构建高水平人才培养体系”的育人“基础系”、集“教学育人+管理育人+服务于人”于一体的育人“路线系”、“线上线下混合式课堂教学系统+学术与宣讲育人平台+个性化实践育人基地+社会公共资源教育基地”立体化的承载三全育人工作的“平台系”、“思想政治理论课+狭义课程思政 +广义课程思政”三位一体的育人“载体系”、“狭义课堂+广义课堂”场所全覆盖的育人“空间系”、“目标链和标准链相中队啮合+执行链和保障链相适配+监测链和反馈链相协同”的具备反馈联动机制的“链条系”、“理论+运行机制和制度+高素质教学、管理、服务队伍+专项资金+信息化平台”支撑的育人“保障系”，推深走实系统化育人；实施项目清单化行动，以“树形”项目为路径，推进育人要素交融；循序渐进、分类分层建设能级跃迁的五大支持系统，促进学生匠人“颜值”从“单项能力”到“专项能力”到“综合能力”梯次进阶，促进学生匠人“气质”从“劳动精神”到“工匠精神”到“劳模精神”梯级传导；以诊改思维优化运行机制，建立育人闭环化链路，优化运行交互体系，借力信息化技术辅助决策，推进人才、技术、文化全要素多维融通，推深做实校企合作系统化育人。

2. 构建校企双方人才、技术、文化的全面互动和融合路径

基于校企系统化合作的立体合作体系，建立校企合作立体体系，促进校企双方人才、技术、文化的全面互动和融合，实现校企系统化合作，推进职业院校高质量发展。

形成校企合作的治理体系。《国务院关于印发国家职业教育改革实施方案的通知》(国发〔2019〕4 号) 提出：职业教育发展模式要从注重数量向注重质量的方向转变，从以政府主办为主向政府统筹、社会多元办学的格局转变，从参照普通教育的模式向产教融合、办学特色更加鲜明的类型教育方向转变。按“放管服”改革要求，政府逐步退出职业教育办学的微观层面，专注于制度建设、环境建设，学校能办的事学校办，并充分发挥市场机制的作用。学校要遵循教育规律、行政规律和市场规律，充分发挥市场在资源配置中的决定性作用，一方面，学校积极争取政府政策支持，另一方面，学校作为培养人的教育专业机构要主导产教融合校企合作，同时，学校要充分发挥企业在人才培养中的引导作

用，优化课程体系、课程内容，做到对接社会和企业需求，形成“争取政府支持予以推动—寻求行业指导—学校作为主体全面主导合作—骨干企业作为主体引导合作—社会组织参加”的治理体系，实现教育链、产业链、人才链、创新链的有效协同。

形成校企合作的模式体系。职业院校高举立德树人大旗，深化产教融合、校企合作是办学之道，在产教融合层面上，国家政策环境持续改善，产教对接动态发展，产与教融合度不断提高；在校企合作层面上，融合机制不断优化，学校企业同步规划、同步治理，校与企集成度不断提高；在工学结合层面上，人才培养模式不断创新，人才素质结构适应市场需求，工与学结合度不断提高；在育训结合层面上，实施育中训、训中育，教师与企业技术管理人员“同教同育”，学生与企业员工“同学同训”，课与岗对接，育与训系统度不断提高；在知行合一层面上，推进教学改革，在教学全过程中，将专业知识、职业能力、职业素养进行有机融合，知与行一体化程度不断提高，形成职业教育从宏观到中观到微观“产教融合教育模式—校企合作办学模式—工学结合人才培养模式—育训结合知行合一教学模式—工学交替教学组织模式”的模式体系，系统推进校企系统化合作。

形成校企合作的平台体系。推进校企系统化合作，需要有一系列平台作为支撑，学校可设立大师工作室、技能名师工作室或技术研发中心、文化研究中心，成立由行业批准的“一校多企”模式的校企合作董事会，成立由教育部门或行业部门批准的“多校多企”模式的职业教育集团，依托区域性协会或学会，成立跨越地域的“多校多企多集团”模式的职业教育集团联盟，形成不同层面开展校企合作的“工作室或技术协同创新中心—校企合作董事会—地域职业教育集团—区域性职业教育集团联盟”垂直平台体系，实现校企合作平台的渐进式扩容、升级，功能多元。

形成校企合作的载体体系。校企合作过程中，其逻辑起点是基于人才培养，根据校企双方集成度的高低，或结合企业的资源开展碎片化的“点”式合作，或结合学校和企业资源进行链条化的“线”式合作，或整合双方资源，推进系统化的“面”式合作，或校企结成共同体，统筹治理，探索整体化的“体”式合作。形成校企合作内容从点到线到面到体的“安排认知和跟岗实习—组织顶岗实习—开展订单培养（短期阶段性订单培养、长期全过程订单培养）—试点现代学徒制培养—开办双主体企业学院—探索混合所有制办学”的载体体系。

形成校企合作的企业体系。实践经验表明，校企合作的深入推进是有其规律的，需要在持续的合作过程中，创新运行机制，校企双方都主动向对方靠拢，在合作中相识，在相识中相知，在相知中相依，循序渐进，形成校企合作融合度不断提高的“结合型企业—顶岗实习型企业—教学型企业—产教融合型企业”企业体系，推进企业生产运营与学校的教育要素在德智体美劳上的全面链接和融通。

形成校企合作的课堂体系。提高学生职业竞争力，促进职业素质的养成，职业院校必须对接企业生产过程，创设不同且丰富的教学情景模块，有效组织教育教学，以期学生在未来的工作中，有足够的专业知识和基本的职业素质，有能力胜任工作，当相同或相近的情景出现时，能直接胜任工作；当相关或相似的情景出现时，有迁移能力适应。当似曾相识的或陌生的情景出现时，有创新潜力适应。为此，职业教育需要在各类有机构成的环境中教学，形成侧重点不同的“第一课堂（基本知识传授及角色扮演模拟）—第二课堂（实验实训）—第三课堂（游学游历企业）—第四课堂（经历体验完成真实项目）”体系，实现学生知识、能力、素质协同发展。

形成校企合作培训组织体系。做强职业培训，是新时代职业教育的历史性担当，职业院校以专业群建设与改革为着力点，校企合作统筹规划开发资源配置，既能为促进适龄人群职业认识和初次就业创业提供优质职前教育和培训服务，也能为促进职业转换人群提供优质职后教育和培训服务，满足个人从学生到社会职业人的不断成长与发展的需要，提供全生命周期的教育服务，形成“以职业教育集团、学校或企业培训部、院系、工作室（中心）等为主要载体，以就业技能培训、岗位技能提升培训和创业创新培训为主要形式，以制度、条件设施、人才、技术、文化资源为保障”的培训实施组织体系，实现职业院校落实培训法定职责，做大做优培训，促进各类群体就业的稳定和扩大。

校企合作系统化必须在创新建立机制的过程中形成运行体系，促进校企双方在人才、技术、文化、资金等方面的高频互动，实现校企全要素融合，成为命运共同体，服务人的全面发展和经济社会高质量发展。

校企融合育人模式创新实践

从学校执行层面来说，可以模糊产教融合、校企合作等词的边界，探索演绎理解为校企合作层面的层级递进，可用结合、合作、融合这三个关键词来概括校企合作的系统化程度。

结合——主要是学校基于人才培养的所需资源，企业源于感情机制或主管部门干预，结合学校需要，提供教学资源或参加教育教学的某些环节，一般是碎片化的“点”式合作，合作主要内容是人才培养与互动，其发展理念是为我所需、为我所用。

合作——在校企结合的基础上，双方源于资源优势互补，错位发展，互相协作推进，企业全程参与教育教学的某些活动，一般是链条化的“线”式或多链铰接的“面”式合作，合作重点内容是人才培养与互动，同时，在校企合作不断深化的过程中，技术传承与研发、文化传承与创新也进入合作内容，其发展理念是合作办学、合作育人、合作就业、合作发展。

融合——在校企合作的基础上，学校和企业双方源于共同事业目标，结成共同体，统筹治理，一般是整体系统化的“体”式合作，合作内容是基于人才培养，推进校企之间的人才、技术、文化与资本高频互动。其发展理念是共同规划、共同治理、共同培养、共同发展。

综上所述，校企合作从结合到合作、从合作到融合是校企合作的梯次递进，表征了校企合作从初级走向高级、从浅层次走向深层次、从内容单一到多元化、从碎片化到系统化的“点—线—面—体”的梯次递进。可以从人才、技术、文化的互动程度和流量来考量校企系统化合作程度，具体体现在共同规划、共同探索办学模式、共同招生、共同创新培养模式、共同制定培养方案、共同开发课程、共建资源库、共建共享师资队伍、共建实训基地、共同组织学生实习、共同考核评价、共同组织学术活动、共同技术研发、共同“走出去”、共同传承与创新文化、共享利益等方面。

在依托“多校多企”的湖北建设职业教育集团、“多校多企多集团”的中南建设职业教育集团联盟中，研判校企合作核心要素，整合跨界资源，“异质化”组建跨界朋友圈，形成资源“集合体”，“同质化”构建内生强磁场，形成文化“融合体”，建设“一体化”共赢新机制，形成效益“综合体”，打造产学研转创用“命运共同体”，最大限度激发校企合作动能，迭代推进校企合作系统化育人实践。

（1）聚焦合作育人项目化，推行课题化方略。按“课题引领、团队打造、项目载体、清单分解、系统推进”的思路，统筹设计育人项目并形成清单，实施项目课题化策略，以课题载体凝聚创新教学团队，思辨校企合作要素，抓取关键变量，优化流程，系统谋划，定任务、定责任、定方案、定时间表和路线图，提升专业化能力，引领项目化育人行动有效落地。

（2）聚焦合作育人高效化，建立闭环化链路。应用PDCA循环理论，以常态化诊断与改进思维，“建模式，列流程，析问题，施诊改，提效度”，厘清上下衔接、左右贯通链路，开发制定校企合作各层级、各功能模块工作制度，形成体系化的校企合作办法、意见、规定、方案、细则、协议等制度文件，畅通人才、技术和文化互动机制，走稳走深合作系统化育人路径，极大地提升工作效能。

（3）聚焦合作育人系统化，实施多元化行动。基于“三共四合”理念主张，运用“一四三”运行模式，依托职业教育集团（联盟）平台，细化分解形成合作育人“基础系、路线系、平台系、载体系、空间系、链条系、保障系”体系链，同步搭建育训中心、职业体验场景营造中心、协同创新中心、文化浸润中心，引动人才培养，推进“育人时间并行、育人空间并用、育人主体并力”的多元化互融，全过程全面滋养学生。

（4）聚焦合作育人信息化，建设智能化平台。建设湖北职业教育集团“数字大脑”，促进数据共享、业务协同、流程再造，提升政校、校企、校校间信息交流和协同效率。建设信息化协同办公平台，以利于标准化协同工作处理流程、协同事务的快速响应，实现动态监测和调整，支持校企合作系统化育人效度提升。

“五把”立体思维的教学诊改策略

——以湖北城市建设职业技术学院为例

湖北城市建设职业技术学院依据《高等职业院校内部质量保证体系诊断与改进指导方案（试行）》等文件精神，以“集聚优势、凝练方向，提高发展能力”为诊断重点，切实履行人才培养工作质量，保证主体责任，制定学校发展规划及子规划，完善质量目标和标准，在学校、专业、课程、教师、学生不同层面建立起完整且相对独立的自我质量保证机制，推进多层面、多维度的诊改工作，已取得了预期成效，于2018年11月顺利通过了湖北省级教学诊断与改进复核验收工作。

学校利用复核反拨效应、迭代效应、示范效应，刚柔并济，增强复核反拨效力，形成正向反拨效应，激发内生动力；着眼于其最近发展区，立足提质培优行动计划重点任务，制定新一轮精细化诊改推进实施方案，形成迭代效应，引导升级；挖掘学校诊改工作亮点，精心培育典型，形成示范效应，有效建立复核后质量发展的里应外合动力机制“助推器”，推动学校复核后持续深化诊改工作，形成常态化诊改。

一、主要做法

2020年，中共中央、国务院印发《深化新时代教育评价改革总体方案》，湖北城市建设职业技术学院诊改工作坚持问题导向，从社会、教师、学生最关注的问题入手，坚持把控整体、把捏结构、把定主体、把守匠心、把好研究（简称“五把”）立体思维，全面提升诊改工作的精细度与精准度，推进学校治理能力、专业群建设、课堂革命、教师评价、学生全面发展等关键领域诊改工作取得实质性突破。激发全员参与、全过程、全方位质量建设与保证的内生动力，打造了具有建院特色的现代质量保证体系与质量诊改文化，增强了职业教育适应性，提高了师生员工的满意度和获得感。

（一）把握整体，用系统化思维实施学校治理能力诊改

以章程为统领完善制度体系。根据党和国家对职业教育的新部署修订或制定优化纵向五系统中人事、财务、专业与课程教学、学生管理、后勤保障、校企合作等工作事项的流程，紧盯重点难点与痛点，查找各项管理制度在运行过程中存在的不足，每年形成管理制度改进问题清单，以学校章程为统领健全现代化治理制度体系，形成学校制度体系、表单、流程，并嵌入信息化系统。

完善了分层分类考核质量评价体系。针对职能部门与教学单位工作性质特点，建立了

以双周重点工作任务、月度部门职责任务与关键指标为核心的考核评价体系，制定不同月度与年度评价标准；制定中层干部、专任教师、辅导员等不同岗位人员年度工作质量考核评价办法，形成分层分类绩效考核机制，充分调动不同岗位人员工作积极性；建立 A、B、C 三类专项工作分类绩效考核评价制度，鼓励多劳多得、优劳优得，营造质量文化氛围；完善科研与社会服务工作动力激励机制，探索关键性指标增值评价，助力学校根植产业、行业，提升科学发展、服务发展质量。

（二）把捏结构，以模块化思维推动教学诊改

（1）推进专业群办学结构诊改。学校建立了常态化人才需求与专业培养调研制度，完善了专业设置与评价、预警和调整机制，学校对标湖北省“51020”现代产业集群，把专业群建在产业链上，构建了“一主两翼”专业群格局（建设类专业为主体、信息技术与物流管理为两翼），确立了“2+5”专业群结构（建造工程技术专业群、建筑装饰工程技术专业群 2 个省域高水平的专业群+市政工程技术专业群、建筑工程管理专业群、物流管理专业群、设备专业群、信息技术专业群 5 个特色专业群），国字号、省字号专业覆盖了所有院系，服务建筑产业的专业占比为 76%，服务湖北省重点产业和战略性新兴产业的专业占比为 88%。依据就业数据信息平台，以专业建设关键性指标为核心，探索开展了专业办学水平评估；依据国家专业目录与专业标准，实施了 10 个专业在“三新”技术和信息化等方面的升级改造。

（2）学校模块化课程诊改。学校以推进“岗课赛证融通”教学改革为切入点，以学校专业群大类为基础，建立了全校统一的“菜单式”“模块化课程体系”，深入推进融“职业标准、教学标准、技能大赛标准、技能等级标准于一体”“职业岗位群模块、课程模块、技能大赛模块与职业技能训练模块于一体”“职业岗位工作过程、课程教学过程、选拔过程与技能训练过程于一体”“生产方法、教学方法、比赛训练方法与技能训练方法于一体”“企业文化、学校文化、争先文化与训练文化于一体”“职业精神教育、课程思政、刻苦钻研与技能训练于一体”，结合行业发展与新技术应用修订了统一模块化课程标准，完善了实训课程教学标准体系；对标国家教学选用管理办法，修订了学校教材选用办法，开展教材编制、选用诊改评价；以模块化课程标准和行业标准作为依据推进省级以上、国家级规划教材建设；重点建设了一批“双元”优质教材和新型活页式、工作手册式教材。

（3）推动新范式课堂革命。学校强力推进以逆向思维来组织教学，大力改革课堂教学，打破排排坐传统教学方式，推进理实一体化教学模式改革；实施项目进课程，任务进课堂，融入课程思政，推进研学、实学；实施课程进平台，改造智慧教室，创新教学新形态，打破课堂边界；丰富教学云平台资源，推深混合式教学、翻转课堂等多样化教学；实施教学进现场，将课堂搬到工地，做实情境教学；实施复杂技术内容进虚拟仿真实训中心，在 VR/AR/MR 情景中体悟高端技术工艺；实施“名师”进课堂，开展分工协作的模块化课程教学诊改，探索建立“双岗教师”教学改革，推进教师队伍结构化建设质量提升。

（三）把定主体，推进师生共生共长

对标“四有”教师标准，落实《关于完善高校教师思想政治和师德师风建设工作体制机制的指导意见》，实施师德师风建设工程，把师德表现作为教师资格注册、业绩考核、职称评聘、评优奖励刚性要求，强化教师思想政治素质考察，推动师德师风建设常态化、长效化。健全教师荣誉制度，开展师德模范、师德标兵评选，发挥典型示范引领作用。

激发“双师”团队活力，推动学校高质量发展。学校教师评价体系改革创新明确了教师发展方向，充分激发了教师活力，极大地调动了教师的工作积极性和创造性，在工作中主动发挥能动作用，包括积极参与学校建设、承担多重教学任务、开展课题项目研究、带领学生参加比赛、完成下企业锻炼等，同时取得了一定的成果，不仅在职业院校教学能力大赛、“互联网+”大学生创新创业大赛等比赛中斩获名次，还在校企合作中收获颇丰。

2023 年 7 月，湖北城市建设职业技术学院从全国多所中、高职学校中脱颖而出，成功入围第二批国家级职业教育教师教学创新团队课题立项建设单位和培育建设单位，为全面提升高素质技术技能人才培养水平、提高校企合作社会服务水平，赋能区域经济发展提供强有力的师资支撑。

推进教师参与企业实践诊改。实施教师队伍实践技能提质工程。完善“三维双师型教师培养培训体系”，打造高水平、结构化校级教师教学创新团队。让教师到企业或实训基地实践实训，开展一个月的检查与诊改，并出台相关奖惩制度，校企共建“双师型”教师培养培训基地和教师企业实践流动站；推进“智能建造”国家级教师教学创新团队建设与诊改工作，使之成为科技创新示范团队。

“破五唯，重实绩”开展教师评价。在职称评审条件上突出质量导向，推行代表性成果评价，实行分类评审。突出教书育人实绩，把认真履行教育教学职责作为重要条件，提高教学业绩和教学研究在评审中的比重。考虑到当前教师重科研轻教学的情况，改革方案中又将工作业绩部分细化为师生技能竞赛、双高建设及提质培优行动计划的重要指标、学校其他教学相关工作以及教科研情况，明确各项分值。鼓励教师投身学校质量工程项目建设、教研科研工作、各级各类教学能力比赛；鼓励教师走出校门，到企业生产一线参与生产实践和社会服务，从而提升教师专业技术应用能力和实践教学能力，激发教师从事质量建设的内生动力。

（四）把守匠心，推行“党建+诊改”一体化

习近平总书记讲“领导干部对待工作也要有‘工匠精神’，善于在精细中出彩”，大力弘扬和践行“工匠精神”，敬重并甘当“工匠”应成为所有群体的基本遵循。针对诊改过程中存在分析问题不深入、提出的诊改措施不具体等问题，坚持在诊改工作中以问题为导向，强化工匠精神。关注“人”的发展，强化党建思政的融入，推行“党建+诊改”一体化，将党建工作与教学诊改工作统一起来，涵养工匠精神，激发“人”对人才培养高质量的向往和内生动力，做追求卓越的“能工巧匠”，用匠心把诊改工作做到极致，推进工作落细落地，提高诊改效果。

实施“政治统领”工程，加强党对学校诊改工作的全面领导。落实落细“党委领导下的校长负责制”，认真落实好民主集中制、党委会和校长办公会议事规则，创新二级学院党总支诊改工作机制，强化二级党组织诊改核心作用。实施“思想领航”工程，强化诊改思想武装与理论学习，重点抓好诊改学术交流阵地，严把讲座、论坛审核关；实施“思政育人”工程，不断推进“五个思政”建设，扎实推进习近平新时代中国特色社会主义思想进课堂进教材进头脑。实施思政课程诊改，创新思政工作方法载体，构建“三全育人”新格局，不断完善具有建院特色的思想政治工作体系。

（五）把好研究，促进诊改理论和方法创新

以科研寻规律，引领科学诊改。推进工作课题化策略，组织学校各部门开展诊改专项课题研究，以研究引领诊改实践，以实践深化研究，从而找到规律，科学诊改。在诊改复核后湖北城市建设职业技术学院承担《高职院校教学质量管理体系建设研究》等10项省级课题研究；发表《关于课程诊改的若干思考》《把住“8字”》《有效推进内保体系诊断与改进》等14篇论文。

创新形成了“1233”诊改工作方式。即以培育“三全质量”文化为1条主线，聚焦教师和学生2个发展，关注事前、事中、事后3个阶段，推进诊改工作运行机制、内部质量保证制度体系、运营数据管理系统3个建设。形成质量监控“4级5控”监控运行模式：即学校、职能部门、二级学院、师生4个层级对培养目标、教师教学质量、学生学习质量、教学管理质量、毕业生就业质量5个方面进行监控的运行模式。

构建分类分级递进、诊断改进提高评价模型。聚焦教学质量分类分级评价，基于评价元素按“点—线—面—体”的构建思路，以“课堂—课程—专业—项目”为递进路径，循着“合格教师—骨干教师—专业带头人—项目负责人（领军人物）”教师成长轨迹，精准选取基于“人才+技术+文化”的育人指标，形成纵向到底、横向到边的教学质量评价全方位体系。创新实施以“质量决策评价+质量实施评价+质量监测评价+诊断与改进+质量增值评价”的全过程PDCA循环迁移，建立“事前建标+事中监测+事后改进”的教学质量评价闭环。创新多元视角下的“形成性评价+结果性评价+增值性评价”评价机制，打通以“评价主体多元+评价方式多元+评价手段多元+评价载体多元”并行的教学质量评价实施系统，建立“政、校、行、企”等多元化评价主体，“理论+实践、过程性+终结性、线上+线下、校内+校外”等多元化评价方式，“笔试+面试+实操+大作业+认定”等多元化评价手段，“项目+岗、课、赛、证”等多元化评价载体。借力信息化手段，实现智能建造专业群团队教学质量监测、预警、改进，构建过程完备、要素齐全、方法先进的“全方位、多元化”综合评价模型，最终实现教师职业化成长和学生全面成才。

二、取得成效

（一）形成“四位一体”诊改治理体系，激发诊改内生动力

长效化运行机制优化。建立学校党委推动、行政主导、专家指导、部门主体的“四位

一体”教学诊改治理体系，协同推进诊改工作。学校党委把好诊改顶层设计，出台政策和制度，强化诊改地位；学校行政强化执行职能，创新设计诊改方法、路径，制定诊改深化方案、标准等，为推进诊改提供遵循；专家发挥专业化优势，提供智力咨询服务，引导学校完善机制、以诊改思维推进质量提升；部门主体落实落细规范化、精细化的诊改制度体系，协同推进信息化建设，形成常态化质量文化培育机制，激发诊改内生动力，全面实施诊改。

（二）推行“五个结合”梯度研训行动，提升诊改实施能力

通过推行“研究+实践”工作、实施工作课题化方略，近五年，实现立项诊改专项省级课题28项、校级课题62项。以课题为载体组建不同层级、不同主题的诊改专项团队，以科研寻规律、引领实践，以实践深化研究，丰富诊改理论，优化诊改理念，探索诊改方法，有效提升了实操能力。以国培计划、省培计划、骨干培训、高级研修、经验交流、实地观摩等培训方式，抓好省、校诊改业务研学培训，受训人员扩面提质达400人次。实施“内训+外培”“线下+线上”等多种培训手段，让受训人员从理论上“熟”起来，从能力上“强”起来，从行动上“实”起来。

（三）聚焦“八精诊改”三全育人行动，提升精细诊改效能

优化了诊改理念，探索了科学的诊改方法，在诊改脉络梳理、逻辑追寻、经验借鉴的基础上系统探讨诊改落实机制，从目标设定、责任传导、过程管控、考核反馈、条件保障等方面回应诊改有效落实的相关难题和实践困惑，并尽可能延伸和拓展，把住诊改的系统性、层次性，达成诊改理念精微、设计精心、目标精确、内容精当、组织精细、方法精致、手段精准，得心应手地开展教学工作诊断与改进。为有效指导和推进高质量诊改工作提供了思路、拓展了视野。

充分发挥来源于研究实践的典型案例的引领、示范、指导作用，引领更多的教职工投入诊改工作中，不断向纵深高质量发展。通过学习、模仿、内化，形成具有自身特色的诊改模式，不断创新，推进教学工作诊改提质培优，增值赋能，以质图强，保证职业教育高质量发展。

三、存在困难

（一）全面质量文化建设还需深入

在全面推进内保体系建设过程中，还需要进一步加强以改革精神抓“三全”质量文化建设的力度，转变理念、创新手段、完善机制，推动质量文化深入发展，把改革创新贯穿于质量文化建设的全过程，切实增强质量文化的感召力、影响力和凝聚力，使之成为发展质量的思想动力。

（二）基于信息化诊改工作机制还需进一步深入

基于大数据诊改信息孤岛现象没有完全消除；基于信息化诊改体系标准建设还不健全；对学生学习情况、就业情况、毕业后满意度调查反馈的持续跟踪、监控不够深入；依

据信息化诊断评价平台反馈和持续改进常态化工作机制需进一步完善。业务系统不全，业务系统数据不能互联互通；分项信息化应用平台系统利用率不高，基于平台诊断与改进的决策效能不高，未能发挥数据在决策中的辅助支持作用。

四、改进建议

当前，新一代信息技术发展迅猛，正深刻改变人才需求和教育形态。我们必须清醒地认识到，基于数字化教育是用新一代信息技术取代传统教学模式，实现“高效课堂无纸化，探究互动零距离”的创新育人模式。诊改工作要充分发挥教育教学管理“大数据”作用，诊改成效在较大程度上取决于信息化平台建设，如何全面解决信息孤岛，搭建一体化、高集成的质量管理平台，覆盖人才培养全过程和学院运行管理全过程的信息化质量管理系统还需进一步开发，以期依托信息化系统的系统性，有效克服碎片化诊改，提高整体性；依托系统的大数据分析，有效克服凭感觉诊改，提高科学性；依托系统的预测功能，有效克服被动诊改，提高前瞻性；依托系统的记录功能，有效克服依赖人脑记忆诊改，提高持续性；依托系统的预警功能，有效克服事后诊改，提高时效性。在职业教育发展环境不断改善的今天，职业院校必须前瞻性思考，进一步深化治理能力建设，提升管理水平，加快内生发展，换挡提速，加快学校转型升级步伐，同步社会发展，不断提高服务经济社会和行业发展的水平。

高效能实训基地建设浅析

职业教育是一种特征鲜明的教育类型，建设设施齐全、设备先进、虚实结合、功能多元的实训基地群是职业院校办学的显著特征，也是优化职业教育类型定位的重要途径。统筹规划、科学设计、有效实施、动态优化，以多元主体有限投入建设兼具人才培养与培训、技能训练与比赛、创意创新与创业、场景模拟与再造、职业体验与科普、生产劳动与育人、技术研发与推广、文化传承与传播、国际交流与合作等功能的实训基地综合体，使其能最大化发挥实践育人功效，提升技术技能人才品质，这是新时代新阶段职业教育主动适应技术革命、产业革命和社会变革的使然（见图 6–19）。

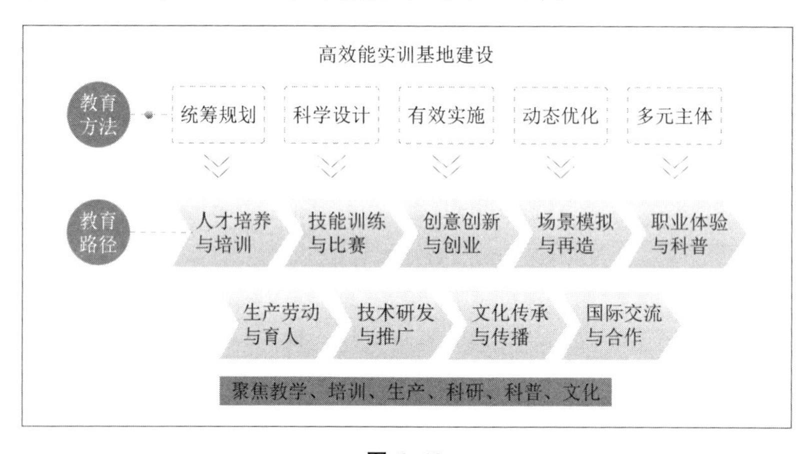

图 6–19

（1）人才培养与培训。培养德智体美劳全面发展的社会主义接班人，培养培训服务社会主义建设的高素质劳动者和技术技能人才是职业院校的一大职能。按照学校专业群结构布局及各专业群课程模块体系，序化建设对接产业全生命周期的、功能布局合理的、实训项目模块化的实训基地群，以此为载体，有效组织实践教学，既能为提升适龄人群职业认识和初次就业创业提供优质职前教育和培训服务，也能为促进职业转换人群提供优质职后教育和培训服务，促进各类群体就业的稳定和扩大。

（2）技能训练与比赛。实施实训教学与职业素质训导，开展职业技能训练与竞赛是实训基地的基本功能。建设实训基地，需要建构从初级到高级、由浅入深、由简单到复杂的技能训练模块，形成“对应理论课程的实验实训—对应专业平台课的基本技能训练和对应工种的专门化训练—对应专业课程的专业技能训练—对应课程设计与毕业设计的综合技能训练—对应职业岗位的企业化训练”的实训内容体系，以实现职业能力的渐次递进。建设实训基地还需兼顾其选拔性功能，既要能以各类比赛来检验日常教学中追求卓越的目标成果，还要能以基地为依托组织大型竞赛，高标准提升技能比赛成果，选树拔尖型技能人才，实现少年工匠到能工巧匠到大国工匠人才链的梯次传导。

（3）创意创新与创业。我国已进入创新型国家行列，培养创新型人才是一种普遍共识。按照职业院校培养创新型技术技能人才的培养定位，建设实训基地应突出具体专业改革及其对应的行企发展态势等因素科学设计基于专业基本知识学习和创意的实验室群、基于职业技能训练和创新的实训室群、基于职业素养养成和创业的孵化基地群等，并前瞻性对接未来科技发展趋势和产业转型升级，深度开发实训教学项目及其资源。组建创新团队，开展创意、创新创业教育，以项目为载体，提高创新创业能力。

（4）场景模拟与再造。实训基地建设既要对接企业生产过程，又要高于实际生产，使教学内容前置化、教学手段现场化、教学方式作业化、工作过程程序化、组织管理企业化、教学环境职场化。对于复杂项目或未来新技术项目或生产周期长的项目或受外界因素影响较多的项目，需要借力信息技术与教育深度融合，创设不同且丰富的教学情景模块，通过 VR、AR、MR 技术以及物联网技术等实现场景式、体验式、沉浸式、模拟式、探究式学习，以期学生在未来的工作中，当相同或相近的情景出现时，能直接胜任；当相关或相似的情景出现时，有迁移能力适应；当似曾相识或陌生的情景出现时，有创新潜力适应。

（5）职业体验与科普。习近平总书记指出：“科技创新、科学普及是实现创新发展的两翼，要把科学普及放在与科技创新同等重要的位置。”职业院校应统筹兼顾实训基地在弘扬科学精神，培育理性思维，提高职业劳动感知和生产、创新创造技能等方面的作用。探索“体验+科普”模式，一方面，开发建设体验场馆、科普创意园，乃至产业博物馆等模块，开展职业认知、生产劳动、技术技能创新、创业实践、公益服务和科普教育等活动；另一方面，也可依托现代化信息手段，使受众通过自主浏览、自主查询、自主学习和交互反馈等来感知，将实训基地打造成职业认知与体验、科普教育与研学的场所。

（6）生产劳动与育人。劳动可以树德、增智、强体、育美，具有综合育人价值。劳动教育是新时期党对教育的新要求，是中国特色社会主义教育制度的重要内容。职业院校建设实训基地，需要以劳动教育为轴线，系统设计基于基本技术技能积累的技能练习、工艺制作、技术试验、职业体验、实验实训、生产等劳动实践项目或课目，形成一套独立的专业生产劳动实践体系，优化职业院校的类型定位，满足学生充分利用新知识、技能、工具、设备等开展服务性劳动和生产劳动，取得初步的生产经验，扩展生产技术知识，为就业和未来职业发展储能，增强获得感和成就感。

（7）技术研发与推广。技术研发与传承是职业院校的一大职能，建设实训基地需强化技术研发与推广功能。从定位上，将实训基地建成“产学研转创用”协同平台，以校企合作项目为载体，开展技术研发与应用研究，支撑区域产业链高质量发展。从布局上，建设并形成教授工作室、技能名师工作室、技术协同创新中心、企业研发中心与基地一体化格局。从硬件上，对接高端产业，与产业链全方位互融，配置或整合先进的设施设备，为新型岗位四新技术的研发提供支撑，实现从技术试验到成果推广。从软件上，建立机制，推进校企在技术应用、校企合作开发、新型产业升级中的工法研究、工法试验与推广、标准制定、智库咨询等方面的联动，实现“产学研转创用”循环运行，提升基地研发成果转化质量和影响力。

（8）文化传承与传播。文化传承是职业院校的一大职能，建设高品质实训基地，需要将体现行企文化特色、优良道德传统的内容和典型师生及其成果等充分融入实训教学中，涵养精神文化，培育职业精神、工匠精神、劳模精神；制定、展示并帮助学生领悟实验实训系列管理规范，塑造制度文化，引导师生遵守和执行制度，使其内化为一种习惯；突出实训基地环境的真实性，建设全真或模拟实训场景、橱窗科普和实训文化墙等显性物质建设传导、物化职业文化；改革教学组织、变革实训考评、组织技能竞赛、开展创意创新创业等活动彰显行动文化，营造劳动光荣、技能宝贵、创造伟大的氛围，使劳动精神、工匠精神成为每个学生的职业信仰。

（9）国际交流与合作。国际交流与合作是职业院校一大职能，打造国际化实训基地，有利于推进职业院校专业建设、课程改革、教师队伍建设和学生发展的国际化进程。引入国际化职业资格标准、产品标准、技术标准、服务标准，建设与完善实训室，提升实训基地国际化水平；与跨国企业合作，引进国际先进生产工艺流程、管理方法和资源等，开发实践类课程和训练项目，拓展教师和学生国际视野，促进国际职业素养养成；对接世界技能大赛竞赛项目和职业技能国际评判标准，建设或改造升级实训基地，达到国家技能集训基地或承办国际大赛标准，双向开展国际技能训练和交流活动（见图6-20）。

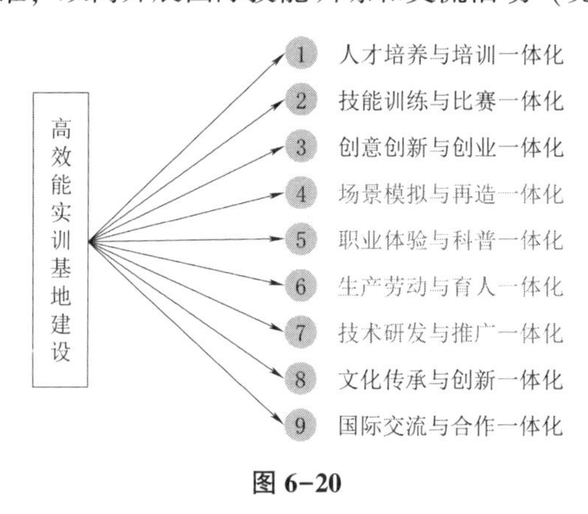

图6-20

总而言之，开发建设和优化完善实训基地，需要聚焦教学、培训、生产、科研、科普、文化等维度，致力于打造运行畅通的大域值超级平台，高效能支撑新时代培养素质结构优、适应能力强的复合型技术技能人才。

升级“四个”平台，赋能职业教育提质培优计划实施

推进职业教育提质培优三年行动计划，是职业院校贯彻落实习近平新时代中国特色社会主义思想，贯彻落实习近平总书记关于职业教育重要论述的行动指南，在全面贯彻党的教育方针，坚持社会主义办学方向，遵循职业教育规律的前提下，发挥市场规律作用，建立机制、夯实基础、建设平台、搭建载体、拓展空间、优化环境，形成迭代升级的立体化工作体系是重要方法。尽管职业院校经过多年的改革与发展，大都建设了推进产教融合、技术研发、国际交流和信息化系统四个平台，但是推进职业院校提质培优，建强学校，还必须升级四个平台。

一、迭代升级职业教育集团，推进校企深度融合

不断完善和创新集团化办学建设和运行机制，集聚优质资源，重点吸收国内外知名企业加入职业教育集团，依托学会或协会组织，组建跨区域职业教育集团联盟，形成“一校多企—多校多企—多校多企多集团”模式的垂直平台体系，推进校企合作沿着“点—线—面—体—旋转体”的轨迹梯度拾级而上，迭代发展。有效完善育人与培训有机结合，将开展“学历证书+若干职业技能等级证书”制度试点作为推进集团化办学模式的关键载体，推进企业与学校的教育要素全面融通，形成校企合作广度、深度及资源集成度依次提高的“结合型企业—顶岗实习型企业—教学型企业—产教融合型企业”梯度体系，实现学校与企业、教育与培训的渐进融合。依托职业教育集团，高层次探索中国特色学徒制，根植产业、行业、企业、职业，科学设置专业，系统组织学业，促进创业、就业，培育守业、敬业、勤业、乐业的“12 业”人才培养逻辑链，持续推进校企双方人才流、技术流、文化流、资金流高位高频运行，升级校企合作机制，实现校企资源全要素融合，为探索混合所有制办学奠定坚实的实践基础，系统推进和落实立德树人根本任务，打造示范性职业教育集团（见图 6-21）。

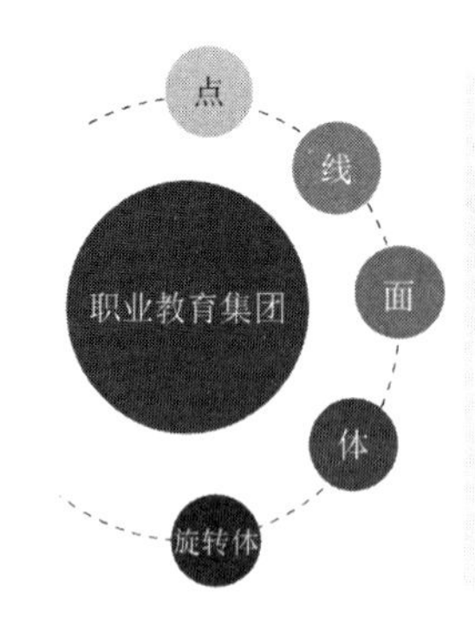

教育与培训

开展“学历证书+若干职业技能等级证书”制度试点

推进“结合型企业—顶岗实习型企业—教学型企业—产教融合型企业”

特色学徒制

根植产业、行业、企业、职业，科学设置专业，系统组织学业，促进人才培养逻辑链，实现人才流、技术流、文化流、资金流高位高频运行

图 6-21

二、全面升级协同创新中心，增强技术革新能力

完善协同创新中心运行机制，规范科技开发管理，完善科技成果考核评价体系和激励机制，为科技人才发展创造良好的成长环境。打造管理与技术创新智力平台，组建由院士、专家、政府参事等组成的学校协同创新专家咨询委员会，广开言路，广纳善策，发挥好专家的“智囊”作用，增强决策的科学性、前瞻性和技术技能创新的前沿性、高端性。瞄准新形势下行业转型升级的新趋势，组建专项研究团队，积极争取重大招标课题和重大调研基金项目，开展产业和职业政策研究，形成咨询报告；对接国家战略和产业转型升级的重大需求，构建特色专业群体系，完善技术技能平台建设，扩容、升级应用技术协同创新中心，协同开展科技攻关、科技应用研究和技术推广。不断加强技术技能积累与创新，提升协同创新中心的社会服务力、贡献力和引领力，将协同创新中心打造成区域的技术研发平台、对外高质量开展社会服务的平台、“行业转型升级+教育和培训”的平台、行业转型升级发展的智库，实现协同创新中心的增值赋能，为推动行业转型升级发展提供技术技能支撑。

三、优化升级对外交流平台，提升国际合作水平

完善国际合作交流机制，建设与国际教育相适应、适合学校特点的交流渠道和平台，广泛参与国际职业教育合作与交流，学习和引进国际先进生产工艺流程、产品标准、技术标准、服务标准、管理方法和资源，促进学校国际化人才培养，打造国际化师资队伍。与境外办学机构联合设计、申报中外合作办学项目，推动联合培养，为师生搭建交流学习的重要平台。与国外高水平技术应用大学建立战略合作伙伴关系，进行广泛、深入的合作与交流，扩大国际视野。加入国际相关学术组织，积极参与和推动国际学术组织有关政策、规则、标准的研究和制定，提升国际话语权。参加或承办国际会议，广泛参加国际学术交流，通过“请进来”和“走出去”提升学校的国际知名度和影响力。完善学校外国专家聘请和管理机制，推进引智项目，建立海外教师库，吸引高层次外国专家来到湖北城市建设职业技术学院任教和讲学，优化教师的国际学缘结构；实施“骨干教师海外提升计划”，

支持优秀学者到海外进行访学、研修，培养国际优秀人才。与服务“一带一路”的大型企业联合共建国际化人才培养基地，面向国际培养熟悉当地风俗、文化、法律的技术技能人才，面向当地员工进行职业培训，培养既懂中国管理和文化又具备职业技能的员工，提升人力资源水平。

四、提档升级信息技术系统，彰显数据资产效能

实施信息化标准规范体系，建设信息化建设与应用管理标准，综合运用大数据、人工智能等手段加快智慧校园建设，推进数字源、优秀师资、教育数据共建共享，不断完善校园网络和公共基础设施，建设现代云数据中心，构建数字化师生信息服务平台、共享教学资源平台、信息化实训平台、智能化培训平台和诊断与改进平台，实现信息全方位的获得和共享。前瞻性对接未来科技发展趋势和市场需求，校企合作开发优质数字教育资源，建设职业教育教学资源库、精品在线开放课程、虚拟仿真实验教学课程、线下课程、线上线下混合式课程、社会实践课程，开发虚拟仿真和远程教学实训资源，运用现代信息技术改进教学手段和方式方法，提升教育教学信息化水平。加快推进由懂教育规律的职业教育专家和懂信息技术的技术专家深度合作，优化信息系统，以业务过程信息化为关键、以数据中心建设为核心，使离散状态的数据形成数据互联、互通以及集中共享，实现大数据开放应用，实现对教学质量的实时监测和预警，将数据纳入学校的重要资产，盘活数据资产，为辅助科学决策提供可靠数据来源，提高学院信息化应用效能，实现信息化增值服务，有效支撑学校高质量改革与发展。

“多元化”双师型教师培养路径浅谈

教师是立教之本、兴教之源。建设一流高职，核心是培养一流人才，关键要有一流教师队伍。建筑设计学院深入贯彻落实中共中央关于职业教育的部署和要求，把教师作为教育之源、兴校之本，确定了“师德为先、能力为本、双师为要、标准先行、制度支撑、生涯成长”的师资队伍建设理念，探索职业教育发展新路径，不断加强师资队伍特别是“双师型”教师队伍建设，坚定不移地实施“人才强校”战略，坚持培养与引进并重、师德教育与业务进修并进，努力打造一支师德高尚、结构合理、业务精湛、技能高超的高质量师资队伍，为建设高水平职业技术大学奠定坚实基础。

注重培养提升教师的职业能力，促进教师的专业成长。与企业合作共建“双师型”教师培养培训基地，全面落实轮训制度，形成新进教师“影子工程”培养、专业教师团队“双导师制”培养、骨干教师项目培养、企业教师专项培养、专业带头人重点质量工程培养、专业群带头人国际化联合培养的装饰专业群分层“双师型”教师培养培育体系，助力成员实现名师孵化和梯队成长。

一、实施“三结合”的梯度研训，提升教师职业素养

尊崇教师职业成长规律，通过线上与线下、校内与校外、研学与实践“三结合”路径，采取培训、研训、研修等方式，分类分层、循序渐进，多措并举全面提升教师素养。通过国外交流和培训引入宝贵经验，为学院的青年教师们创设更多的学习机会。

二、紧抓质量工程和项目建设，锻造高水平双师队伍

通过重点质量工程和教科研项目对专业带头人进行培养，为学院青年教师的个人成长蓄力，为学校发展奠基。工作室以校企合作技术研发、课题申报、教学改革项目为抓手，开展技能竞赛训练模式研究，助力教师专业成长。以头部合作企业工程项目为载体，申报国家级职业教育教师教学创新团队；以专业群建设为契机，提升各级教师队伍业务素质。

三、问鼎高级别的技能竞赛，赋能师生共同发展

关注青年教师的素质提升，通过“影子工程”和“双导师制”的引导、帮扶等方式取得了良好成效，通过全国职业院校信息化教学大赛、工作室组织青年教师和学生开展技能竞赛研讨、总结会，组织教练、学生赴兄弟学校交流学习，为教练和技能竞赛选手提供

了良好的竞技环境与学习平台。通过执裁和专家组研讨，归纳汇总竞赛中容易出现的问题和对应的解决方案。

四、构建多维度教师评价体系，建立教师成长地图

构建 7 个维度 4 个层级的教师道德素质模型。从爱国守法、关爱学生等 7 个维度，构建优秀、合格、基本合格、不合格 4 个层级的教师道德素质模型。构建“四一三”教师岗位能力模型。从团队协作、课程开发等 12 项内容，细化若干项能力标准，量化考核指标。从基本素养、教学能力、科研能力、社会服务能力 4 个维度，建立教师发展标准，在满足双师基本素养的基础上，教师根据自身基础和优势，选择“偏教学、偏科研、双能型”3 种类型自主发展；建立教师自我诊改制度，教师按照职称不同，制定三年个人发展规划，一师一案，自我设定目标值，从基本素养教学能力等 4 个方面，形成 40 个监测点、15 个预警值。推动教师形成自我约束、自我诊改的内生动力，督促其向着成长目标不断努力（见图 6-22）。

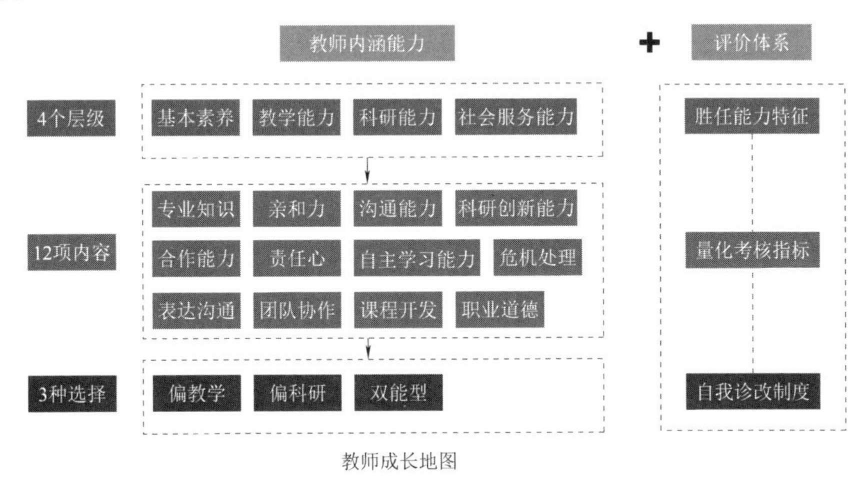

图 6-22

以构建符合高等职业教育与学院发展需求为导向的教师发展体系，努力培养一支具有国际化视野的“专家型”“双师型”“开放型”教师队伍，专业教师成为“既能胜任理论教学，又能指导学生实训，还能与企业合作开展应用研究”的“三能”教师，实现了教师的个性化发展和全面发展的有机结合，逐步实现教师在教育、教学、科研职业生涯中的全程发展和终身发展，开创师资队伍建设新篇章。

职业院校教学诊断与改进散思

开展诊改工作，要秉持以服务发展为宗旨的职业教育办学方针，高度关注教师和学生的发展，加强党建和思想政治工作，加强学习和研究，用诊改理论和方法武装思想。推进职业院校教学工作诊断与改进是一个求解多变量复变函数的过程，必须把住教育教学工作各领域和各环节因变量和自变量之间的约束关系，综合思辨，虚实结合，有序推进。

组织推动诊改工作，要建立团队，做到理解到位、分解到位、讲解到位、求解到位。落细诊改工作，要建立运行机制，根据学校近期、中期和长期发展目标，遵循教育教学规律，把定节奏，结构性地有序推进，在单位时间内，该快则快、该慢则慢、该维持则维持，保住存量、补充增量、挖掘储量、提升质量。通过持续的诊改，培育质量文化，形成内生动力，达成常态化的内部质量保证体系，实现高质量发展。

在多年的诊断与改进工作中，笔者感触颇多，特附诊改实践散思一首：

笃定方向施诊改，立德树人不动摇。
诊改关注人发展，指导思想不偏航。
推进诊改无捷径，理论研究不缺位。
顶层设计抓两链，遵循规律不急进。
质量生成齐协力，资源保障不缺失。
党务业务一体化，多措并举不单一。
运行机制重点建，两个引擎不可忘。
诊改技术是难点，创新实践不放松。
打造队伍要先行，落实落地不拖延。
数据说话成机理，分析问题不抽象。
问题盘点贵在准，应对措施不泛化。
业务过程信息化，集成共享不离散。
诊改平台是手段，包办一切不可能。
提高平台附加值，双元互动不停歇。
诊改主体应明晰，联动诊改不可缺。
市场作用要发挥，主体地位不可丢。
模板刚性需谨慎，动态调适不固化。

使能报告有特色，虚实结合不可少。
三牛精神融心间，发展质量不担心。
三全文化渐燎原，蓬勃发展不用愁。

创新教学组织机制 增强职业教育适应性

2021年10月，中共中央办公厅、国务院办公厅印发了《关于推动现代职业教育高质量发展的意见》，其中在推进不同层次职业教育纵向贯通的论述中，提出了一体化设计职业教育人才培养体系，推动各层次职业教育专业设置、培养目标、课程体系、培养方案衔接的内涵思路。2022年《职业教育法（修订案）》正式出台，其中也明确了增强职业教育适应性和高质量培养现代技术技能人才的论述，以及不断健全完善机制建设的要求。

关于如何实现人才的高适配性，近几年在不断研究探索和实践，从产教融合形式，校企合作路径到教学组织模式选取等都在探讨推进。其中推深做实的关键要素是如何建立科学有效的机制体系建设，来保障教育教学中教学组织实现改革实践探索。

（1）从宏观政策层面，国家一直提出职业教育适应性论述，学校也在积极不断推进产教融合教学组织，探索各类新路径，但目前依然存在各地职业教育教学改革的教学质量不高、人才培养目标未达到高质量输送等问题。

（2）从微观实施层面，校企合作在有序教学组织方面的科学性不够，教学组织体系不系统，未能得到有效监控和评价。

随着社会经济改革，产业转型升级的高速发展，急需培养与之高度适配的技术技能人才，通过建立科学有效的教学组织体系，以科学机制引领，多元主体参与、教学组织方法选取、精准评价保障的系统化运作，来提升人才培养高质量发展。

如何提高职业教育适应性在微观层面的落地，以教学组织机制在制度方法上的体制建设、教学组织实践主体在提升职业技能人才系统化培养水平中的教学改革、多元化教学评价体系的科学实施等为切入点，探索如何实现教学组织的科学性、如何以教学组织的信息化手段量化考评指标体系、如何改进保障实施条件，落实落地高质量人才培养教学目标。

一、教学组织机制建设对职业教育适应性的重要性

紧密对接如何从机制建设、载体搭建、评价量化方法等方面以普适性兼针对性的视角来规划实施路径，以前瞻性思维来带动人才培养机制保障建设，实现学校高质量特色人才的输送，同时也为多维度不同层级的职业人才培养提供有效方法。以在现代职业教育高质量提升的职业教育高适配性背景下教学组织的微观路径研究，寻求具有适合我国国情的职业教育教学体系下的教学组织保障制度和方法，以实现实施路径的共通性，以及最终育人目标，适应新时代经济转型下岗位人才的高素质匹配。

二、以教学组织的微观路径实现高质量技术技能人才培养

系统化培养是全面提高技术技能型人才培养质量的实践保障。以三教改革中教师素质提升为保障，推进教材改革和教学方法创新，从健全专业课程体系，科学统筹安排和组织实施，推动职业教育教学组织把脉人才需求，精准定位，使培养精准，输送人才精准，为培养高质量人才提供理论实践研究。

三、以科学有效的组织机制建设保障人才目标系统化实现

以一系列教学组织过程的充分高频合作，提高人才培养效能，积累经验，不断探索和推广，构建科学有效的育训结合课程体系，实现人才的高适配性；打通微观实施路径，设计特色教学组织，创新功能平台保障体系，高效支撑多元人才培养目标。

开展人才高适配性背景下教学组织微观路径的理论性系统研究，有利于在理论上对促进省域高质量人才需求和人才常态化配送的平衡进行指导。此外，作为湖北省优先推进教学组织在此视域下构建实施的实践典型案例，为拓宽系统化育人在微观领域的路径提供了一定的行动指南。并使研究成果在理论和实践上为同类型实施院校提供了可操作性方案或建议，具有一定的推广、运用价值。

四、建设教学组织机制的关键要素（见图 6-23）

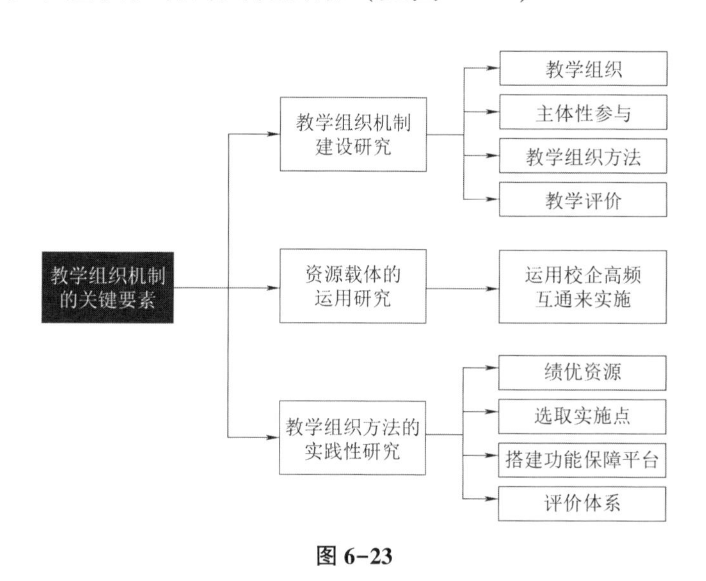

图 6-23

（一）教学组织在微观路径实施上的机制建设研究

将教学组织、主体性参与、教学组织方法以及教学评价保障体系形成一套高效系统化运作的教学组织机制，并加以科学实施。以多元教改纵向推进教学组织的科学精准，打通微观实施路径，以产学创研提升师资素质，精准归类各大教学保障资源，以各类功能保障平台为依托，以科学制度化管理，做到全要素评价科学有效、高效交互，实现在一体多元

人才培养目标下育人的真正支撑作用。

（二）资源载体在教学体系可行性路径上的运用研究

在目标定位和体系构建后，如何运用校企高频互通来实施，是高适配性在教学进程中要解决的关键性问题。首先要确定学徒岗位转型升级所需教学内容，依托校企共建共创教学资源；形成教材、师资、课堂教学方法和手段、场景的具体定位。其次要根据具体模块定位，落实教学保障、考核评价、质量监控、持续诊断与改进。实现管理评价制度先行，软制度评价体系后评价的 PDCA 循环过程，形成一套高效运行的闭合管理教学系统。

（三）教学组织方法在考评体系构建下的实践性研究

整合校企绩优资源，精准选取人才培养目标，对教学组织和教学方法进行改造升级、优化提升；在人才培养全过程中精准选取实施点，同时搭建一体多元四大功能保障平台：教育教学资源平台、产学研创训实践平台、五育素质平台、三全育人考核评价平台；通过各类考评细则的分解和量化，信息化平台中心的监管来落实从宏观到微观的人才培养全过程评价体系的精准运行，以科学可行的保障体系来支撑教学设计的实践和推广。